예술,
진리를 훔치다

철학자들의 예술가

예술, 진리를 훔치다

– 철학자들의 예술가

2022년 1월 25일 초판 1쇄 인쇄
2022년 1월 30일 초판 1쇄 발행

지은이 | 김동국
펴낸이 | 김태화
펴낸곳 | 파라북스
기획 · 편집 | 전지영
표지그림 | 김이산
디자인 | 김현제

등록번호 | 제313-2004-000003호
등록일자 | 2004년 1월 7일
주소 | 서울 특별시 마포구 와우산로 29가길 83 (서교동)
전화 | 02) 322-5353   팩스 | 070) 4103-5353

ISBN 979-11-88509-51-5 (03160)

* 값은 표지 뒷면에 있습니다.

* 이 도서는 한국출판문화산업진흥원의 '2021년 출판콘텐츠 창작 지원 사업'의
일환으로 국민체육진흥기금을 지원받아 제작되었습니다.

예술, 진리를 훔치다

철학자들의 예술가

김동국 지음

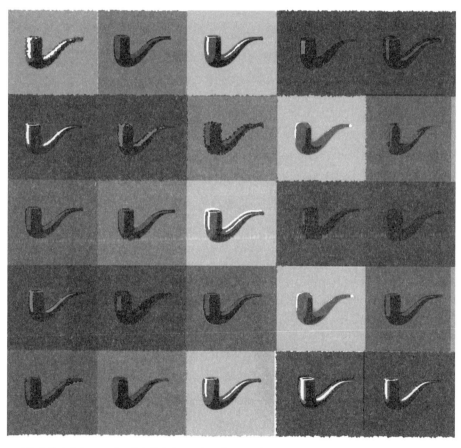

마르틴 하이데거 — 프리드리히 휠덜린, 모리스 메를로퐁티 — 폴 세잔
테오도어 아도르노 — 사뮈엘 베케트, 장 프랑수아 리오타르 — 바넷 뉴먼
모리스 블랑쇼 — 스테판 말라르메, 미셸 푸코 — 르네 마그리트
자크 랑시에르 — 귀스타브 플로베르, 장 보드리야르 — 앤디 워홀

파라북스

머리말

철학자들은 모두 자신만의 예술가를 가지고 있습니다. 사르트르는 메를로퐁티의 사유의 핵심이 그가 쓴 세잔에 대한 글 속에 오롯이 담겨 있다고 이야기했습니다. 하이데거에게 횔덜린이 없었다면 언어·예술·존재에 대한 그의 사유는 지금 우리가 알고 있는 것과는 많이 달랐을 것입니다. 푸코는 자신의 『말과 사물』을 읽고 편지를 보내온 르네 마그리트를 통해 현대 회화의 새로운 정의를 시도하는 『이것은 파이프가 아니다』를 집필했습니다. 이 제목은 르네 마그리트 그림에서 볼 수 있는 유명한 문구이기도 합니다.

철학자들과 예술가들의 만남은 우연이 아닙니다. 하이데거, 블랑쇼, 푸코, 리오타르 등의 철학자들을 한 점의 그림, 한 편의 시 앞으로 데려다 놓은 것은 그들의 취향이 아니라 사유였습니다. 메를로퐁티는 철학하는 세잔이며, 세잔은 그림 그리는 메를로퐁티입니다. 하이데거는 철학하는 횔덜린이며, 횔덜린은 시 짓는 하이데거입니다. 철학은 예술 속에서 자신을 발견합니다. 이것은 예술이 또한 철학 속에서 자신을 발견한다는 것을 뜻합니다.

대개의 경우 우리는 철학자의 후기 사유에서 미학적 사유를 만납니다. 일반적으로 이는 자신의 사유를 모두 개진한 철학자가 이제까지 자신이 몰두하던 장소를 떠나 새로운 주제에 자신의 철학적 사유를 '적용', '응용'하는 것처럼 보입니다. 그러나 예술은 결코 철학의 장식 같은 것도 아니며 적용되거나 응용되는 것도 아닙니다. 칸트의 『판단력 비판』은 『순수이성비판』이나 『실천이성비판』에 대한 응용이나 적용이 아닙니다. 칸트의 미학적 사유는 앞서 두 '비판'을 통해 개진되었던 정신 능력의 설명에 대한 의혹에서 시작되는 새로운 사유라고 할 수 있습니다. 동시에 미학적 사유로의 이행은 어떤 계보학적 과정이며, 철학자의 모든 사유가 뿌리내리고 있는 근원에 대한 새로운 탐구라고 보아야 할 것입니다. 만약 그런 의미가 아니라면 철학자에게 미학이란 하나의 장식품일 수밖에 없습니다. 그렇다면 건물의 장식을 뜯어낸다고 해서 그 건물이 가진 고유한 형태가 결코 부정되지 않는 것처럼, 미학적 사유를 제거한다고 해도 그의 철학은 별 차이가 없을 것입니다. 그러나 횔덜린 없는 하이데거, 세잔 없는 메를로퐁티는 생각하기 쉽지 않습니다. 이들의 미학적 사유가 단순한 장식이 아니기 때문입니다.

철학자와 예술가는 진리를 위한 동반자입니다. 리차드 로티는 『철학과 자연의 거울』에서 "철학은 이제 대문자 Philosophy가 아니라 philosophy로서 문학·미술 등과 나란히 인간의 문제를 논하고 있다."라고 말한 바 있습니다. 20세기 철학의 가장 큰 변화는 미학에 있습니다. 스피노자와 데카르트와 같은 근대철학자들에게는 존재하지도 않았던 미학이 20세기에 이르러서는 철학적 사유의 핵심주제가 되었습니다.

그렇다면 왜 20세기에 이르러서야 미학이 중요한 문제가 되었을까요? 그것은 진리에 대한 새로운 문제제기가 등장했기 때문입니다. 그리고 예술의 문제가 진리의 문제와 결코 분리되지 않는 어떤 것이기 때문입니다. 심지어 플라톤에게서처럼 예술이 진리를 왜곡한다고 비난받을 때나, 아리스토텔레스에게서처럼 예술은 진리와는 다른 독특한 가치를 가지는 것으로 취급될 때조차도, 예술은 철학자의 진리에 대한 사유의 어떤 지표가 됩니다. 예술은 때로는 진리의 경계 밖으로 내쫓기고, 때로는 진리 자체의 유일한 장소인 것처럼 취급되기도 했습니다. 그러나 오히려 이런 사실이 철학의 고유한 사유인 진리의 문제에서 예술이 한번도 떠난 적이 없다는 것을 증명합니다. 20세기의 많은 철학자들은 미학적 논의를 통해 이러한 철학과 진리의 문제에 대한 새로운 이해를 시도했습니다.

아도르노는 "미학은 응용철학이 아니라 철학 그 자체이다."라고 말했습니다. '예술'이라는 개념은 근대의 발명품이지만, 아이러니하게도 근대적 이성의 외부이자 경계이기도 합니다. '미적 모더니티'는 근대 사회의 '모더니티'와 동일한 이름을 공유하지만 전혀 다른 것이었습니다. 효율적 사회진보를 위해 도구화되는 근대적 이성과 달리 예술은 근대 속의 탈근대성이기도 합니다. 이러한 맥락에서 탈근대의 철학적 사유가 예술을 그 사유의 대상으로 삼은 것이 아니라, 예술을 사유함으로써 근대적 사유는 탈근대적 사유로 변화했다고 말할 수도 있습니다. 베케트가 아도르노의 사유의 대상이라기보다, 아도르노가 베케트의, 하이데거가 횔덜린의, 메를로퐁티가 세잔의 어떤 결과입니다.

이 책은 이러한 문제의식을 통해 예술과 미학/철학의 문제를 다루어 보고자 합니다. 진리에 대한 질문이 이 중심에 있습니다. 이를 위해 세잔, 바넷 뉴먼, 르네 마그리트, 앤디 워홀 4명의 화가와 횔덜린, 말라르메, 베케트, 플로베르 등 4명의 시인/소설가를 다룹니다. 이 책의 독자들은 이들 철학자와 예술가들을 통해 20세기 철학과 예술의 변화를 이해하고, 세계를 이해하는 또 다른 관점을 가질 수 있을 것입니다.

차례

01

마르틴 하이데거 — 프리드리히 횔덜린

세계의 밤에
시인이 짓는 언어의 집

"

머무는 것은 그러나
시인들이 짓는다.[1]

---

1 프리드리히 횔덜린, 『횔덜린 시 전집』 2권, 장영태 옮김, 책세상, 2017, 272. 이 구절은
   횔덜린의 시 「회상(Andenken)」의 마지막 구절이다.

궁핍한 시대의 시인

"궁핍한 시대에 무엇을 위한 시인인가?" 횔덜린은 「빵과 포도주Brot und Wein」에서 이렇게 노래합니다. 하이데거는 횔덜린의 이 질문을 다시 던집니다. 시인의 시대적 사명을 말하기 위해, 그리고 시와 언어, 예술의 존재를 사유하기 위해서 그는 진지하게 다시 묻습니다. 시인은 무엇을 위해 존재하는가Wozu Dichter?

하이데거는 궁핍한 시대야말로 시인의 사명이 제몫을 다하는 때라고 말합니다. 무엇이 궁핍할까요? 그 어느 때보다 풍요로워 보이는 이러한 시대에? 궁핍하다는 것, 시인에게 그것은 무엇보다 언어의 궁핍이자, 의미의 궁핍일 것입니다. 말이 오염되고, 진실한 말이 부재하는, 온갖 텅 빈 이름들이 넘쳐나는 세계. 횔덜린은 궁핍한 시대가 신이 부재하는 시대라고 말합니다. 그것은 '세계의 밤'입니다. 「빵과 포도주」에서 횔덜린은 신들이 떠나 적막한 밤의 세계를 이렇게 노래합니다.

하지만 그들은 어디에 있나? 어디에 그 잘 알려진 자들, 축제의 화관들 피어 있나?
테베도 아테네도 시들고 올림피아에는 무기도
황금빛 경기마차도 소리 내지 않으며
또한 코린트의 배들도 이제 다시는 꽃으로 장식하지 않는가?
어찌하여 오랜 성스러운 극장들조차 침묵하고 있는가?
어찌하여 신에게 바쳐진 춤도 흥겹지 않은가?
어찌하여 신은 인간의 이마에 예처럼 증표의 낙인을 찍지 않으며

마르틴 하이데거

Martin Heidegger
1889~1976

독일의 철학자.

20세기에 가장 영향력 있는 철학자라고 할 수 있습니다. 가톨릭 정서가 강한 독일의 메스키르히(Messkirch)에서 태어났습니다. 가톨릭교회의 장학금을 받으며 학교를 다녔고, 사제가 되기 위해 프라이부르크대학 신학부에 입학했으나 철학으로 진로를 변경합니다. 현상학의 대가인 에드문트 후설(1859~1938)의 제자였으며, 1927년에 『존재와 시간』을 발표하면서 독일은 물론 유럽에서 가장 영향력 있는 철학자가 되었습니다. 이 책에서 그는 서양철학의 전체 역사를 '존재망각의 역사'로 규정하고 존재자와 구별되는 '존재'에 관한 질문을 통해 새로운 인간 이해를 시도했습니다. 그는 인간을 외부세계와 고립된 자아가 아니라 시간 및 역사와 불가분의 관계에 있다고 보았으며, 당대의 실증주의 및 기술 중심적 사고에 대한 강력한 비판자였습니다. 그리스어와 독일어를 통해서만 진정한 철학적 사유가 가능하다고 보았으며, 후기에는 프리드리히 횔덜린과 라이너 마리아 릴케(1875~1926), 게오르크 트라클(1887~1914) 등에 대한 해석을 통해, 시와 언어의 문제에 몰두했습니다.

1928년 후설의 후임으로 프라이부르크대학에 초빙되었고, 1933년 총장직에 선출되었습니다. 총장취임 연설에서 나치 참여를 독려했고, 1945년까지 나치 당적을 유지했습니다. 프랑스 철학자들의 구명을 통해 무죄가 되었으나, 2014년에 출간된 일기 『검은 노트』를 통해 드러난 반유대적인 정서와 친나치적 입장은 다시금 논란을 불러일으키고 있습니다.

대표적 저서로는 『존재와 시간』(1927), 『철학에의 기여』(1936~1938), 『숲길』(1950), 『니체』(1961) 등이 있습니다.

예처럼, 신성으로 맞혀진 자들에게 성스러운 인장을 누르지 않는가?[2]

하이데거는 이러한 세계의 밤을 "달아나버린 신들과 도래하는 신들의 시대"[3]라고 말합니다. 달아나버린 신들은 더이상 찾을 수 없고, 그 신들을 대신할 신들 역시 아직 오지 않았습니다. 그러므로 이는 이중적 결여의 시대이기도 합니다. 시인은 바로 이 사이의 공간에서 과거 신들의 눈짓을 찾고 새로운 시대를 예언하는 존재라고 말합니다. 하이데거는 시인의 언어에 역사적·철학적 사명을 부여하고 있습니다. 그의 후기 철학의 언어들이 점점 시적으로 변모하는 것은 이러한 인식과 무관하지 않을 것입니다.

시인은 언어로 유희하기 위해, 세계를 아름답게 포장하기 위해 존재하는 자가 아닙니다. 그에게 주어진 사명은 인간을 역사 속에 살게 하는 것이고, 인간을 그 미래를 위해 존재하는 자가 되게 하는 것입니다. 그는 신들의 예언을 다시 가능케 하는 자입니다. 그는 새로운 시대를 열어 사람들을 이끄는 성스러운 사제입니다. 여기에는 어떤 신비주의적인 뉘앙스도 배어나오지만, 하이데거의 사유 속에서 이러한 인식은 시대에 대한 철저한 철학적 반성에서 기인합니다. 시인의 예언이란 막연한 기대와 헛된 희망이 아니라 인간의 의지에 그 방향을 부여하는 시대사적인 행위입니다. 시인의 예언이란 비밀스럽게 감추어지는 말이 아니라 함께 나누는 말이며, 그렇게 함께 새로운 세계를 창조하는

---

2 프리드리히 휠덜린, 『휠덜린 시 전집』 2권, 장영태 옮김, 책세상, 2017, 138.
3 마르틴 하이데거, 『휠덜린 시의 해명』, 신상희 옮김, 아카넷, 2009, 90. 이하 책제목과 쪽수만 병기한다.

말입니다. "인간은 한때 그 빛나는 신들의 예언 속에서 살고 있었다."
횔덜린은 그렇게 이야기합니다.

> 어디서 그 멀리 정통으로 맞힌 예언들은 빛나고 있는가?
> ......
> 아버지 천공이여! 그렇게 외쳐 입에서 입으로 수천 번
> 전파되었고 아무도 삶을 혼자서 짊어진 자 없었다.
> 이러한 좋은 일 나누어 즐겼고 하나의 환희는
> 타인들과 나누었다, 말의 힘은 자면서도 자란다.
> 아버지여! 밝은 빛이여! 이 말 오래 반향하며 떠돈다.
> 그 태고의 정표, 조상으로부터 물려져, 멀리 맞히며 창조하며 울려 내
> 린다.[4]

하이데거는 우리의 시대가 궁핍한 것은 "고뇌와 죽음, 그리고 사랑
에 대한 본질의 비은폐성이 결여되어 있기 때문"이라고 말합니다.[5] 하
이데거에게 비은폐성Unverborgenheit이란 진리를 의미합니다. 진리는
표면 위에 드러난 채로 언제나 존재하는 것이 아니라, 은폐와 망각의
상태로부터 벗어나 자신의 광휘를 드러내고 다시 사라집니다. 고뇌,
죽음, 사랑의 진리가 은폐되고, 망각되고, 상실된 시대, 이러한 상실조
차 느끼지 못하고 있는 시대에 우리는 살고 있습니다.

---

4   프리드리히 횔덜린, 『횔덜린 시 전집』 2권, 장영태 옮김, 책세상, 2017, 135f.
5   마르틴 하이데거, 『숲길』, 신상희 옮김, 나남출판, 2008, 404쪽. 이하 책제목과 쪽수만
    병기한다.

하이데거는 "신의 결여를 결여로서 감지조차 못하는 시대"[6]라고 말합니다. 우리가 우리의 시대를 풍요롭게 여긴다면, 실제로 우리의 시대가 풍요롭기 때문이 아닙니다. 그것은 오히려 우리가 결여를 결여로서 인식하지 못하기 때문입니다. "아무도 그날의 신음 소리를 듣지 못했다 / 모두 병들었는데 아무도 아프지 않았다"[7]라고 읊었던 시인의 말처럼. 시대의 결핍을 감지하는 이들에게 우리의 풍요는 한층 더 고통스러운 것일 수밖에 없는 이유입니다.

"현대인들은 이중의 결여 속에 눈 먼 자들이다." 이것이 하이데거의 현실인식입니다. 과거의 신과 미래의 신의 부재 속에, 결여를 결여로서 인지조차 못하는 무지 속에 우리는 살고 있습니다. 이러한 시대에 시인은 가장 깊은 시대의 어둠 속에서 그 궁핍을 경험하고, 그것을 드러내는 자입니다. 그 궁핍의 심연 속에서 시인은 언어를 통해 신들이 체류할 곳을 먼저 마련하는 자이기도 합니다. 심연이란 가장 깊은 부재이지만, 이 부재 속에 모든 것을 간직하고 인지하고 있습니다. 이 심연 속에서 드러난 존재의 징후, 그것은 그 자체로 현존의 본질입니다. 현존이란 언제나 스스로를 감추는 본질적인 부재이기 때문입니다. 모든 진리는 언제나 자신을 감추지만, 이 감춤 안에서 또한 자신을 드러냅니다. 사라져 버린 신들의 흔적은 오직 이 가장 깊은 심연 속에서만 찾아질 수 있습니다. 이 가장 깊은 심연으로부터 역사가 다시 시작됩니다. 신들이 머물 곳을 짓는 것, 시인은 그렇게 궁핍한 세계, 세계의 밤의 한 가운데로부터 새로운 역사적 운명을 창조합니다.

---

6 『숲길』, 396.
7 이성복, 『뒹구는 돌은 언제 잠깨는가』 중 「그날」, 문학과 지성사, 1980, 63.

독일의 시인.

독일인에게 가장 사랑받는 시인에 속하며 가장 독일인다운 독일인이라고 불리기도 합니다. 튀빙겐대학에서 신학을 전공했고, 이 시기 셸링(1775~1854), 헤겔(1770~1831)과 교우했습니다. 헤겔의 필체로 남은 『독일 관념론의 가장 오래된 체계계획』(1796)의 저자로 알려져 있습니다. (학자에 따라서는 이 문건을 셸링이나 헤겔의 글로 보기도 합니다.) 대학 졸업 후 성직자의 길로 가지 않고 시를 쓰면서 가정교사 생활을 하였으며, 예나대학을 잠시 다녔습니다. 이 시기 피히테의 수업을 듣고 노발리스(1772~1801) 등과 교류했습니다. 19세기 초 예나는 독일 낭만주의 중심이었으며, 휠덜린 역시 이 시기 중요한 인물로 꼽힙니다. 핀다로스나 소포클레스 같은 고대 그리스 시인들을 숭배했으며, 작품 속에서 기독교와 그리스교의 통합을 구현하고자 했습니다. 시인이 가진 지상에서의 소명을 노래한 시인이기도 합니다.

1802년에 발병한 조현병이 심해져 1806년 튀빙겐의 아우텐리트 정신병원에 강제로 입원하게 됩니다. 1805년 친구 징클레어가 혁명적 모반의 주동자로 체포되고, 그 역시 체포 대상이었으나 정신병을 이유로 구속되지 않았습니다. 이 때문에 조현병이 아니라 우울증이었으며 정치적 책임을 피하기 위한 은둔이었다고 보는 견해도 있습니다. 정신병원에 입원 중일 때 『히페리온』을 읽고 감명을 받은 목수 짐머(Ernst Zimmer)가 그를 돌보겠다고 나서, 이후 38년간 네카 강변에 있는 짐머의 집에서 기거합니다. 지금도 남아있는 노란색 외벽이 도드라지는 이 집은 휠덜린 탑 Hölderlinturm이라고 불립니다.

그의 시는 당대에는 거의 인정을 받지 못했지만, 20세기 초 재발굴되어 현대시의 선구자로 높이 평가되었습니다. 주요 시로는 「빵과 포도주」, 「회상」, 「라인강」, 「파트모스」 등이 있고, 소설로는 『히페리온』(1799), 미완성 비극으로는 『엠페도클레스』가 있습니다. 소포클레스의 비극을 직접 번역하기도 했습니다.

세계의 밤의 시대에는 세계의 심연이 경험되고 감내되어야 한다. 그러나 그러기 위해서는 심연에까지 이르는 사람들이 필요하다.

세계 시대의 전향은 어느 땐가 새로운 신이 혹은 옛 신이 은닉처로부터 갑자기 여기에 새롭게 나타남으로써 생기는 것이 아니다. 신은 먼저 인간에 의해 자신이 체류할 곳이 마련되어 있지 않다면, 그가 되돌아올 때 어디를 향해 와야 하는가? 만약 신성의 빛이 존재하는 모든 것 안에서 먼저 빛나기 시작하지 않는다면, 그때마다 신에게는 자신에게 합당한 체류지가 어떻게 있을 수 있겠는가?

"예전에 거기에 있었던" 신들은 "올바른 때"에만, 즉 인간이 올바른 곳에서 올바른 방식으로 전향했을 때에만 "되돌아온다."[8]

시인 중의 시인, 횔덜린

하이데거는 횔덜린을 '시인 중의 시인'이라고 불렀습니다. 괴테, 실러, 릴케, 하이네, 노발리스……. 우리에게도 익숙한 뛰어난 독일 시인들이 이처럼 있음에도 불구하고, 왜 하이데거는 오직 횔덜린에게 그러한 칭호를 붙이는 것일까요. 이것은 단지 횔덜린을 과장되게 상찬하는 표현은 아닙니다. 횔덜린이 가장 훌륭한 시인이라고 이야기하는 것과

8 『숲길』, 396f.

도 차이가 있습니다. 하이데거가 횔덜린의 시를 통해 예술/예술작품의 본질에 대해 사유한 이유는, 횔덜린이야말로 시에 대해, 시를 짓는 일에 대해, 시인의 역사적 사명에 대해 이야기한 시인이기 때문입니다. 젊은 시절 횔덜린과 헤겔, 셸링이 함께 작성한 것으로, 혹은 많은 학자들에 의해 횔덜린이 작성했다고 여겨지는『독일관념론의 가장 오래된 체계 기획』에서도 알 수 있듯이 횔덜린은 끊임없이 시대적 사명에 대하여, 그리고 새롭게 도래할 시대에 대해 고민한 시인이었습니다. 그리고 시를 통해 시에 대해, 시인에 대해, 시인의 역사적 사명에 대해 노래한 시인입니다.

심지어 사람들은 다음과 같이 말하고 싶을 것이다: 그가 시를 짓는 유일한 관심사는 바로 시짓기와 시인이다. 그때 횔덜린은 시인 중의 시인이다. 마음 속 깊이 시인을 향하는 사유가는 그의 최고의 창작에서, 사유가 무엇인지, 사유가가 누구인지, 사유하고 알기를 원하며, 심지어 알기를 원해야만 하기 때문이다.[9]

하이데거는 횔덜린에 대한 강의를 세 차례 진행했습니다. 그리고 그 강의록은 하이데거 전집 속에 포함되어 있습니다. 대사상가답게 그의 전집은 무려 100권이 넘습니다. 정확히는 현재까지 모두 102권이 전집 목록에 올라 있습니다. 그마저도 아직은 미완입니다. 전집의 16권까지는 출간한 책들로 이루어져 있습니다. 『존재와 시간Sein und

---

9 마르틴 하이데거, 『횔덜린의 송가-게르마니엔과 라인강』(전집 39권), 최상욱 옮김, 서광사, 2009. 57. 이하 책제목과 쪽수만 병기한다.

Zeit』(1927), 『숲길Holzwege』(1935~1946), 『이정표Wegmarken』(1919~1961), 『강연과 논문Vorträge und Aufsätze』(1936~1953)[10] 등 그의 사상적 여로의 중요한 발자취가 여기 있습니다. 그 외는 주로 강의록입니다. 마르부르크 대학과 프라이부르크 대학에서의 강의들이지요. 1930년대 중반부터 예술에 대해 본격적인 사유를 시작한 하이데거는 이후 휠덜린의 시세계를 연구의 중심과제로 삼습니다. 하이데거에게 시는 특정한 예술의 한 범주에 그치는 것이 아닙니다. 단적으로 말하자면, 시짓기는 예술의 본질이기 때문입니다. 이런 그가 시에 대한 시를 쓴 휠덜린을 연구한 것은 자연스러운 일일 것입니다.

방대한 강연과 저술 중에서 그가 휠덜린에 대해 다룬 내용은 다음과 같습니다. 우선『휠덜린 시의 해명Erläuterungen zu Hölderlins Dichtung』이 있습니다. 그의 전집 4권에 해당되는 이 책은 1936년에 발표한「휠덜린과 시의 본질」부터 1968년에 발표한「詩」까지 약 30여 년간에 걸쳐 그가 썼던 휠덜린에 대한 6편의 글을 담고 있습니다. 이 책은 하이데기 후빈기의 철학에서 가장 중요안 부분을 자지하는 예술에 대한 사유가 잘 드러난 저작입니다.

그리고 그의 강의록이 있습니다. 하이데거가 휠덜린에 대한 본격적 강의를 한 것은 1934/35년 겨울학기입니다. 여기서 그는「게르마니엔Germanien」과「라인강Der Rhein」의 두 시에 대한 강의를 진행했습니다. 그리고 그로부터 10여 년 후 휠덜린의 송가「회상Andenken」을 1941/42년 사이의 겨울학기에, 이어 1942년 여름학기에 다시 휠덜린

---

10 전집의 자세한 구성은 비토리오 클로스터만 출판사의 다음페이지 참고.
   https://www.klostermann.de/Buecher/Seite-/-Kategorie/Editionsplan

의 송가 「이스터Der Ister」를 주제로 강의를 진행했습니다. 이 세 강의
는 모두 하이데거 전집에 수록되어 있습니다.[11]

　이와 더불어 직접적으로 횔덜린을 다룬 글은 아니지만, 이러한 예술
론의 출발점으로 삼을 수 있는 「예술작품의 근원」도 빠뜨릴 수 없는 글
입니다. 또한 릴케의 서거 20주년인 1946년 발표한 「무엇을 위한 시인
인가」도 그의 시론과 예술론을 이해하는 데 중요한 글입니다. 이 두 논
문은 『숲길』에 수록되어 있습니다.

예술작품의 근원

　여기서는 하이데거의 「예술작품의 근원」으로부터 논의를 시작해볼
까 합니다. 제목에서 눈에 띄는 것은 '근원Ursprung'이라는 말입니다.
근원이라는 말은 어떤 것의 본질이 유래하는 것, 존재의 가장 근본적
인 근거를 묻는 것입니다. 그러므로 '무엇이 예술작품의 근원인가'라고
묻는 것은 어디에서/무엇으로 예술작품이 시작되는지를 묻는 질문과
는 다른 질문입니다.

11　이 세 권은 현재 한국어로 출판되어 있다. 마르틴 하이데거, 『횔덜린의 송가─게르마니엔
　과 라인강』(전집 39권), 최상욱 옮김, 서광사, 2009. 그리고 『횔덜린의 송가─이스터』(전
　집 53권), 최상욱 옮김, 동문선, 2005. 마지막으로 『회상』(전집 52권), 신상희 · 이강희 옮
　김, 나남, 2011. 이하 이 책들을 인용할 때에는 각각의 책제목과 쪽수만 병기한다.

우리는 흔히 하나의 예술작품은 예술가로부터 시작한다고 말할 수 있을 것입니다. 그런데 예술가는 어떻게 예술가가 되나요? 간단합니다. 예술작품을 창조함으로써 예술가가 됩니다. 그렇다면 예술작품이 창조되기 이전에는 어떨까요? 여전히 예술가라고 말할 수 있을까요? 이렇게 묻는다면, 이러한 질문은 더이상 간단하고도 자명한 문제가 아닙니다. 예술가가 예술작품을 창조하는 것이 아니라, 예술작품이 예술가를 탄생시킨다고 말하는 것이 더 맞을지도 모릅니다. 이와 같이 예술가와 예술작품의 존재근거는 일종의 순환 관계에 놓여 있습니다. 예술가는 예술작품의 근원이고, 또 예술작품은 예술가의 근원입니다.

여기서 하이데거는 예술가와 예술작품을 가능케 하는 보다 근본적인 원인이 있다고 말합니다. 그것이 바로 '예술'입니다. 예술을 통해 예술가도, 예술작품도 가능해지기 때문입니다. 그러나 '예술'의 본질이 무엇인지를 파악하려면 우리는 다시 예술—예술가—예술작품의 관계를 사유해야 합니다. 이 해석학적 순환을 통해서 우리는 예술의 본질에 대해 이해할 수 있게 됩니다. 말하자면 이렇습니다. 예술의 본질을 알기 위해서는 우리는 작품을 보아야 합니다. 그러나 작품이 무엇인지는 다시 예술의 본질로부터 사유할 수밖에 없습니다. 하이데거는 해석학적인 순환의 길을 따라 사유를 진행해가면서 예술의 본질을 차분히 규명합니다.

이어지는 논의에서 하이데거는 사물과 도구, 그리고 작품을 구분합니다. 해석학적 순환의 길을 따라, 도구의 도구성에 대한 논의는 예술작품의 작품적 본질에 대한 인식으로 이어집니다. 우선 하이데거는 도구의 도구성에 대한 이해를 위해 한 켤레의 농부의 신발을 화제로 삼습니다. '이 신발이 무엇인가' 하는 질문에 대한 답은 다만 질료와 형상의 결합으로만 이해될 수 있는 것은 아닙니다. 신발의 본질에 대한 진정한 이해는 도구의 질료와 형상의 결합을 넘어, 도구존재는 용도성을 통해 발견됩니다. 신발을 도구로 사용하는 농촌 아낙네는 그저 신발을 신고 있을 뿐입니다. 그러나 이 '그저 신발을 신고 있는 행위'를 통해 신발이라는 도구는 그 "본질적 존재의 충만함"[12]을 얻습니다. 신발은 그저 신발임을 넘어, 아낙네가 대지와 세계 속에 들어가, 삶의 열린 장으로 나아가게 하는 도구로서 현존합니다. 하이데거의 저 유명한 고흐의 구두 그림에 대한 해석이 여기에 등장합니다.

너무 오래 신어서 가죽이 늘어나 버린 신발이라는 이 도구의 안쪽 어두운 틈새로부터 밭일을 나선 고단한 발걸음이 엿보인다. 신발이라는 이 도구의 수수하고도 질긴 무게 속에는 거친 바람이 부는 드넓게 펼쳐진 평탄한 밭고랑 사이로 천천히 걸어가는 강인함이 배어 있고, 신발가죽 위에는 기름진 땅의 습기와 풍요로움이 깃들어 있으며, 신발바닥으로는 저물어가는 들길의 고독함이 밀려온다. 신발이라는 이 도구 가운데에는 대지의 말없는 부름이 외쳐오는 듯하고, 잘 익은 곡식을 조용히 선사해 주는 대지의 베풂음이 느껴지기도 하며, 또 겨울 들녘의 쓸쓸한 휴경지에 감도는 해명할 수 없는 대지의 거절이 느껴지기도 한다. 더 나아가 이 도구에서는, 빵을 확보하기 위한 불평 없는 근심과, 고난을 이겨낸 후에 오는 말없는 기쁨과, 출산이 임박해서 겪어야 했던 [산모의] 아픔과 죽음의 위협 앞에서 떨리는 전율이 느껴진다.

---

12 『숲길』, 43.

이 도구는 대지에 속해 있으며, 농촌 아낙네의 세계 속에 포근히 감싸인 채 존재한다. 이렇듯 포근히 감싸인 채 귀속함으로써 그 결과 도구 자체는 자기 안에 [고요히] 머무르게 한다.[13]

애초에 하이데거는 신발의 도구성을 말하기 위해, 그저 단순한 시각화의 편리를 위해, 일종의 삽화로서 고흐의 작품을 이야기한 것이었습니다. 물론 다분히 의도적이고 계획적입니다. 하지만 중요한 사실은 왜 하필이면 고흐의 작품을 떠올렸는가가 아닙니다. 고흐의 작품을 통해 신발이라는 도구가 진정 무엇이며, 그것이 어떻게 존재하는지가 자연스럽게 드러났다는 점이 중요합니다. 고흐의 그림 속에 어떤 정보가 있었기 때문이 아닙니다. 오히려 그 그림 속에서 우리는 그 신발이 누구의 신발이며, 지금 어디에 놓여 있는지, 그 신발이 어떤 용도로 쓰이는지에 대한 정보를 전혀 발견할 수 없습니다. 그럼에도 불구하고 그림 속에서 신발의 존재는 스스로를 밝히게 됩니다.

도구의 도구존재는 [이미] 발견되었다. 그러나 어떤 방식으로 발견되었는가? 그것은 실제로 눈앞에 놓여 있는 신발이라는 도구를 서술하고 설명하는 가운데 발견된 것이 아니며, 또 여기저기서 실제로 사용되고 있는 도구의 이러한 사용방식을 관찰하는 가운데 발견된 것도 아니다. 오히려 그것은 단지 우리가 고흐의 그림 앞에 가까이 다가섬으로써 발견되었다. 이 그림이 [우리에게 이미] 말하고 있었던 것이다.

13 『숲길』, 42f.

우리는 작품과 가까이 할 때, 우리가 일상적으로 있던 곳과는 전혀 다른 곳에 존재하고 있었던 것이다.[14]

예술작품은 이런 의미에서 하나의 장소입니다. 그것은 우리를 일상성의 한가운데서 끄집어내어 진리가 스스로를 밝히는 개방된 장소로 우리를 이끌어갑니다. 이제 예술의 본질은 '존재자의 진리가 작품–속으로 스스로–정립하고–있음das Sich–ins–Werk–Setzen der Warheit des Seienden'이라는 사실이 숨김없이 드러납니다.

신발이라는 존재자가 자신의 존재의 비은폐성 가운데 나타난 것이다. 그리스인들은 이러한 존재자의 비은폐성을 알레테이아aletheia라고 불렀다. 우리는 오늘날 이 낱말을 진리라고 부르고 있으나, 이 말의 본원적 의미에 대해서는 거의 생각하지 않고 있다. 만일 작품 속에서 '존재자가 무엇이며 어떻게 존재하는지'가 열어 밝혀지고 있다고 한다면, 작품 속에서 진리의 어떤 일어남ein Geshehen der Warheit이 작동하고 있는 것이다.[15]

---

14 『숲길』, 45.
15 『숲길』, 45f

존재란 무엇인가

작품 속에서 진리가 세워진다면, 도대체 진리란 무엇인지 묻지 않을 수 없습니다. 잘 알려진 대로 하이데거에게 진리란 '존재'를 의미합니다. 그렇다면 존재란 무엇일까요? 존재가 무엇인지를 한마디로 대답하기란 불가능합니다. 그래서 하이데거는 끊임없이 존재에 대해 말하는 것입니다. 하이데거의 전체 철학이 바로 이 존재에 대한 끊임없는 발화이기도 합니다. 그가 예술, 특히 시의 문제에 골몰하는 이유 역시 시를 통해 존재에 대한 물음에 대답하기 위해서입니다.

하이데거는 '우리는 무엇인가Was wir sind'라는 질문과 '우리는 누구인가Wer wir sind'라는 질문의 차이를 이야기합니다. 우리가 현실에서 살아가기 위해 하는 일들, 그것은 우리가 무엇인가에 대한 대답을 제공합니다. 신발을 만드는 이는 제화공이며 강의를 한다면 그는 교사일 것입니다. 어떤 이가 책을 출판하고 그 책이 철학서로 분류된다면 우리는 그를 철학자라고 부를 수도 있을 것입니다. 우리가 하는 일들, 그것이 우리가 무엇인가를 규정합니다. 그러나 이러한 규정으로도 '우리는 누구인가'라는 질문에 대한 대답은 요원하기 짝이 없습니다. 그럼에도 우리 인간는 끊임없이 묻습니다. 그리고 인간이 끊임없이 '나는 어떤 존재인가'를 묻는 것은 우리를 규정할 수 있는 활동이 없기 때문이 아닐 것입니다.

그렇다면 '우리는 누구인가'라는 질문에 대해 어떤 대답을 해야 할까요. 우리는 이에 대답하기 위해서 우리 자신과 우리가 관계 맺고 있는 타인 그리고 우리가 서 있는 대지, 즉 우리가 누구인가로 존재하는 세계를 사유할 수밖에 없습니다. 우리는 그때그때마다 세계 속에서 무수히 많은 존재자들과 관계 맺으며 살아갑니다. 수많은 존재자와의 관계는 우리가 이 세계를 살아가도록 해주는 근거이며, 그것 자체가 삶이기도 합니다. 하이데거는 니체의 다음의 말을 인용합니다. "존재—우리는 이것에 대해 '산다'는 것 이외에는 어떠한 다른 표상도 갖지 못한다. — 그러므로 어떻게 죽은 어떤 것이 '존재'할 수 있는가?"[16]

'세계—내—존재'란 세계를 향해 열려있는 인간이며, 곧 '현존재'입니다. 세계를 향해 열려있다는 말은 인간이 단순히 세계 속에 있는 것과 구분됩니다. 세계 속에서, 세계를 향해, 세계와 관계 맺으면서 자신의 삶을 전개하고, 역사를 이루어간다는 의미입니다. 그렇게 역사를 이루어나가는 것, 그것은 또한 생명이기도 하고, 자연이기도 하며, 의지이기도 합니다. 이때 하이데거가 염두에 두고 있는 자연은 라이프니츠가 대문자 'Natura'라고 썼던 광의의 자연이며, 제1동인die vis primitiva activa입니다. 생명, 곧 자연은 다양한 존재자들을 자신의 앞으로 모아들이고, 다시 이렇게 모인 존재자들을 자신으로부터 떠나보냅니다. 이 작용이 바로 의지라는 말로 표현됩니다.

자연은 역사와 예술 그리고 좁은 의미에서의 자연을 위한 근거이다. 여기서 사용되는 자연이라는 낱말은 [고대 그리스어의] 퓌시스라는 옛 낱말의 여운이 아직도 울리고 있는데, 이 [퓌시스라는] 낱말은 또한 우

---

16 『숲길』, 409.

리가 생명Leben이라고 번역하는 조에ζωή와도 같은 것이다. 그러나 일찍이 [고대 그리스에서] 생각되던 생명의 본질은 생물학적으로 표상된 것이 아니라, 오히려 퓌시스로서, 즉 피어오르는 것으로서 표상되었다.[17]

살아 있는 것, 생명을 가진 것, 의지가 있는 것, 즉 존재하는 것은 어떤 것도 멈추어서 고정되어 있지 않습니다. 만약 어떤 생명을 가진 존재가 움직이지 않는 것처럼 보인다 하더라도, 우리는 그 존재가 그러한 멈춤 속에서도 끊임없이 온 힘을 다하고 있다는 것을 알고 있습니다. 퓌시스라는 말은 이렇게 끊임없이 변화하는 자연을 말합니다.

앞서 우리는 고흐의 그림을 통해 농촌 아낙네의 신발과 그 존재에 대한 하이데거의 사유를 보았습니다. 그때 신발을 통해 우리가 사유한 것은 무엇이었나요? 그 신발이 세계의 다양한 존재자들과 맺은 관계이며 그 속에서 생겨난 수많은 사건이자 의미였습니다. 그렇게 수많은 존재들이 서로서로 관계를 맺고 있는, 일상적 삶 속에서는 은폐되어 있지만 예술을 통해 드러나는 세계, 그것이 바로 세계이며 '열린 장'입니다. 이 속에서 존재자는 진정으로 '존재'하게 됩니다.

하이데거는 이를 '모험'이라는 말로도 이야기합니다. 존재란 생명이고 삶입니다. 생명은 머물러 있지 않음으로써 생명이며, 삶이란 세계를 경험하는 일입니다. 하지만 이 경험이란 곧 위험이기도 한 것, 모험이기도 한 것입니다.

---

17 『숲길』, 409.

모험되는 것으로서의 각각의 모든 존재자가 거기에 내맡겨져 있는 이 전체적 연관을 릴케는 흔쾌히 '열린 장'이라고 부른다. [열린 장이라는] 이 낱말은 그의 시의 또 다른 근본낱말이다. '열림Offen'이란 릴케의 언어에서 폐쇄되지 않은 바로 그것을 의미한다. 열림은, 그것이 제한되어 있지 않기에, 폐쇄되지 않는다. 열린 장은 제한을 벗어나 있는 모든 것의 거대한 전체이다.[18]

시가 세계를 열어 보인다는 말의 의미가 바로 이 지점에서 드러납니다. 그리고 우리는 언어를 통해서 이러한 질문에 응답할 수밖에 없습니다. 존재의 토대를 세우는 것, 세계를 열어 보이는 것은 바로 이 '우리는 누구인가'라는 질문에 응답하는 행위입니다. 이런 관점에서 언어는 의사소통을 위해 현실을 표현하거나 묘사하고 설명하는 단순한 도구나 수단이 아닙니다. 좀 더 과격하게 말하자면, 인간은 언어 속에서만 '존재'할 수 있습니다.

언어 안에서 존재자의 열림이 일어나는데, 이미 드러난 것을 추후적으로 표현하는 것이 아니라, 근원적인 드러남 자체가 일어난다.[19]

18 『숲길』, 417.
19 『횔덜린의 송가–게르마니엔과 라인강』, 98.

횔덜린과 시의 본질

하이데거의 예술과 존재에 대한 사유는 이제 횔덜린의 시에 대한 사유로 이어집니다. 횔덜린에 대한 하이데거의 사유를 살펴보는 것은 시에 대한 우리의 사유를 선명하게 하기도 하고, 또 다른 사유로 확장하게 하기도 할 것입니다. 하이데거는 「횔덜린과 시의 본질」[20]이라는 글을 다섯 개의 주도하는 말Leitwort로 시작합니다. 횔덜린의 편지 혹은 시에서 가져온 이 다섯 개의 말을 통해 하이데거는 시의 본질에 대한 해명을 시도합니다.

1. 시지음은 [인간이 창작하거나 영위하는] "모든 것 가운데 가장 순진무구한 것."(III, 377)
2. "따라서 모든 재보 중에서 가장 위험한 것인 언어가 인간에게 주어졌다.…… 그가 자신이 무엇인지를 승인하기 위해서……."(IV, 246)
3. "인간은 많이 경험하였다.
   우리가 하나의 대화이고
   서로가 서로에게서 들을 수 있게 된 이래로
   천상적인 것들 가운데서 많은 것이 말해졌다."(IV, 343)
4. "상주하는 것을 그러나, 시인들은 수립한다."(IV, 63)
5. "이루어낸 것은 많다. 그러나 인간은 이 땅 위에서 시적으로 거주한다."(VI, 25)

20 『횔덜린 시의 해명』, 61f.

이제 이 다섯 개의 모티브 하나하나를 하이데거의 논의에 따라 천천히 음미해 보고자 합니다.

1. 시지음은 모든 것 가운데 가장 순진무구한 것

이 모티브는 횔덜린의 편지에서 시작합니다. 횔덜린은 어머니에게 보낸 편지에서 시를 쓰는 일을 "모든 것 가운데 가장 순진무구한das Unschuldigste 것"[21]이라고 말합니다. 하이데거는 시짓기는 현실적이고 진지한 행위가 아니라, 유희이자 꿈과 같은 것이라고 말합니다.

> 시지음은 유희의 겸손한 형태로 나타난다. 아무것도 구속됨이 없이 그것은 자신의 형상의 세계를 만들어내면서 상상의 영역에 잠겨 있다. 그리하여 이러한 유희는 언제나 이러저러하게 책임을 떠맡는 결단의 진지함에서 스스로 물러나 있다. 그래서 시지음은 완전히 무해하다. 그리고 동시에 그것은 아무런 작용도 없다. 왜냐하면 그것은 순전히 말함과 이야기함에 불과하기 때문이다. 그것은 직접 현실적인 것 속으로 파고 들어가서 그러한 것을 변화시키는 행동과 전혀 무관한 것이다.[22]

시인은 가장 순진무구한 존재이자, 가장 무해한 존재입니다. 어떤 인간이 시인보다 더 무해할 수가 있을까요. 그는 자신의 욕망을 만족

---

21 『횔덜린 시의 해명』, 64.
22 『횔덜린 시의 해명』, 65.

시키기 위해 다른 인간과 겨루지 않고, 필요한 것을 얻기 위해 거짓을 말하지 않으며, 언어의 세계 속에서 자신의 가장 소중한 시간을 보내는 자입니다. 하이데거는 시인의 순진무구함과 무해함을 말할 때 시인이 현실과 무관한 언어의 세계 속에 존재한다는 것을 강조해서 말하고 있습니다.

2. 모든 재보 중에서 가장 위험한 것인 언어가 인간에게 주어졌다.

그러나 인간은 오두막에 살면서 부끄러워 옷으로 몸을 감추고 있다. 보다 더 친밀하고, 보다 더 신중하기에, 그는 성녀가 성화를 지키듯 정신을 지킨다. 이것이 그의 지성이다. 그러므로 신을 닮은 인간에게는 자유 의지가, 즉 명령하고 실행하는 지고한 힘이 부여되었다. 그리하여 모든 재보 중에서 가장 위험한 것인 언어가 인간에게 주어졌다. 그가 창조하고 파괴하고 몰락하면서 영원히 사는 여신인 어머니에게로 되돌아가기 위해, 그리고 어머니에게서 가장 신성한 것, 즉 일체를 보전하는 사랑을 물려받고 배움으로써 그가 자신이 무엇인지를 증언하기 위해서.[23]

이것은 앞서 인용된 횔덜린의 편지와 비슷한 시기에 쓰인 단편의 초고입니다. 하이데거는 횔덜린의 편지를 인용하며, 언어를 통한 시짓기

---

23 『횔덜린 시의 해명』, 66.

야말로 가장 순진무구한 일이라고 말했습니다. 그런데 어떻게 언어가 자연 혹은 신이 준 가장 위험한 재보라고 말할 수 있는 것일까요? 이 두 가지가 과연 양립 가능한 것인가요?

여기서 횔덜린은 인간에게 언어가 주어진 이유를 두 가지로 설명하고 있습니다. 하나는 자신을 존재하게 한 어머니에게로 되돌아가기 위해, 또 하나는 자신이 무엇인지를 증명하기 위해. 인간은 자신이 무엇인지를 스스로 깨닫는 과정을 통해서 자연으로 되돌아갈 수 있습니다. 결국 이 두 가지는 하나입니다. "창조하고 파괴하고 몰락하면서 영원히 사는 여주인"이라는 표현은 자연을 가리키는 것처럼 들립니다. 자연이란 영원히 존재하는 것이지만 끊임없이 한 순간도 멈추지 않고 변화하기 때문입니다. 동시에 인간에게 자유 의지와 사랑을 준 존재로서 자연은 신 그 자체로도 이해될 수 있을 것입니다. 횔덜린은 자연이자 신인 어머니에게 되돌아가기 위해서 언어가 인간에게 주어진 것이라고 말하는 것입니다.

인간이란 자신이 누구인지를 스스로 증언하는 자입니다. 이 점에서 인간은 자연의 다른 존재들과 구별됩니다. 자신이 누구인지를 말한다는 것은 인간에게 부차적인 것이 아니라, 인간의 현존재Dasein를 증언하고 확증하는 것이며 이에 스스로 책임을 진다는 것을 의미합니다. 스스로에 대하여 생각한다는 사실, 자신의 현존재에 대해 스스로 질문한다는 사실로 인해, 그리고 이러한 존재물음을 던진다는 사실이 인간을 다른 동물과 다르게 존재하게 합니다. 이러한 물음에 답하기 위해 인간은 자기 안에 침잠하는 것이 아니라 자신이 서있는 대지와 마주하고 있는 사물에 대해서 증언해야 합니다. 이 증언을 위해 언어는 인간에게 재보로서 주어진 것입니다. 그러므로 "언어는 존재자의 열려 있음 한가운데에 설 수 있는 가능성을 비로소 전적으로 허락"해주며, "오직 언어가 있는 곳에, 세계는 존재"하게 됩니다. 그리고 "오직 세계가 주재하는 곳에 역사는 존재"하게 됩니다. 인간이 역사적으로 존재할 수 있는 것은 언어 속에서 자신의 존재에 대해 증언하기 때문입니다.[24]

그러나 언어는 인간 존재를 범속한 말과 비본질적인 말 속에 가두는 위험이기도 합니다. 존재자를 열린 터 속에서 드러내어 참답게 보존하는 것이 언어의 과제라면, 동시에 그 속에서 존재의 참모습을 감추는 것도 언어이기 때문입니다. 본질적인 말과 비본질적인 말은 그 자체로 구분되는 것이 아닙니다. 하이데거는 이 둘이 똑같은 방식으로 말해진다고 말합니다. 존재를 드러내기 위해 시인이 쓰는 언어는 일상적 언어와 그 외양에서 구별되지 않습니다. 그렇기 때문에 언어를 통해 존재와 진리를 말하는 것은 위험한 일일 수밖에 없습니다. 그것은 언제나 존재와 진리를 은폐하는 언어일 수 있기 때문입니다. 그러므로 "언어는 위험들 중의 위험일 뿐만 아니라, 자기 자신에 대해서도 필연적으로 늘 지속되는 위험을 사기 사신 안에 간식"하고 있습니다.

하지만 다만 이것뿐이라면 우리는 언어를 '재보'라고 말할 수 없을 것입니다. 앞서 우리는 모험을 통해 존재의 의미를 이야기했습니다. "존재는 존재자를 모험 속으로 해방한다"[25]는 것은 인간이 존재들의 총체적 연관인 열린 터 속에서 자신의 존재를 건립한다는 것을 의미합니다. 이것은 안전한 세계 속에서 보호받는 것과는 다릅니다. 그러므로 그것은 인간에게 커다란 위험이기도 합니다. 확실성, 안전의 세계란 존재의

---

24 『횔덜린 시의 해명』, 70f.
25 『숲길』, 410.

의미를 망각한 채 그저 한갓된 존재자로 머무는 한에서 이루어집니다. 존재의 의미를 묻고 전적인 개방성 속에 자신을 맡긴다는 것은 그저 평안하게 일상적 삶의 흐름에 몸을 맡기는 것과는 다른 것입니다.

> 작품-속으로의-진리의-정립은 섬뜩함das Un-geheure을 몰아오며, 동시에 평온한 것das Geheure과 평온하다고 믿어온 것을 뒤엎어버린다. 작품 속에서 스스로를 개시하는 진리는 종래의 것으로부터는 증명될 수도 연역될 수도 없다. 종래의 것은 자신의 배타적 현실성 속에서 작품을 통해 부정된다.[26]

언어는 그러므로 존재를 망각하게 하는 위험인 동시에, 인간을 '존재'하게 하고, '모험'하게 하며, 자신의 '의지'로 그러한 '모험'에 스스로를 내맡기도록 하는, 전적으로 다른 의미에서의 위험이기도 합니다. 이런 점에서 언어의 위험은 이중적이기도 합니다. 그를 존재망각 속에 가두는 위험과 동시에 그를 모험 속으로 열어젖히는 위험입니다. 이런 맥락에서 언어는 위험한 '재보'라고 할 수 있는 것입니다. 시를 짓는 것은 인간의 역사적 존재를 묻고 답하는 것이며, 그 자체가 하나의 생기-사건Ereignis입니다. 이 속에서 우리는 존재망각의 언어의 위험으로부터 벗어나, 존재의 참된 의미를 파악할 수 있는 또 다른 위험 속에 놓인 언어를 만나게 됩니다.

---

26 『숲길』, 110.

3. 인간은 많이 경험하였다. / 우리가 하나의 대화이고 / 서로가 서로에게서 들을 수 있게 된 이래로 / 천상적인 것들 가운데서 많은 것이 말해졌다.

시인은 시를 짓습니다. 그런데 이 시는 누굴 향한 것일까요? 시를 읽고, 들을 수 있는 자들을 향한 것입니다. 시인은 시를 짓고, 독자는 시를 읽습니다. 이 과정은 순차적입니다. 독자가 시를 읽는 것은 당연히 시가 지어진 이후이기 때문입니다. 지극히 상식적이고 자명한 과정입니다. 그런데 하이데거는 조금 다르게 말합니다. 왜냐하면 시를 짓는다는 것, 언어를 사용한다는 것이 가능하다는 것은 이미 듣는 사람이 있다는 것을 전제하기 때문입니다. 들을 수 있다는 것은 서로 말함의 결과가 아니라, 서로 말할 수 있음의 조건입니다. 대화란 타자의 존재를 이미 상정해야만 가능합니다. 그리고 대화의 가능성이 전제되어야만 우리는 언어를 사용할 수 있습니다. 독백도 대화의 가능성이 전제되지 않고는 성립되지 않습니다. 들어줄 이가 없는 독백, 그러니까 이 세세에 그 누구도 나의 언어를 이해할 수 없는 상태에서의 녹백, 그럴 때 독백이란 동물의 울부짖음과 다를 바 없을 것입니다. 그렇기 때문에 하이데거는 "들을 수 있음은 이제 비로소 서로 함께 말함 Miteinandersprechen으로써 생기는 어떤 결과가 아니라, 오히려 거꾸로 그 전에 서로 함께 말함을 위한 전제가 되는 것이다.······ 대화할 수 있음과 말할 수 있음은 동근원적이다. ······ 대화 및 이 대화의 통일은 우리의 터-있음Da–sein을 지탱해준다"[27]라고 말하는 것입니다.

---

27 『횔덜린 시의 해명』, 72.

이것이 언어의 근원입니다. 미래의 어느 시점에 인류가 멸망해서 나의 언어를 이해할 수 있는 인간이 그 누구도 존재하지 않더라도 여전히 우리는 대화의 가능성을 전제할 수 있습니다. 그것은 우리의 말을 들을 수 있었던 누군가의 존재를 우리가 기억하고 있기 때문일 것입니다. 침묵도 마찬가지입니다. 침묵이 말하기의 방식일 수 있는 것은 누군가가 그 침묵을 들을 수 있다는 것이 전제되어 있기 때문입니다. 말할 수 없는 존재는 침묵할 수도 없습니다. 그렇기 때문에 언어란 타자를 전제하고 공동체를 전제할 수밖에 없습니다. 대화의 가능성, 그것이 언어의 존립 근거이자 시의 존립 근거입니다. 그래서 하이데거는 "우리는 하나의 대화이다"라고 말합니다.

> 신들이 우리를 떠나고 우리를 우리 자신에게 내맡겼든, 혹은 신들이 우리를 보호하고 있든, 신들이 우리에게 아무 요구도 하지 않고, 신들의 눈짓이 부재할 때도, 우리는 하나의 대화이다.
> ......
> 우리는 역사의 시원부터, 그리고 역사의 종말까지, 가장 압도적인 말로서, 시짓기로서, 침묵으로서, 그리고 잡담으로서, 하나의 대화이다.[28]

그리고 하이데거는 묻습니다. "언제부터 우리는 하나의 대화인가?"[29] 인간의 존재는 시간 속에서 자신을 펼쳐나갑니다. 그리고 지속하는

---

28 『횔덜린의 송가─게르마니엔과 라인강』, 109.
29 『횔덜린 시의 해명』, 73.

것을 통해서만 우리는 변화할 수 있습니다. 어제의 나와 오늘의 나 사이의 지속성을 깨닫지 못한다면, 우리는 어제와 오늘의 변화를 알지 못할 것이기 때문입니다. 시인이 짓는 언어는 인간들 사이의 대화이기도 하지만, 이것은 시간 속에서 이루어지는 대화이고 역사적 존재로서의 대화이기도 합니다. 그 속에서 우리는 우리 자신이 누구인지를 진정으로 깨닫게 됩니다.

> 지속적인 상주함Beständigkeit und Bleiben은 지속하는 현재Beharren und Gegenwart가 빛날 때 나타난다. 그러나 이러한 것은 시간이 스스로 뻗어가면서 열리는 그 순간에 일어난다. 인간이 상주하는 것의 현재 속으로 스스로 들어선 이래로, 그때부터 인간은 비로소 변화하는 것에게, 즉 오고 가는 것에게 자신을 내맡길 수 있게 되었다. 왜냐하면 오직 지속하는 것만이 변화할 수 있기 때문이다. …… '시간이 존재하는' 그때 이래로 우리는 '하나'의 대화이다. 시간이 개벽하여 출현한 이래도 우리는 역사적으로 존재한다. 하나의 대화적 존재라는 것과 역사적 존재라는 것, 이 양자는 똑같이 오래된 것이고, 함께 공속하는 것이요, 동일한 것이다.[30]

---

30 『횔덜린 시의 해명』, 74.

4. 상주하는 것을 그러나, 시인들은 수립한다.

이 말은 휠덜린의 「회상Andenken」이란 시의 마지막 구절입니다. 그런데 '상주하는 것을 수립한다/짓는다'는 저 말 속에는 어떤 모순이 있는 것처럼 보입니다. 상주한다는 것은 이미 존재하고 있음을 의미하기 때문입니다. 이미 존재하는 것을 어떻게 지을 수 있을까요? 그러나 이미 존재하고 있는 것은 언제나 은폐되어 있는 것이기도 합니다. 현존은 언제나 이미 그 속에 부재를 가지고 있기 때문입니다. 이 망각과 은폐로부터 존재를 열어 보이고 빛나게 하는 것이 '시를 짓는다'는 것의 의미일 것입니다.

> 그러면 무엇이 수립되는가? 상주하는 것. 그러나 도대체 상주하는 것은 수립될 수 있는가? 그것은 언제나 이미 눈앞에 현존해 있는 것이 아닌가? 아니다. 이 상주하는 것이야말로 휩쓸려가는 것에 대항하여 언제나 서 있도록 데려와져야만 하는 것이다.[31]

시인은 사물을 그 본질로서 이름 짓는 자입니다. 모든 존재하는 것들은 열린 장 속에서 자기 존재의 본질을 안전하게 열어 보이지 못합니다. 그들은 쉽게 사라져버리고, 혼돈 속에서 잘 보이지 않기 때문입니다. 시인은 이렇게 사라져버리고 보이지 않는 덧없는 존재자들에게 이름을 부여하고, 그들을 자신의 안전한 터 속에 근거 짓습니다. 그 속

---

31 『휠덜린 시의 해명』, 76.

에서 사물들은 자신의 고유한 빛을 발합니다. 그것이 '상주하는 것을 수립한다'는 말의 의미일 것입니다.

「예술작품의 근원」에서 하이데거는 시짓기를 통한 진리의 수립을 삼중의 의미로 말합니다. "선사함Schenken으로서의 수립함, 터닦음Gründen으로서의 수립함, 시작함Anfangen으로서의 수립함"[32]입니다. 이 삼중의 수립 속에서 존재에 관한 진리는 "자유롭게 창조되고 정립되고 선사되어야 한다"[33]고 말할 수 있습니다.

선사함으로서의 수립을 통해 사물들은 스스로 빛을 발하면서 나타납니다. 작품 속으로 진리를 정립하는 사건이 시짓기라고 할 때, 이 진리란 단순히 시인에 의해 창조되는 수동적 객체가 아닙니다. 진리는 그 자체가 객체이면서 주체이기도 한 이중적 성격을 가지고 있습니다. 이러한 맥락에서 하이데거는 시의 창조가 천재적 개인의 자주적이고 주체적인 행위가 아니라고 말합니다. 시짓기를 '사건'이라는 부르는 것역시, 시짓기가 시인의 단순한 주체적 행위가 아니라는 맥락에서 가능한 표현입니다. 일상적 말하기를 생각해보면 간단합니다. 우리는 '운전을 한다'든지 '밥을 먹는다'라고 말하지 '운전이라는 사건이 발생했다'라거나 '식사라는 사건이 수립된다'는 식으로는 말하지는 않기 때문입니다.

시짓기가 주체와 객체의 이분법을 초월한 곳에서 일어나는 사건으로서 인식될 수 있는 것은 인간이 언어와 맺고 있는 관계가 애초부터 주–객의 일방적 관계가 아니기 때문일 것입니다. 인간은 언어를 사용

---

32 『숲길』, 110.
33 『횔덜린 시의 해명』, 77.

하지만, 언어 자체가 인간을 통해 스스로 말하는 것이기도 합니다. 하이데거는 "언어는 인간이 마음대로 다룰 수 있는 도구가 아니라, 인간 존재의 최고의 가능성을 관할하고 있는 생기–사건이다"[34]라고 말합니다. 그러므로 우리가 일상적으로 '시인이 진리를 창조했다'거나 '시인이 진리를 파악했다'라고 말할 때조차, 실상 그 말은 언어, 진리, 존재 자체가 스스로를 작품 속에 정립했다는 의미로 이해될 수 있습니다.

그렇다면 선사로서 수립되는 진리란 무엇일까요? 진리–사건이 존재를 망각한 존재자를 다시 존재의 열린 터 속에 세우는 것이라면, 이 진리는 기존의 세계에 대한 것이 아닐 것입니다. 이미 존재하는 세계는 존재자들의 세계이자 존재망각의 세계이기 때문입니다. 진리는 미래를 향해 있습니다. 그것은 아직 존재하지 않는 것으로서의 존재이며, 아직 증명되지 않은 것으로서의 진리입니다.

> 진리는 작품 속에서 미래의 보존자를 향해, 다시 말해 역사적인 어떤 인류를 향해 던져지면서–다가오고 있다. 그러나 이렇게 던져진 채 다가오고 있는 그것은 결코 자의적으로 추정된 어떤 것이 아니다. 참답게 시 짓는 기투는, 그 안으로 터–있음이 역사적 존재자로서 이미 내던져져 있는 그러한 터전을 열어 놓는 행위이다.[35]

진리는 현존재의 역사적 존재를 일깨우고, 역사적 민족을 위한 민족의 대지를 마련합니다. 역사적 존재가 된다는 것은 하나의 민족이 시

---

34 『횔덜린 시의 해명』, 71.
35 『숲길』, 110.

를 통해 자신의 숙명을 깨닫게 된다는 것입니다. 그것은 아직 드러나지 않았지만 오래전부터 그의 운명으로 남아 있던 "유보된 숙명"[36]입니다. 하이데거는 시짓기가 열린 장을 일어나게 한다고 말합니다. 존재자의 한가운데로 열린 장을 가져온다고 말할 때 우리는 그 속에서 기존의 익숙했던 세계가 비존재자가 된다고 이야기합니다. 언어를 통해서 인간은 인간 존재의 가능성을 그 최고의 경지로 구현할 수 있게 됩니다.

> 언어는 구획된 성역, 다시 말해 존재의 집이다. 언어의 본질은 그것이 어떤 것을 뜻한다는 사실에서 모두 소진되는 것도 아니요, 또한 그것은 단지 상징적인 어떤 것이나 암호적인 어떤 것도 아니다. 언어는 존재의 집이기에, 우리는 언제나 이 집을 통과함으로써 존재자에 이르게 된다. 우리가 샘으로 가거나 숲 속을 지나갈 때, 우리는 이미 '샘'이라는 낱말을 통과하고, '숲'이라는 낱말을 통과한다. 비록 우리가 이러한 낱말들을 밖으로 말하지 않고 언어적인 것을 전혀 생각하고 있지 않더라도 그런 것이다.[37]

언어는 존재의 집입니다. 존재는 언어 속에 거주합니다. 여기에 하이데거의 시론과 예술론, 더 나아가 존재론 전체를 함축하는 의미가 내포되어 있습니다. 횔덜린은 「사랑스러운 푸르름 안에서」라는 시에서 이렇게 말합니다. "인간은 대지 위에서 시적으로 거주한다." 인간은

---

36 『숲길』, 111.
37 『숲길』, 454f.

언어를 통해서만 인간으로서 존재할 수 있습니다. 언어는 인간 존재의 전제이기도 합니다. 시인의 시짓기는 그러므로 인간을 창조하는 행위이기도 합니다. 인간은 시를 짓고, 비로소 인간이 되었다고 말할 수도 있을 것입니다. 이렇게 하이데거는 시인이 시를 짓는 행위를 통해 현존재의 건립에 참여한다고 말합니다. "시인이 말하는 참여함이란 우리 현존재를 현존재로 완성시키며, 참여함은 전적으로 존재와 비존재를 문제 삼는 우리 현존재의 존재방식이다. 무엇보다도 항상 이러한 참여함 안에서, 어떻게 우리는 우리가 행하는 그러한 것으로 존재하는지 결정된다."[38]

독일어에서 시를 쓴다는 말은 'dichten'이라고 합니다. 그러나 이 말이 '시를 짓다'는 의미로 한정되어 사용된 것은 17세기에 이르러서입니다. 이 단어는 고대 고지 독일어[39] tihtôn에서 유래한 말입니다. 그리고 더 거슬러 가면 라틴어 dicere에서 어원을 찾을 수 있습니다. 이 말은 언어를 사용하는 행위에 폭넓게 적용되는 단어입니다. 즉 말하다, 불러주다, 구술하다, 언어로 작성하다, 쓰다 등등. 시나 시작詩作을 의미하는 Dichtung과 함께 시, 운문을 의미하는 Poesie 역시 그 어원을 찾아가면 '제작하다, 만들어내다, 짓다'라는 의미입니다. 한국어에서도 '시를 짓는다'라는 표현을 쓰는데, '짓는다'는 말 역시 포괄적이어서 무엇인가를 만들어내는 행위에 다양하게 사용됩니다. 이를테면, 우리는

---

38 『횔덜린의 송가—게르마니엔과 라인강』, 94.

39 고대 고지 독일어(Althochdeutsch)는 게르만어로부터 나온 독일어의 최초 형태이다. 시기상으로는 AD 750~1050년에 해당한다. 이때부터 독일어를 가리키는 'deutsch'라는 단어가 사용되었다.

밥을 짓고, 옷을 짓고, 집을 짓고, 노래를 짓고, 무리를 짓고, 농사를 짓고, 거짓을 짓고, 미소를 짓습니다. 하이데거는 이러한 다양한 의미를 가지고 있는 시를 짓는다Dichten는 말을 '가리키면서 명확히 하기'라고 이해합니다.

> Dichten은 가리키면서 명확히 함이란 방식으로 말하기를 뜻한다. 이것은 정의를 내리는 것이 아니라, 단지 횔덜린이 Dichten과 시인에 대하여 말하는 것이 무엇을 뜻하는지 이해하도록 도와주려는 것이다.[40]

하이데거는 시를 짓는 행위를 단순한 문학적 행위로 국한시키지 않습니다. 또한 시를 짓는다는 것은 언어를 통해 미려하게 사물을 표현하는 것에 그치는 것이 아닙니다. 비현실적이고 신비한 것들을 임의로 상상하는 것도 아닙니다. 시를 짓는 일을 사물을 사물로서 존재하도록 하는 것이라고 말합니다. 그것은 존재의 토대를 세우는 일, 상존하는 것을 근거 짓는 일, 결국 하나의 세계를 열어 보이고 새롭게 짓는 일입니다.

"예술의 본질은 시짓기다. 그리고 시짓기의 본질은 진리의 수립 Stiftung이다."[41] "시짓기란, 낱말을 통해서 낱말 속에 수립하는 것이다."[42] 즉 시짓기란, 낱말을 통해 그 말 속에 진리를 세우는 일 혹은 낱말을 통해 존재의 본질을 드러내는 일이라고 말할 수 있겠습니다. 진

---

40 『횔덜린의 송가—게르마니엔과 라인강』, 57.
41 『숲길』, 110.
42 『횔덜린 시의 해명』, 76.

리를 드러내는 것, 그것이 곧 예술의 본질이므로 하이데거는 시짓기를 단지 특정한 문학의 형식에 국한하지 않습니다. 이러한 대목에서 하이데거의 시와 예술의 대한 입장은 초기 낭만주의자들을 강하게 연상시킵니다. 특히 '포에지Poesie'라는 표현을 통해 시문학을 특정한 문학적 형식을 초월하는 보편적 예술로 이야기했던 프리드리히 폰 슐레겔 1772~1829의 예술론을 보는 것 같습니다.

> 모든 예술이 그 본질에 있어 시짓기Dichtung라고 한다면, 건축예술과 회화예술 그리고 음악예술은 시Poesie로 환원되어야 한다. 이러한 주장은 매우 자의적이다. 우리가 만일 시(포에지)를 좁은 의미에서의 언어예술이라는 예술의 한 장르로 특징짓고, 앞에서 언급한 예술들을 모두 이러한 언어예술의 한 변종이라고 생각하는 한, 그것은 분명히 자의적인 생각일 따름이다. 그러나 포에지로서의 시는 진리를 환희 밝히는 기투의 한 방식일 뿐이다. 다시 말해 넓은 의미에서의 시 지음 Dichten의 한 방식일 뿐이다. 그럼에도 불구하고 언어예술 작품은 ─ 즉 좁은 의미에서의 시짓기Dichtung는 ─ 모든 예술 가운데서 어떤 탁월한 위치를 차지한다.[43]

하이데거는 여기서 문학적 형식으로서 좁은 의미의 시를 '포에지'라고 하고, 넓은 의미의 시짓기Dichten와 구분합니다.[44] 중요한 것은 시짓

---

43 『숲길』, 106.
44 이와 달리 슐레겔은 예술의 보편적 본질을 표현하기 위해 '포에지'라는 말을 쓴다.
　　"아말리아: 그렇게 진행된다면 우리가 알지 못하는 사이 모든 것이 차례차례 시문학

기가 진리를 개시하는 행위이자, 존재자를 존재의 열린 장 안으로 데리고 오는 행위라는 점입니다. 이 언어가 시인 자신만의 언어라고 생각해서는 곤란합니다. 하이데거는 "본질적인 시의 말 안에서 시로 지어진 것은 시인과 그것을 듣는 자들을 '넘어서 시를 짓는다'"[45]라고 명확히 말하고 있습니다. 시의 언어는 시인의 소유물로서 시인에게 귀속되는 것이 아닙니다. 그것은 시의 의미가 시인의 '표상세계'나 '심정상태'에 한정되지 않는다는 뜻이자, 독자가 시를 통해 체험해야 할 것이 시인의 정신세계에 한정되지 않는다는 것을 의미합니다. 우리가 마주해야 할 것은 시인을 넘어선 존재의 진리입니다. 회화, 조각, 음악, 시와 같은 어떤 예술 작품이라고 할지라도 결국 예술의 근원은 예술가가 아닌 예술 자체입니다.

> 진리는 시작(詩作, 시짓기)됨으로써, 그것은 존재자의 환한 밝힘과 은닉으로서 일어난다. 모든 예술은 존재자로서의 존재자의 진리의 도래가 일어나게 함으로서 그 본질에 있어 시짓기이다. 그 속에서 예술작품과 예술가가 동시에 존립하게 되는, 그런 예술의 본질이란 진리가 스스로를-작품-속으로-정립함이다. 예술의 이러한 시 짓는 본질로부터 예

(Poesie)으로 변화된다는 말인가요? 그러면 모든 것이 시문학이 되는 건가요? / 로타리오: 언어 행위를 통해 작용하는 모든 예술, 모든 학문이 그 자체를 위한 예술로서 행해진다면, 그래서 최고의 경지에 도달한다면 예술과 학문도 시문학으로 나타나는 거죠. / 루도비코: 그리고 언어로 된 말로써 본질을 드러내지 않는 예술과 학문이라 하더라도, 모든 예술과 학문은 보이지 않는 어떤 정신을 지니고 있는데, 그 정신이 바로 시문학입니다." 필립 라쿠−라바르트, 장 뤽 낭시, 『문학적 절대 − 독일 낭만주의 문학 이론』, 홍사현 옮김, 그린비, 2015에서 슐레겔, 「포에지에 대한 대화」, 461.

45 『회상』, 24.

술이 존재자의 한가운데서 열린 곳을 열어젖히게 되며, 이 열린 곳의 열려 있음 안에서 모든 것이 예전과는 전혀 다르게 존재하게 된다. 우리를 향해 던져오는 존재자의 비은폐성이 기투에 의해 작품 속으로 정립됨으로써, [우리에게] 익숙하였던 종래의 모든 것들이 작품을 통해서 비존재자가 된다.[46]

5. 이루어낸 것은 많다. 그러나 인간은 이 땅 위에서 시적으로 거주한다.

시인은 단지 현존재만을 정립시킬 뿐 아니라, 민족의 존재건립으로 이어갑니다. 자신의 언어를 들을 수 있는 자는 바로 다름 아닌 같은 모국어를 사용하는 이들이기 때문입니다. 그러므로 시인의 역사적 사명은 자신의 말을 들을 수 있는 자들에게, 새로운 세계를 열어 보이는 것, 그로써 민족의 역사를 새롭게 시작하도록 하는 것이기도 합니다. 횔덜린은 「마치 축제일에서처럼…」[47]이란 시에서 이렇게 노래합니다.

그대 시인들이여! 맨머리로 서서
신의 빛살을 제 손으로 붙들어
백성들에게 노래로 감싸서
천국의 증여를 건네줌이 마땅하리라.

---

46 『숲길』, 104f.
47 프리드리히 횔덜린, 『횔덜린 시 전집』 2권, 장영태 옮김, 책세상, 2017, 46.

휠덜린이 「빵과 포도주」에서 노래했던, 입에서 입으로 옮겨지고 오래 반향하면 떠도는 예언, 시인의 터닦음은 바로 이 신의 말을 다시금 사람들 사이에 오르내리게 하는 일이기도 합니다. 그리고 이러한 선사함과 터닦음은 평온한 삶의 일상에 하나의 충격을 가하면서 다가옵니다. 종래의 세계로부터 연역되지 않는 이 새로운 진리는 이제 새로운 예술을 통해 마침내 또 다른 시작을 예언합니다.

예술이 생성될 때마다, 즉 시원이 존재할 때마다, 역사 속으로는 어떤 충격이 가해짐으로써, [이런 충격으로 말미암아] 역사는 비로소 처음으로 시작하거나 혹은 다시금 [새롭게] 시작하게 된다. 여기서 역사란, 그것이 제아무리 중요한 사건이라 할지라도 [단순히] 시간 속에 존재하는 이러저러한 사건의 시간적 추이를 뜻하지 않는다. 역사란, 한 민족에게 공동적으로 부여된 사명 속으로 그 민족을 밀어 넣는 것인 동시에, ᄀ 민족이 떠맡아야 할 과제 속으로 그 민족을 몰입하게 하는 것이다.[48]

시짓기는, 민족의 현존재를 이러한 눈짓의 영역 안에 세우는 일, 즉 하나의 지시함이며, 가리킴으로서, 그 안에서 신들은 생각된 것이나 관찰된 것으로서가 아니라, 오히려 신들의 눈짓들 안에서 명확히 드러나게 된다.[49]

---

48 『숲길』, 113.
49 『휠덜린의 송가—게르마니엔과 라인강』, 60.

하이데거는 인간의 활동을 통해 인간이 이루어낸 것은 인간이 스스로 이루어낸 것이라기보다, 다시 한번 일종의 선사임을 강조하여 말합니다. 시를 짓는다는 것은 신들을 명명하는 행위입니다. 그런데 신들을 명명하는 행위는 어떻게 이루어질까요? 시인은 신들을 자의적으로 명명하는 것이 아닙니다. 이를테면 고흐의 신발 그림을 보고 하이데거가 떠올린 것은 하이데거의 자의적이고 주관적인 해석에 지나지 않는다고 말해서는 곤란합니다. 그렇다면 과연 누가 그것을 진리의 정립이라고 힘주어 말할 수 있겠습니까. 시인의 언어도 마찬가지입니다. 이런 점에서 시인은 창조하는 자라기보다 해석하는 자이며, 기억하고 상기하는 자이며, 신들과 민족의 사이에 있는 자입니다. 그는 그렇게 "내던져진" 자입니다.

휠덜린의 고독은 역사와 세계를 잊은 자들로부터 한발 떨어져 있기 위해 선택된 고독입니다. 오직 그 고독 속에서 신들의 눈짓을 읽을 수 있고, 자신의 민족에게 이제 무엇이 주어져야 하는지를 사유할 수 있기 때문입니다. 그러므로 하이데거에 따르면 이제 우리는, 휠덜린이야말로 혼잡한 세상에서 벗어나 시적으로 거주하는 자였고, 언어 속에서 존재의 진리를 건립할 수 있는 시인이었다고 말할 수 있습니다. 휠덜린의 「빵과 포도주」의 7연에서 시인이 노래하는 것은 이 사이에 있는 자, 시인의 운명일 것입니다.

> 그러나 친구여! 우리는 너무 늦게 왔다. 신들은 살아 있지만
> 우리의 머리 위 다른 세상에서 그들은 살고 있다.
> 거기서 그들 무한히 역사하여 우리가 살고 있는지
> 거의 거들떠보지 않는 것 같고, 그렇게 천국적인 것들 우리를 아낀다.

왜냐하면 연약한 그릇 항시 그들을 담을 수 없고
　인간도 다만 때때로만 신성의 충만을 견디어내기 때문이다.
따라서 인생은 그들에 대한 꿈이다. 그러나 방황도 졸음처럼
　도움을 주며 궁핍과 반반도 우리를 강하게 만든다.
하여 영웅들은 강철 같은 요람에서 충분히 자라나고
　마음은 예처럼 천상적인 것들과 비슷하게 자라난다.
그 다음에야 그들은 천둥치며 오리라. 그러나 이러는 사이 자주
　우리처럼 친구도 없이 홀로 있느니 잠자는 것이 낫다는 생각을 한다.
그렇게 언제나 기다리며 그사이 무엇을 하고 무엇을 말할지
　나는 모른다. 이 궁핍한 시대에 시인은 무엇을 위해 사는 것일까?
그러나 시인들은 성스러운 한밤에 이 나라에서 저 나라로
　나아가는 바쿠스의 성스러운 사제 같다고 그대는 말한다.[50]

50　프리드리히 횔덜린, 『횔덜린 시 전집』 2권, 장영태 옮김, 책세상, 2017, 139

02

모리스 메를로퐁티 ― 폴 세잔

모호함으로 드러나는
세계의 깊이

"

내부와 외부는 분리 불가능하다.
세계는 전적으로 안에 있고
나는 전적으로 나 밖에 있다.[1]

---

1   모리스 메를로퐁티, 『지각의 현상학』(1945), 류의근 옮김, 문학과 지성사, 2002, 609. 이
    하 책제목과 쪽수만 병기한다.

세잔의 회의

> 그는 정물화 한 작품을 그리기 위해 100번의 작업을 해야 했으며, 초
> 상화 한 작품을 그리기 위해 150번의 포즈를 요구했다. 우리가 그의
> 작품이라고 부르고 있는 것이, 세잔 자신에 있어서는 단순히 그림에의
> 한 시도요, 하나의 접근에 불과했다.[2]

　메를로퐁티의 「세잔의 회의」는 이렇게 시작합니다. 세잔은 어째서
정물화 한 점, 초상화 한 점을 위해서 그다지도 많은 시간을 필요로
했을까요? 그림 한 점 한 점에만 이렇게 공을 들인 것은 아닙니다. 그
는 이런 지난한 과정을 거쳐 그림을 완성했지만, 거기에 그치지 않
고 같은 대상을 또다시 그렸습니다. 세잔의 대표적 작품인 「생 빅투
아르 산St. Victoire」 연작은 유화가 44점이고, 수채화가 43점이나 됩
니다. 그는 그리고 또 그렸습니다. 이것은 난시 불안한 정신에 타인과
의 접촉을 극도로 꺼리는 은둔자였던, 또 친구였던 에밀 졸라1840~1902
의 표현대로 실패한 천재였던 세잔의 과도한 집착에 불과했던 것일까
요? 세잔은 죽기 한 달 전인 1906년에도 다음과 같이 말합니다. "지금
도 여전히 나는 자연에 대해 탐구하고 있으며, 조금씩의 진전이 보이
는 것 같다."[3] 끊임없는 실패 속에서도 결코 붓을 놓지 않았던 그의 의

2　모리스 메를로퐁티, 「세잔느의 회의」, 『의미와 무의미』(1948), 권혁면 옮김, 서광사, 1985,
　　16. 이하 외래어표기법에 의해 '세잔느'를 세잔으로 표기하고, 글제목과 쪽수만 병기한다.
3　「세잔의 회의」, 16.

지, 그것은 단지 화가로서의 훌륭함이 아니라 인간으로서의 위대함일 것입니다.

회화는 단순히 말한다면 본다는 행위의 결과입니다. 하지만 그렇게 단순한 것만은 아닙니다. '세계를 본다'라는 이 당연하고도, 자연스러운 행위의 비밀은 세잔과 메를로퐁티의 일생 전체를 사로잡았던 주제이기도 합니다. 세계란 인간의 감각과 별개로 존재하는 실체가 아닙니다. 인간과는 별개로 이미 존재하던 세계가 인간의 감각을 통해 지각되는 것이 아닙니다. 그렇다고 세계를 우리 마음대로 구성할 수 있는 것도 아닙니다. 이런 점에서 회화도, 세계도, 그리고 인간도 이 만남을 통한 사이의 공간에 있다고 말할 수 있습니다. 회화란 그 모든 과정이자 하나의 결과이고, 또 수수께끼 그 자체입니다. 감각의 매개를 거친 후에야 비로소 우리는 우리 자신이 되고, 세계는 세계로서 존재하게 됩니다. 우리는 본다는 행위를 가능하게 하는 몸을 세계와 공유하고 있습니다. 나는 내 안에만 있는 것은 아닙니다. 저 바깥의 세계에도 나 자신이 있습니다.

세잔의 그림은 언제나 미완성인 상태로 있는 그림이면서, 동시에 하나의 작품으로서 완성된 것이기도 합니다. 메를로퐁티는 현대의 화가들이 미완성의 그림을 용인하는 것에 대해서 두 가지 관점에서 이야기합니다. 첫째는 미완성의 그림이 지향하는 것이 작품으로서의 완성이 아니라, 즉각적인 것, 개인적인 것, 느껴지는 것을 추구하고 있기 때문이라고 말합니다. 둘째는 완전한 작품이라는 것이 더이상 감각에 대한 객관적이고 설득력 있는 제시가 아니기 때문입니다. 프랑스의 시인 보들레르1821~1867는 이렇게 말합니다. "완전한 작품이라고 해서 반드시 완성된 것은 아니며, 완성된 작품이라고 해서 반드시 완전한 것도 아니다"[4] 세잔이 동일한 대상을 그리고 또 그린 것은 그의 그림이 매번 작품으로서 완성되지만, 감각의 기록으로서는 언제나 미완에 머물기 때문일 것입니다. 그러나 이 미완은 결코 실패가 아닙니다.

세잔은 리얼리티를 추구했습니다. 그것은 현실을 있는 그대로 옮긴다는 뜻, 다시 말해 정교한 원근법의 사용을 통해 마치 그럴듯한 가상 — 원근법이란 브루넬리스키1377~1446의 최초의 실험에서 보이듯이 환영을 만들어내는 것이 목표였으므로 — 을 만들어내었다는 뜻은 아닙니다. 오히려 그것은 세계와 인간, 주체와 대상이 만나는 지점의 모습을 명확하게 보여준다는 점에서 리얼리티 그 자체라고 말할 수 있습니다. 그런 점에서 화가는 일상적 지각을 넘어, 전-인간적 방식으로 사물의 탄생을 포착하는 이들입니다.

오직 화가만이 자기가 보는 것에 대해 평가해야 할 의무를 일절 지니지 않은 채 모든 것을 바라다볼 수 있는 자격을 구비한 사람이다.[5]

---

4 모리스 메를로퐁티, 『간접적인 언어와 침묵의 목소리』, 김화자 옮김, 책세상, 2003, 39쪽.
5 모리스 메를로퐁티, 「눈과 마음」(1961), 『현상학과 예술』, 오병남 옮김, 서광사, 1983, 288. 이하 글제목과 쪽수만 병기한다.

모리스 메를로퐁티

Maurice J. J.
Merleau-Ponty
1908~1961

프랑스의 철학자.

현상학 연구를 통해 장 폴 사르트르(1905~1980)와 함께 전후 프랑스 철학의 양대산맥으로 불렸으며, 이론적 좌파로 같이 활동하기도 했습니다. 1952년부터 사망할 때까지 콜레주드프랑스의 철학교수로 재임했으나 강단에만 갇혀있는 철학자는 아니었습니다. 정치적 논쟁에도 적극적으로 참여했으며, 1945년에 사르트르, 시몬 드 보부아르(1908~1986) 등과 함께 좌파이론잡지 〈현대〉를 창간했습니다. 이 잡지는 사르트르와 메를로퐁티가 결별하는 계기를 제공하기도 했습니다. 1952년 사르트르는 이 잡지에 자신이 쓴 기사 「공산주의자들과 평화」를 통보 없이 게재했고, 현실공산주의에 대해 비판적이었던 메를로퐁티는 사르트르와 이를 두고 첨예한 논쟁을 벌였습니다. 결국 두 사람은 정치적, 철학적 입장의 차이를 선명히 하면서 결별하기에 이릅니다. 1958년 총선에서는 비공산주의 및 반드골주의 좌파를 묶은 민주세력동맹(UFD) 단일화에 참여하기도 했습니다.

철학적으로는 후설 현상학의 관념적 성격을 극복하기 위해 신체와 지각의 문제를 현상학의 중심에 도입함으로써 '지각의 현상학'을 탄생시켰습니다. 이후 지각과 신체, 몸 등의 주제를 통해 현상학적 세계 인식을 기술하는 데 전념했습니다. 1961년 심장마비로 사망했는데 당시 책상에는 데카르트의 『굴절광학』이 펼쳐져 있었다고 합니다.

주요 저서로는 『행동의 구조』(1942), 『지각의 현상학』(1945), 『눈과 정신』(1961), 『보이는 것과 보이지 않는 것』(1964) 등이 있습니다.

현상학이란 무엇인가 : 과학적 인식에서 현상학적 인식으로

본격적인 논의에 앞서 우리는 메를로퐁티 사유의 토대인 현상학에 대해 이해할 필요가 있습니다. 현상학Phänomenologie은 에드문트 후설 1859~1938에 의해 시작된 학문입니다. 후설은 당대의 실증주의를 비판 하면서 현상학이라는 학문의 체계를 세웠습니다. 실증주의는 그 이전 까지 철학적 사유의 대상으로 다루어졌던 인간의 심리, 정신, 인식의 문제를 과학적 인식방법으로 다룰 수 있다고 주장했습니다. 이는 인간 정신을 연구하는 학문들도 관찰과 실험, 논리적 귀납법과 같은 경험을 검증하는 방법을 사용해서 사태를 정확히 이해할 수 있다고 보는 관점 입니다. 이들은 경험가능한 현상세계의 영역을 넘어 존재하는 의미, 의도, 형이상학적 가설 등을 전면적으로 부정하였습니다.

후설은 이러한 실증주의를 편협한 견해라고 비판하면서, 대상에 대 한 인간이 인식은 철저히 의식과 연관을 맺고 있음을 밝혔습니다. 그 는 우리가 인식하고자 하는 사태가 인식하는 주체와 분리되어 그 자체 로 독립적이고 객관적으로 존재한다는 생각을 오류라고 본 것입니다. "지각작용 속에서는 무엇인가가 지각되고, 상상작용 속에서는 무엇인 가가 상상되고, 진술작용 속에서는 무엇인가가 진술되고, 사랑의 작용 속에서는 무엇인가가 사랑을 받고, 미움의 작용 속에서는 무엇인가가 미움을 받고, 욕구작용 속에서는 무엇인가가 욕구된다."[6]

---

6 Edmund Husserl, *Logische Untersuchungen, Zweiter Band : Untersuchungen zur Phänomenologie und Theorie der Erkenntnis, Erster Teil,* Dordrecht/Boston/

현상학에서 가장 중요한 개념 중 하나인 '의식의 지향성Intentional-
ität'이라는 개념이 바로 여기서 등장합니다. 이 세계는 인간의 의식과
독립되어 객관적으로 존재하는 것이 아니라, 언제나 의식과 관계를 맺
으며 존재합니다. 그러나 이 의식에 의해 사태가 자의적으로 인식되어
서는 곤란할 것입니다. 따라서 후설은 이러한 관점에서 인간의 의식에
드러난 현상을 '현상 그대로' 다루고자 했습니다. "사태 그 자체로 돌아
가라Zurück zu den Sache selbst"는 명령은 일체의 선입견에서 벗어나(판
단중지epoche) 현상을 그 자체로 인식하라는 요청입니다.

우리는 일체의 인식에 대해 판단을 중지하고 인식의 원점으로 돌아
간 철학자를 알고 있습니다. 네, 바로 데카르트1596~1650입니다. 그는
어디로 돌아갔습니까. 모든 인식을 부정하고 그가 돌아간 곳은 다름
아니라 자기 자신이었습니다. 사유로서의 주체, 코기토Cogito입니다.
데카르트가 주체로 돌아갔다면, 후설은 사태, 즉 현상으로 돌아갔습니
다. 후설에게서 모든 인식이 시작되는 곳은 주체의 내면이 아닙니다.
현상이야말로, 모든 인식의 진정한 시작점이기 때문입니다.

후설의 현상학을 계승한 메를로퐁티는 인식이 주체와 대상이 구분되
기 이전에 이미 존재함을 주장하고 있습니다.

철학은 반성과 직관이 사용했던 도구들을 버리고, 반성과 직관이 아직
구별되지 않은 장소에 자리 잡아야 한다. 그리고 아직 '작업되지' 않은
경험들 가운데, 우리에게 모든 것, '주관'과 '객관', 현실 존재와 본질을

London: Kluwer Academic Publishers, 1984. 367. 이남인, 『후설의 현상학과 현대
철학』, 풀빛미디어, 2006. 27에서 재인용.

한꺼번에 뒤죽박죽 제공하기에, 결국 철학에게 그것들을 재정의할 방도를 제공하는 경험들 가운데 자리 잡아야 한다.[7]

지각의 현상학 : 사태에서 다시 지각으로

현상학적 세계는 선재해 있는 어떤 존재를 명백하게 해놓은 세계가 아니라 존재를 정초시켜 놓고 있는 세계이다. 곧 철학은 선재해 있는 진리의 반영이 아니라 예술처럼 진리를 존재케 하는 행위이다. 혹자는 이러한 창조가 어떻게 가능할 수 있으며 그리고 그것이 결국은 선재해 있는 로고스란 것을 사물들 속에서 다시 포착하는 일이 아닌가고 물을지도 모른다. 그러나 대답은 간단하다. 선재해 있는 유일한 로고스가 있다고 한다면 그것은 세계 그 자체일 뿐이며, 그리고 그 세계를 가시적 존재이게 하는 철학은 가능적 존재 때문에 시작된 것이 아니라는 사실이다.[8]

메를로퐁티는 현상학을 이렇게 말합니다. 현상학이란 세계에 대한 인간 인식의 출발점을 다룹니다. 이 출발점에서 세계를 드러내는 행위

---

7 모리스 메를로퐁티, 『보이는 것과 보이지 않는 것』, 남수인 · 최의영 옮김, 동문선, 2004, 187. 이하 책제목과 쪽수만 병기한다.
8 모리스 메를로퐁티, 「현상학이란 무엇인가」, 『현상학과 예술』, 52.

가 현상학적 작업입니다.

그런데 현상학을 정초했던 후설의 생각은 변화를 거칩니다. 후설은 현상학에 대한 연구를 거듭하면서, 주관적이고 관념적 차원에서 벗어나지 못한 전기의 현상학과 다른, 새로운 현상학으로 이행합니다. 후설의 현상학을 흔히 전기의 정적/구성적 현상학과 후기의 발생적 현상학으로 구분합니다. 정적 현상학은 주관과 객관이라는 이분법적 인식 구조를 벗어나 인식의 기초를 위한 초월론적 지평을 '현상'을 통해 확보하려고 했습니다. 이에 반해 후기의 발생론적 현상학은 이러한 초월론적 지평의 구성을 벗어나, 그것이 생성되는 지점을 좀더 생생히 포착하고자 했습니다.

20세기 전반기의 유럽 철학의 흐름을 후설을 빼놓고 말하기는 곤란합니다. 하이데거의『존재와 시간』, 사르트르의『존재와 무』가 후설의 구성적 현상학과 대결하면서 전개된 하나의 매듭이라면, 메를로퐁티의『지각의 현상학』은 후기 후설의 발생적 현상학이 전개한 또 하나의 매듭이라고 할 수 있습니다.

메를로퐁티는 후기의 후설로부터 크게 영향을 받았습니다. 물론 이 '영향'이 어떤 것이고, 그 범위와 강도가 얼마만큼 메를로퐁티의 사고를 구체화하는 데 기여했는지는 단순하게 말할 수 있는 문제는 아닙니다. 메를로퐁티의 '지각의 현상학'과 후설의 '발생적 현상학'과의 관계를 규명하는 일은 많은 학자들의 주요한 연구 주제이며, 이 두 철학 사이의 연속성과 단절성에 대한 논란은 여전히 진행 중이기 때문입니다. 하지만 어느 쪽이든 '영향'을 부정할 수는 없습니다. 다만 후기의 후설이 자신의 관념성을 벗어나기 위해서 모든 학문적 · 이론적 논리에 앞서는 것으로 주장했던 '생활세계Lebenswelt'를 메를로퐁티는 의식에 의해 초월적으로 구성된 것이라고 생각하여 비판하였다는 점은 가벼이 넘길 수 없습니다. 여기서 메를로퐁티의 가장 주요한 관심사인 신체의 문제가 등장합니다.

> 나는 주체성의 본질을 반성함으로써 그것이 신체, 세계와 결합되어 있다는 것을 발견하거니와, 이것은 주체성으로서의 나의 존재가 신체로서의 나의 존재와, 세계의 존재와 하나이기 때문이고, 결국 나라는 주체는 구체적으로 파악되면 저 신체, 저 세계와 분리될 수 없기 때문이다. 우리가 주체의 핵심에서 되찾는 존재론적 세계와 신체는 관념으로서의 세계나 신체가 아니다. 그것은 전체적 파악 속에 압축된 세계 자신이고, 인식하는 인체로서의 신체 자신이다.[9]

메를로퐁티는 '지각에 앞서는 정신'이라는 것은 없기 때문에 우리는 아직 지각의 수준에서 구성되지 않는 객관적 관계들을 지각에 대한 이해에 놓을 수 없다고 생각했습니다. 지각이야말로 세계를 향한 입구입니다. 이 지각은 결코 관념적일 수 없습니다. 지각이란 신체를 떠나서는 가능하지 않기 때문입니다. 저 유명한 하이데거의 '세계-내-존재In-der-Welt-sein'라는 개념 역시 이런 점에서 비판을 피할 수 없습니다.

이를테면 하이데거 자신은 현재 우리가 관심사로 하고 있는 문제가 이

---

9 『지각의 현상학』, 610.

미 해결된 것처럼 생각게 해주는 입장에 서고 있다. 왜냐하면 이 문제가 결정적으로 다루어져야 할 장소는 지각과 감성의 단계임에도 불구하고 그의 『존재와 시간』에 의하면 우리에게 실재 세계의 이해를 가능케 해주는 투사는 일상적 존재의 주체가 망치질을 하여 집을 지어야 하므로 자기의 손을 들어 올려야 하고, 시간을 알아야 하므로 시계를 들여다보아야 하며, 자동차를 몰아야 하므로 방향을 제대로 잡아야 한다는 사실 등을 이미 전제하고 있기 때문이다.…… 내게 실재 세계의 투사와 해석이 가능할 수 있다고 한다면 그것은 내가 극단적인 의미에서 실재 세계의 일부가 되고 있기 때문이다. 그런데도 『존재와 시간』에 나오고 있는 지각의 문제에 관한 대목은 30행이라도 찾아볼 수가 없으며, 육체에 관해서는 단 10행도 찾아볼 수가 없는 일이다.[10]

메를로퐁티는 '생활세계'보다 더 근원적인 것을 생각했습니다. 그야말로 최초의 차원, 세계가 감추어져 있던 것에서 비로소 자신의 모습을 드러내는 그 순간. 하나의 세계가 탄생하는 순간. 그 순간에 도대체 무엇이 존재하고, 무슨 일이 일어날까요? 이 질문의 답으로 그는 '지각의 장소'로서 '신체'에 대해 말합니다. 이것이 바로 '인식 이전의 몸'이라는 개념입니다. 그리고 『지각의 현상학Phenomenologie de la perception』(1945), 『눈과 정신L'Oeil et l'esprit 』(1964), 『보이는 것과 보이지

---

10 『현상학과 예술』, 14. 인용문은 이 책에 번역되어 실린 알폰즈 드 뻴렌(de Waelhens)의 논문에서 인용한 것이다. 이 짧은 논문은 1949년 메를로퐁티의 『행동의 구조』 제2판에 책의 머리말로서 첨가된 것으로, 이는 메를로퐁티의 철학에 대한 간략한 개괄을 위한 것이었다.

않는 것Le visible et l'invisible』(1964) 등의 저서를 통해 인식 이전의 몸, 그리고 그 몸과 세계가 만나는 '지각'의 구조를 해명하고자 했습니다.

이러한 논의에 따르면, 세계 인식의 근원은 우리의 정신이 아닌 몸입니다. 인간의 고유한 몸, '지금 여기'에 존재하는 몸, 이 몸이라는 실존적 사태는 인간의 세계 인식의 근원이 됩니다. 사유하는 주체란 데카르트의 말처럼 근원적 출발점이 아닙니다. 오히려 하나의 도달점이라고 말할 수 있을 것입니다. 이런 점에서 인간의 인식이라는 것은 그이전의 철학의 사유가 주장했던 보편적이고, 일관적이며, 목적론적이며 합리적인 인식이 아닙니다. 오히려 단편적이고, 일시적이며, 현재적인 관점에서 이해되는 인식입니다. 인간은 사유를 통해 세계를 이해하고, 이에 바탕으로 행동하는 것이 아니라, 세계 속에서 몸이 겪은 경험을 '지각'함으로써 사유하게 됩니다.

이처럼 메를로퐁티의 지각의 현상학은 과거의 두 가지 철학적 전통에 대한 반성에서 나온 것입니다. 그 하나는 로크나 흄으로 이어지는 경험주의적 선통입니다. 앞서 언급한 실증주의, 세계를 원자로 파악하는 원자주의 등이 이에 속합니다. 이러한 관점에서 세계란 인간의 인식과 무관하게 객관적 실체로서 존재합니다. 그러나 메를로퐁티에게 세계는 결코 그와 같이 객관적으로 존재하지 않습니다. 그것은 인간과의 관계 속에서 비로소 탄생하기 때문입니다.

나머지 하나는 주체를 중심으로 한 데카르트나 칸트의 주지주의적 전통입니다. 데카르트에게 코기토Cogito가 인간의 세계 인식을 가능하게 하는 근원적 토대였다면, 칸트에게는 초월론적 통각이 주체로서의 인식의 초월론적 토대가 됩니다. 초월론적 통각을 통해 인간은 산발적이고 개별적인 경험을 포괄하고, 이를 하나의 주체로 귀속시킬 수 있습니다. 그러나 메를로퐁티의 '지각의 현상학'에서는 이러한 코기토도 초월론적 통각도 부정됩니다. 주체를 가능하게 하는 것은 어떤 초월적 의식이나 일관된 사유의 작용이 아니라 세계 내에 존재하는 몸이며, 그 몸이 세계와 맺고 있는 관계이기 때문입니다. 이런 점에서 후설이나 하이데거, 사르트르 등도 그의 비판을 피할 수는 없습니다.

지각의 장으로서의 신체

전통적인 철학에서 몸이란 정신에 대비되는 것으로 파악되었습니다. 이를 정신과 신체의 이원론적 세계관이라고 부릅니다. 즉 정신으로서의 '나'가 존재하고, 신체와 외부대상은 그 정신이 아닌 것으로서, 일종의 사물로 파악됩니다. 하지만 메를로퐁티는 이러한 이원론에 대해 정면으로 반박합니다. 신체란 나와 결코 분리될 수 없다는 점에서 다른 대상과는 엄연히 다릅니다. "나의 신체는 나를 떠나지 않는 대상이다."[11]라고 그는 말합니다.

대상은 멀리 떨어져 있을 수 있고 그래서 결국 나의 시각 장에서 사라질 수 있는 한에서 대상이다. 대상의 현존은 가능한 부재가 으레 따르

---

11 『지각의 현상학』, 154.

기 마련인 그런 종류의 것이다. 그런데 고유한 신체의 영속성은 전적으로 다른 종류의 것이다.[12]

우리는 우리의 몸을 우리 자신으로부터 분리할 수 없습니다. 나의 몸을 제외한 세계의 모든 대상은 나로부터 분리될 수 있습니다. 이 차이는 결코 무시할 수 없습니다. 위의 인용문에서 말한 대로 나의 신체를 제외한 모든 대상들은 우리의 눈앞에서 사라질 수 있습니다. 그리고 대상은 우리에게 완전히 자신의 모습을 드러냅니다. 물론 대상들은 언제나 우리에게 그들의 전체를 보여주지 않습니다. 그러나 우리는 우리의 조망을 바꾸어가면서 그들의 전체를 볼 수 있습니다. 여기 하나의 건물이 있다고 생각해봅시다. 그 건물은 지금 우리의 눈에 정면의 모습밖에 보이지 않습니다. 그러나 그 건물의 다른 측면들, 후면들, 그리고 심지어 위에서 내려다보는 면까지도 우리는 조망할 수 있습니다. 그리고 타인 역시 나와 같은 가능성을 가지고, 저 건물을 조망할 수 있다는 것은 분명합니다. 대상은 이러한 조망을 통하여, 하나의 선체로서 인식됩니다.

그러나 신체는 내 '앞'이나 '옆'에 있는 것이 아니라, 나와 '함께' 있습니다. 우리는 대상을 조망하듯 자신의 신체를 거리를 두고 볼 수는 없습니다. 우리는 신체를 통해서 외부의 대상을 관찰하고, 다루고, 검사하고, 조사합니다. '눈'으로 보고, '코'로 냄새 맡고, '귀'로 듣고, '피부'로 느끼고, '혀'로 맛봅니다. 하지만 우리는 우리 자신의 신체를 직접

12 『지각의 현상학』, 154.

관찰하지는 못합니다. 우리의 눈으로는 우리 자신의 눈을 볼 수 없고, 우리의 코로는 우리 자신의 코의 냄새를 맡을 수 없습니다. 우리의 혀로 우리 자신의 혀를 맛볼 수 없습니다. 나의 신체를 경험적으로 관찰한다는 것은 관찰의 대상으로서의 나의 신체를 다른 외부의 대상과 마찬가지로 내 앞에 세워둔다는 뜻입니다. 이를 위해서는 나의 또 다른 신체로서 나의 신체를 관찰해야 합니다. 불가능한 일입니다.

메를로퐁티는 이러한 관계를 구체적으로 이해할 수 있게 하기 위해, 왼손과 오른손이 서로 만지는 이중감각의 예를 듭니다. 오른손으로 왼손을 만진다고 해봅시다. 어느 쪽이 지각의 주체이고, 어느 쪽이 지각의 대상입니까? 오른손과 왼손은 모두 지각의 주체이자 대상이 될 수밖에 없습니다. 우리는 이를 확실하게 결정하여 사유할 수 없습니다. 메를로퐁티가 지각의 현상학을 일종의 '모호성의 철학'이라고 일컫는 것은 바로 이러한 이유 때문입니다. 그런데 이 모호성의 철학이라는 말에 어떤 오해가 있는 것 같습니다. 이는 그의 철학이 모호하다는 말이 아닙니다. 그가 세계의 모호함에 대해 정확하고 엄밀한 철학적 사유를 펼치는 것과 그의 사유 자체가 모호하다는 말은 전혀 다른 말입니다. 이 점을 오해해서는 곤란합니다.

이런 예도 있습니다. 우리는 외부의 사물을 한 장소에서 다른 장소로 옮길 때 그 두 장소의 위치를 파악하고 사물을 움직입니다. 하지만 우리 신체를 움직일 때는 어떤가요? 내가 팔을 뻗어 식탁 위의 커피 잔을 잡으려고 할 때 나는 내 팔의 원래 위치와 그것이 이동할 위치를 인식한 후에 그 작업을 수행하지 않습니다. 그냥 눈앞의 커피 잔을 향해 손을 뻗을 뿐이지요. 다시 말하자면 신체의 움직임은 외부적 사물의 움직임과는 전적으로 다른 구조 속에서 이루어진다는 뜻입니다. 이처럼 신체도 정신과 마찬가지로 우리로부터 완전히 분리될 수 없습니다. 그리고 이 신체에서 세계와 우리의 만남이 비로소 시작됩니다.

세계와 공유하는 신체의 이중성

신체는 자신이 무엇인가를 보고 있음을 본다. 그것은 무엇인가를 만지고 있음을 감촉한다. 신체는 가시적이며 그리고 자신에 대해 감응적이다. 그것은 사유와 같이 투명한 자아가 아니다. 왜냐하면 사유는 대상을 동화시키고 구성하여 사고로 변형시킴으로써 그 대상을 단지 사유하는 것이기 때문이다. 이에 비해 신체는 혼연한 자아요, 나르시시즘의 자아요, 보는 사람이 그가 보고 있는 것 속에 내존되어 있는 자아요, 느낀이 행위가 느껴진 것 속에 내재되어 있는 자아이다. 그러므로 신체는 사물 속에 갇혀진 자아요, 따라서 앞과 뒤를 가지며 과거와 미래를 지니고 있는 자아이다.[13]

"보는 사람이 그가 보고 있는 것 속에 내존되어 있다." 이 말이야말로 세계 속의 나의 존재에 대한 거스를 수 없는 선언과도 같이 들립니다. 그는 세계에 속한 자이자, 세계를 바라보는 자입니다. 바로 이해되

13 「눈과 마음」, 291.

지 않는 '나르시시즘의 자아'라는 것은 신체가 바라보는 것이 신체 자신이라는 것을 말합니다. 주체로서의 나(정신)가 세계(물질/신체)를 보는 것이 아닙니다. 신체를 바라보는 것은 오직 신체입니다. 우리는 앞서 나의 신체가 나와 떨어질 수 없기 때문에 그것은 결코 외부세계의 대상과 같은 대상이 될 수 없음을 이야기했습니다. 그러나 외부세계의 대상과 나의 신체는 같은 것을 공유하고 있기도 합니다. 신체는 나로부터 분리될 수도 없지만, 세계로부터 분리될 수도 없습니다.

데카르트의 코기토나 칸트의 초월론적 통각은 세계에서 분리되어 존재하는 객관적인 관찰자의 역할을 수행하는 주체의 면모를 상징합니다. 주체가 철저히 관찰자로 자리매김되는 한 주체적 의식은 언제든지 주관주의적 환원의 함정에 빠질 수밖에 없습니다. 칸트가 "내용 없는 사유[형식]는 공허하다"라는 말로 이를 경계하지만, 세계 내에 존재하지 않는 반성적 사유의 근원으로서의 주체는 그 근원적 공허로부터 완전히 빠져나올 수 없습니다. 결국 플라톤 이래로 서구 철학이 정신과 신체를 바라보았던 이원론적 관점은 메를로퐁티에게서는 효력을 상실한 것으로 이해됩니다. 나와 분리될 수 없는 이 몸은 분명히 내가 보는 외부의 세계와 동일한 것으로 구성되어 있습니다. 그것은 나에게 속한 것이지만, 분명 세계 속에 속한 것이기도 합니다. 메를로퐁티는 신체의 이중성을 두 가지 차원에서 동시에 존재하는 몸이라고 말합니다.

몸은 자신의 개체 발생에 의해, 즉 몸을 이루는 두 기초 형태, 두 입술을 붙여서 우리를 직접 사물에게 결합시킨다. 두 입술, 곧 몸이라는 감성 덩어리la masse sensible와, 감성적인 것의 덩어리la masse du sensible를. — 몸은 이 감성적인 것의 덩어리로부터의 분리에 의해 태어났으며, 이 감성적인 것의 덩어리에게 몸은 보는 자로서, 열려서 머문다. 몸이 두 차원에 속하는 존재이기 때문에, 오직 몸만이 우리를 사물들 자체에게로 데려갈 수 있다. 사물들은 평면적이 아니라 깊이 있는 존재들로서 상공에서 내려다보는 주관에게는 도달이 불가능하며, 사물들과 동일한 세계에서 사물들과 공존하는 몸이 있을 경우 이러한 몸에게만 열려 있는 존재들인 것이다.[14]

신체는 이중적입니다. 몸은 세계로부터 유래된 것이라는 점에서 감성적인 것의 덩어리la masse du sensible라고 말할 수 있습니다. 우리의 감각으로 지각되는 모든 자연 사물들과 마찬가지로 몸은 감각으로 지각됩니다. 그러나 동시에 우리의 몸은 단순히 감각의 대상이기만 한 것이 아니라, 세계를 자신의 감각을 통해 지각하는 감각의 주체이기도 합니다. 감성 덩어리la masse sensible라는 말은 세계를 지각하는 감각을 가진 존재로서 인간을 의미합니다. 이러한 이중성을 메를로퐁티는 '모호하다'라고 말합니다. 이 모호성은 세계 속에 존재하는 지각과 반성의 근원으로서 인간의 몸이 세계와 관계 속에서 필연적으로 맺게 되는 이중성에 의해 발생합니다. "그들[디자인이나 그림]은 외적인 것의 내적인 것이며, 내적인 것의 외적인 것으로서, 이러한 표리 관계는 느낌le sentir의 이중성 때문에 가능한 것"[15]이라고 그는 말하고 있습니다.

신체와 세계의 만남, 정신과 신체의 만남. 서구의 철학은 모두 이 혼연한 만남의 지점에서 서로 다른 길을 갔다고도 말할 수 있습니다. 모

---

14 『보이는 것과 보이지 않는 것』, 195.
15 「눈과 마음」, 295.

호성을 견디지 못했기 때문이었겠지요. 관념론적인 정신을 향한 이들은 주체 속에서 세계의 굳건한 토대를 찾았고, 또 다른 이들은 경험주의적 객관세계에서 모호성을 극복하고자 했습니다. 메를로퐁티는 이 모호성을 부정하여 관념이나 신체라는 확실한 토대를 구축하는 대신, 오히려 이 모호성 속에 세계의 진리가 존재하고 있음을 알았습니다. 이는 후설에 의해 '현상'이 발견되지 않았다면 결코 불가능했을 것입니다. 그리고 마침내 메를로퐁티는 그 현상의 토대 위에서 세계와 신체의 만남과 감각적 세계의 발생을 발견한 것입니다. 여기서 메를로퐁티는 단지 현상을 논하는 것이 아니라 존재의 세계로 발을 들입니다. 이러한 존재의 비밀에 대한 인식과 더불어 그는 세잔을 발견하게 됩니다.

세잔은 무엇을 그리고자 했는가

세잔이 봉착했던 난관은 최초의 말이라는 난관이었다. 그는 자신이 전지전능하지도 않으며, 신은 더욱더 아니므로 무력하다고 생각하면서도 이 세계를 묘사하고자 했으며, 그것은 하나의 광경으로 완전히 바꾸어서 마침내 이 세계가 어떻게 우리에게 접촉되고 있는가를 가시적이게 해주려는 그러한 일이었다.[16]

---

16 『보이는 것과 보이지 않는 것』, 203.

세계와 신체의 만남으로부터 ― 오히려 세계와 신체의 '분리'라고 말해야 할지도 모르지만 ― 인간은 세계를 지각하게 됩니다. 세잔은 바로 그 탄생과 만남을 증언하는 화가입니다. 일생을 '봄'과 '지각'의 문제에 파고들었던 메를로퐁티의 눈에 띄지 않을 수 없었을 것입니다. 세잔은 "온 우주는 색으로 되어 있다. 나 자신도 색으로 되어 있다."라고 말했습니다.[17] "사물들은 내 속에 그들의 내적인 등가물을 가지고 있다."[18]와 같은 표현도 있습니다.

이렇게 바로 이 세계와 자신의 동일성으로부터 세잔의 회화가 시작됩니다. 세잔에게 회화란 이러한 동일성을 표현하는 일입니다. 동일성을 표현한다는 것은 우리의 주체적 감각 인식, 다시 말해 우리가 세계를 본다는 행위를 넘어섭니다. 데카르트는 인간의 시각경험을 사고작용의 결과로 취급했습니다. 인식 주체는 감각적 경험을 재료로 하여 지각을 산출하는 것이며, 이 과정에서 주체는 대상의 지각과 인식을 총괄하는 절대자가 됩니다. 하지만 메를로퐁티에게 지각경험이란 결코 사유의 결과물이 아닙니다. 그것은 주체의 반성 이전에 존재하는 것이기 때문입니다. 데카르트는 인간을 사유의 주체로서, 모든 가능한 인식의 절대적 근원으로 보았습니다. 그리고 인간의 고유한 신체를 세계 내에 존재하는 사물들과 다르지 않은 객체에 불과한 것으로 전락시키고 말았습니다.

'본다'는 것은 주체의 명령을 따르는 신체의 행위가 아닙니다. 그것은 하나의 존재론적인 현상이자 사건입니다. 앞서 우리는 '신체의 나르

---

17 조광제, 『회화의 눈, 존재의 눈, 메를로퐁티의 눈과 정신 강해』, 이학사, 2016, 78.
18 「눈과 마음」, 294.

폴 세잔

Paul Cézanne
1839~1906

프랑스의 화가.

세잔의 초기 회화는 대부분 어두운 색채의 물감을 두텁게 칠한 관능적인 화풍을 보여줍니다. 이후 인상주의자 카미유 피사로 (1830~1903)와 교류하면서 화면은 밝아지고 필치도 가벼워졌습니다. 그러나 그는 외관에 집중하는 인상주의가 사물의 형태를 해체시킨다고 반대하여 견고하고 지속적인 사물의 형태를 구현하고자 했습니다. 전통적인 원근법을 거부하고 형태를 기울이거나 왜곡시키고 복수의 시점을 결합했습니다. 후기에는 다양한 색채를 반복적으로 칠하고 겹쳐 그린 색채 평면을 통해 대상에 입체감과 깊이를 부여하는 독창적인 회화를 창조했습니다. 20세기 추상미술과 입체주의에 큰 영향을 주었습니다. 앙리 마티스 (1869~1954)와 파블로 피카소(1881~1973)는 그를 '우리 모두의 아버지'라고 말했다고 합니다.

엑상프로방스 출신으로 거의 대부분의 시기를 이곳에서 보냈습니다. 비사교적인 성격 탓에 사람들과 잘 어울리지 못했고 은둔자에 가까운 삶을 살았습니다. 이는 그의 천성이라기보다는 계속된 실패로 인한 좌절에서 기인한 것으로 보입니다. 그의 그림은 평론가와 대중 모두에게 환영받지 못했습니다. 1963년 '낙선전 Salon des Refusés'에 참여한 이후 1885년까지 단 네 번만 빼놓고 매년 살롱전에 작품을 제출했지만, 언제나 낙선했습니다. 1874년 첫 번째 인상파 전시회와 1877년 세 번째 인상파 전시회에 참여했습니다. 1895년 파리의 유명한 화상인 볼라르Ambroise Vollard가 그의 첫 개인전을 열었는데, 세잔이 56세 되던 해였습니다.

대표적인 작품으로는 「성 안토니우스의 유혹」(1869~70), 「사과와 오렌지」, 「카드놀이하는 사람들」(1893~1896), 연작 「생 빅투아르 산」 등이 있습니다.

시시즘'이라는 표현을 보았습니다. 신체가 신체를 바라본다는 이 지극히 익숙한 본다는 행위의 의미. 문제는 그 익숙한 본다는 행위 속에서 대상으로서의 신체도, 주체로서의 신체도 등근원적으로 발생한다는 사실입니다. 대상이 선행하고, 우리가 본다는 행위를 통해 대상을 내면화하는 것이 아니라, 본다는 행위 자체로부터 대상과 내가 발생하는 것입니다. 인간이 세계라는 감성적인 것의 덩어리로부터 분리되어 나오는 순간은 인간이 그러한 감성적 세계를 대상으로서 지각하는 순간이기도 합니다. 본다는 것을 주체의 행위라고 부를 수 있으려면 이미 주체가 선행되어야 하지만, 여기서 주체란 본다는 사건 이후에 발생하는 것이기 때문입니다.

메를로퐁티가 굳이 '봄vision'이란 어휘를 사용하는 것도 그런 맥락일 것입니다. 그것은 주체의 행위 이전의 일종의 사건이자, 발생과도 같은 것입니다. '봄'이라는 근원적 사건에 가까워질수록, 객체와 주체로 분리되었던 세계와 나의 경계는 모호해집니다. 간단히 말하자면 이렇습니다. '세계와 인간이 만난다/분리된다. 봄이라는 사건이 발생한다. 하지만 이 봄을 통해서만 우리는 비로소 세계와 인간이 된다.' 이런 관점에서 세잔이 그린 것은 빅투아르 산도 아니고, 사과도 아니고, '봄' 자체입니다.

"화가는 신체를 지니고 있다"고 발레리는 말한 바 있다. 사실 마음이 그림을 그릴 수 있다고 상상하기란 힘든 일이다. 미술가가 이 세계를 그림으로 옮겨 놓는 일은 그의 신체를 세계에 빌려줌으로써 가능한 일이다. 이와 같은 성변화transubstantiation를 이해하려면 약간의 공간을 점유하고 있거나 일단의 기능을 수행하는 그러한 신체가 아니라, 비전

vision과 운동movement이 상호 융합되어 작용하고 있는 신체에로 소급
하지 않으면 안 된다.[19]

성변화聖變化란 빵과 포도주가 예수 그리스도의 몸과 피로 바뀌는 실
체의 변화를 의미합니다. 회화 속에서 세계는 화가의 감각으로 변화하
고, 다시 한 폭의 회화로 그려집니다. 인간의 신체 밖에 존재하던 세계
가 화가의 신체인 감각으로 변화하는 일, 그것을 표현하기 위해 사용
한 '성변화'라는 개념은 회화를 표현하는 그 어떤 말보다도 정확해 보
입니다. 그리고 세잔의 회화에서 우리가 발견하는 것이 그 변화의 순
간, 세계와 화가가 만나는 바로 그 순간, 그리고 '봄'이 발생하는 바로
그 순간이 아니라면 도대체 무엇이라고 말해야 할까요. 화가는 이처럼
사물을 '전(前)인간적 방식'으로 봅니다. 그것이 화가와 세계가 서로 교
차하고, 스스로를 드러내는 방식입니다. 무엇인가 보이기 전에, 무엇
인가가 그려지기 전에는 보는 주체도, 보이는 대상도 미리 존재하지
않습니다.

예술적 표현 행위 이전에는 단지 막연한 흥분만이 있을 뿐이며, 오직
완성되어 이해된 작품 그 자체만이 비로소 무엇인가를 발견했다는 사
실을 증명해 주는 것이다.[20]

---

19 「눈과 마음」, 289f.
20 「세잔의 회의」, 30.

본다는 것의 의미

본다는 것은 우리가 세계를 감각적으로 인식하는 행위입니다. 이를테면 데카르트에게 본다는 것은 신체 속에 주어진 기호들을 해독하는[21] 작업입니다. 이러한 관점에서 사물과 이미지 사이의 유사성은 지각의 근원이 아니라 지각의 결과일 뿐입니다. 즉 이미지는 우리가 본 것입니다. 사물이 우리의 눈에 어떤 작용을 하고, 그것은 다시 우리의 사고로 전달되어 우리는 사물의 이미지를 우리 안에 갖게 되는 것입니다. 데카르트의 이 분석은 우리가 상식적으로 이해하고 있는 봄의 의미와 크게 어긋나지 않습니다. 그렇지만 메를로퐁티의 견해는 좀 달랐습니다. 그는 데카르트의 회화에 대한 견해, 이미지에 대한 분석이 결국 하나의 형이상학에 지나지 않는다고 봅니다. 데카르트는 비록 회화에 대해 긴 글을 쓰지 않고 짧게 언급할 뿐이지만, 우리는 데카르트에게서 회화 혹은 이미지가 그저 사유의 한 양태에 지나지 않는다는 것을 확인할 수 있습니다.

봄이 사유의 양태가 아니라면 봄이란 도대체 무엇인가요? 세계를 보는 것은 우리의 의식이 아니라, 몸으로서의 시각입니다. 그리고 몸은 세계의 일부로서 존재할 수밖에 없습니다. 따라서 이 몸은 세계를 완전히 객관적으로 대상화할 수 없습니다. 우리는 세계의 일부인 우리의 신체를 통해서만 이 세계를 볼 수 있기 때문입니다. 주체와 객체가 완

---

21 「눈과 마음」, 307.

전히 분리되지 않는 곳에서 우리의 시각경험은 발생합니다. 그래서 메를로퐁티는 "인간은 보는 존재이면서, 보이는 존재일 수밖에 없다."라고 말합니다. 인식의 출발점을 코기토가 아니라 감각적 지각에서 찾게 되면, 주체가 세계를 '인식한다', '본다'라는 일방적인 시선에 대한 역전이 일어납니다.

> 앙드레 마르샹은 다음과 같은 말을 하고 있다. "숲 속에서 숲을 바라다보고 있는 것은 내가 아니었다라는 사실을 나는 여러 번 느끼곤 했다. 어떤 날 나는 나무들이 나를 바라다보며 나에게 말을 걸어오는 것을 느꼈다. …… 나는 거기 서있었고 듣고 있었다. …… 나는 화가란 우주에 의해 침투되어 있는 사람임에 틀림없으며, 우주로 침투해 들어가기를 원해서는 안 된다고 생각한다. …… 나는 내면적으로 잠기고 묻혀지기를 기대한다. 아마도 나는 탈출하기 위해 그림을 그리고 있는지도 모를 일이다."[22]

도대체 '보는 존재'이자 '보이는 존재'라는 것이 무슨 뜻인가요? 상식적으로는 나무와 숲이 우리를 볼 수는 없습니다. 여기서 우리는 신비주의로 넘어가는 것을 경계해야 합니다. 봄의 이중성, 보이는 존재이자 보는 존재로서의 이중성은 봄이라는 것이 세계와 분리되었지만 동시에 완전히 별개의 것이 아닌 신체라는 장소에서 일어나기 때문에 발생합니다. 우리의 시각적 경험은 빛에 공명하여 발생합니다. 이 말은

---

22 「눈과 마음」, 300.

외부의 대상인 빛에 물질적 반응을 하는 시각이라는 감각기관이 존재한다는 것을 의미합니다. 보는 동시에 보여진다고 말할 때 보여지는 것은 나의 신체이지만, 이때 신체란 것은 곧 나의 감각입니다. 즉 내가 무언가를 보고 있다는 것은 나의 감각이 외부의 대상과 공명하기 때문입니다.

내가 하늘을 파랗다고 인식하는 것은 원래부터 파란 외부의 대상을 나의 시각이 수용하는 것이 아니라, 나의 신체/감각과 하늘이 동시에 동일한 빛의 파장을 공유하기 때문입니다. 파랗다는 것은 단지 그러한 파장에 붙은 이름일 뿐입니다. 하늘 자체는 파란 것이 아닙니다. 그런 하늘을 파랗다고 인식할 때, 우리는 그것을 파란색으로 보는 나의 시각, 나의 신체를 세계 속에 펼쳐놓는 것입니다. 이때 우리는 자신의 신체를 그 파란 하늘 속에서 가시적인 것으로 만들게 됩니다.

메를로퐁티는 이러한 봄의 과정을 통해 우리가 자신을 세계에 열어놓는다고 말합니다.[23] 세계에 열어놓는다는 말은 바로 우리 자신이 가시화되는 것을 의미합니다. "우리 밖의 우리 속에서"[24]라는 표현 역시 이러한 봄의 본질에 대해 설명하고 있습니다. 사실 나무나 숲은 여전히 우리를 보지 못합니다. 그들은 우리를 지각할 수 있는 신체기관을 가지고 있지 않습니다. 하지만 우리는 나무와 숲을 보는 순간, 그 나무와 숲에 우리 자신을 열어놓습니다. 그때 우리는 단지 보는 존재일 뿐 아니라, 보이는 존재가 되는 것입니다.

회화는 이러한 보는 존재이자 보이는 존재로서의 봄을 드러냅니다.

---

23 「눈과 마음」, 291.
24 「눈과 마음」, 299.

세잔은 자신이 본 풍경을 그렸습니다. 그러니 세잔의 그림 속에는 주체로서의 세잔이 본 객체/대상으로서의 풍경이 그려져 있어야 합니다. 그러나 우리가 세잔의 그림 속에서 보는 것은 단순한 외부세계의 풍경이 아닙니다. 그림 속에서 우리가 확인하는 것은 바로 '세잔'이라는 인간입니다. 세잔의 망막 위에 맺힌 상, 세잔의 눈, 세잔의 감각 그리고 그의 머릿속 이미지, 다시 종합하여 '세잔'이라는 존재. 우리는 그것을 그의 그림에서 보는 것입니다.

하지만 이 세잔이라는 존재를 단지 자의적이고 우연적인 개별자로서만 이해해서는 곤란합니다. 그것은 세계가 자신을 열어 보이는 한 가지 방식이기 때문입니다. 세잔이 세계에 자신을 열어 보이는 것과 마찬가지로, 세계는 세잔을 통해 자신을 열어 보입니다. 메를로퐁티는 「세잔의 회의」에서 세잔이 다음과 같이 말했다고 전합니다. "풍경화는 나를 통해서 사유하며, 나는 그것의 의식으로 성립된다."[25]

세잔은 세계를 보는 동시에 세계에 의해 보이는 자이며, 세계는 세잔을 통해 자신을 가시적으로 드러냅니다. 이 이중성, 모호함은 봄의 문제를 통해 이해되는 회화의 본질이기도 합니다. 세잔이 그린 「생 빅투아르 산」에서 우리가 볼 수 있는 것은 "화가가 자기의 응시로서 탐구한 산"[26]인 동시에, 그 산이 탄생시킨 화가이기도 합니다.

화가의 비전은 외적인 것에 대한 조망이 아니요 단순히 세계와의 "물리 광학적"인 관계도 아닌 것이다. 화가 앞에서 세계는 더이상 표상을

25 「세잔의 회의」, 28.
26 「눈과 마음」, 298

통해 나타나고 있지 않다. 오히려 세계 쪽의 사물들이 가시적인 것의 자기 집중 혹은 자기 복귀와 같은 방식을 통해 화가를 탄생시켜 놓고 있는 셈이다.[27]

살 la chair

'인간은 보는 동시에 보이는 존재이다.' 이 말은 주체가 대상이 되고, 대상이 주체가 된다는 말이기도 합니다. 그런데 어찌 보면 이것은 당연한 이야기입니다. 데카르트나 칸트에게도 낯선 것이 아닙니다. 데카르트가, 칸트가, 헤겔이 주체를 강조한다고 해서, 인간이 언제나 오직 주체로서만 존재한다고 그들이 생각했을까요. 그럴 리가 없습니다. 헤겔의 변증법도 주체와 대상의 이중적 관계로부터 전개되는 것이 아니던가요. 주체는 언제나 타자이기도 하니까요. 그런데 만약 이런 맥락에서 우리가 '주체인 동시에 대상'이라고 말을 한다면, 그것은 그다지 큰 울림이 있는 말이 아닙니다. 메를로퐁티가 말하고자 하는 것이 단지 그것뿐이라면 조금 시시하게 들립니다. 그러니 '주체이자 대상이다'라는 말이 무엇을 의미하는지 곰곰이 생각해볼 필요가 있습니다.

이 말은 우리가 어느 순간에는 주체였다가, 그 다음 순간에는 대상

27 「눈과 마음」, 325.

이 될 수도 있다는 것을 의미하지는 않습니다. 한 명의 인간이 누군가에게는 딸이나 아들이면서, 누군가에게는 엄마나 아빠일 수 있다는 식으로 말입니다. 그렇다면 이 말의 진짜 의미는 무엇일까요? 그것은 우리가 주체인 그 순간에 동시에 대상으로서 존재한다는 의미입니다. 보는 존재와 보이는 존재가 번갈아 나타나는 것이 아니라, 주체로서 보는 그 순간이 우리가 대상으로 보이는 순간인 것입니다. 보기 위해서는 보여주어야 합니다. 여기에서는 보다가 저기에서는 보이는 것이 아닙니다. 단지 그것이라면 굳이 이중성을 운운할 필요가 없습니다. 주체이자 대상이라는 말은 주체가 언제나 대상이라는 말입니다. 그렇기 때문에 메를로퐁티는 이러한 주체와 대상의 관계를 '교환의 체계'라고 말하다가, '얽힘 관계 / 교차Chiasme'라는 자신만의 말을 주조해냅니다.

이러한 얽힘 관계의 근본적인 장소, 주체와 세계 사이에 놓인 바로 이 지각의 근원적 토대로서 이야기되는 것은 '몸'입니다. 메를로퐁티는 이제 몸에서 한 걸음 더 나아가, '살chair'이라는 말을 통해 세계와 주체 사이의 상호 침투의 가능성을 한층 더 강조합니다. 이 '살'은 곧 '공동의 살chair commune'이기도 합니다. 신체나 몸과 같은 개념이 여전히 외부와 구분되는 하나의 총체적 통일체를 연상시키는 것과는 달리, 살이라는 말은 중심이 없이 세계와 직접 접촉한다는 뉘앙스를 보다 강하게 풍깁니다. 메를로퐁티는 이 살을 세계를 향해 열린 존재, 세계와 실질적으로 소통하는 존재, 고기 덩어리 육체Körper가 아닌, 살아있는 신체Leib이자 생명에너지라고 말하고 있습니다.

우리가 말하는 살은 물질이 아니다. 살이란 보는 몸 위로 보이는 것이 감기는 것이요 촉각하는 몸 위로 촉각되는 것이 감기는 것이다. 이러한 감김은 특히 몸이 사물을 보고 있는 중인 자기 자신을 볼 때, 만지고 있는 중인 자기 자신을 만질 때 확인된다.[28]

우리의 몸과 세계는 이 살이라는 표현을 통해 다시 한번 더 동일한 것으로 이해됩니다. 그리고 이 살 속에 의미의 끊임없는 샘과 같은 것으로서 '깊이'가 존재합니다. 이제 회화란 단순히 감각된 세계의 표면을 그리는 것이 아니라, 이 세계의 깊이를 드러내고자 합니다. 회화란 우리의 신체가 세계와 관계하는 방식 자체입니다. 하나의 작품은 이 얽힘의 관계를 보여주는 것으로서, 살로서의 실존적 존재 자체이기도 합니다. 이 얽힘의 한 가운데 세잔의 회화가 만들어내는 깊이에 대한 새로운 인식이 등장합니다.

깊이Profondeur, 보이는 것과 보이지 않는 것

회화에서 '깊이'라는 말 자체는 메를로퐁티의 고유한 용어는 아닙니다. 하지만 그는 그 깊이에 새로운 의미를 부여하였습니다. 회화에서의 깊이란 이차원적 회화가 삼차원의 세계를 환영으로서 제시하기 위해 사용한 기술이라는 관점에서 이해되어 왔습니다. 서구 회화의 역

---

28 『보이는 것과 보이지 않는 것』, 209.

사에서 르네상스 시기에 등장했던 원근법은 이러한 깊이를 만들어내는 가장 대표적인 기법입니다. 미술사에서 세잔은 원근법에 기초한 재현에서 평면성의 추상으로 이행하는 데 중요한 역할을 한 화가로 이해됩니다. 즉 세잔의 회화에서는 원근법적인 공간이 붕괴되고, 깊이는 점점 사라져야 합니다. 그런데 메를로퐁티는 전혀 다른 이야기를 합니다. 그는 스위스의 조각자이자 화가인 쟈코메티1901~1966의 말을 인용합니다. "내가 믿기로 세잔은 일생을 통하여 깊이를 추구하였다."[29] 메를로퐁티에게 세잔의 회화가 보여주는 것은 세계에 존재하는 깊이의 본질입니다. 이것이 메를로퐁티가 세잔에게 강하게 이끌린 이유입니다. 그렇다면 도대체 세잔의 회화에서 표현된 깊이란 무엇인지 궁금해집니다.

세계에 존재하는 모든 사물들은 깊이를 가지고 있습니다. 그러나 우리가 대상을 볼 때, 실제로 보는 것은 사물의 깊이 자체가 아니라, 깊이를 가진 사물의 표면입니다. 깊이란 그 자체로는 가시적이지 않기 때문입니다. 메를로퐁티는 우리의 시선이 결코 깊이를 정복하지 못한다고 말합니다.

깊이란 사물들이 내가 지금 바라보고 있는 바 그것은 아니지만, 단호히 머물 수 있는, 사물들이 가진 수단이다. 그것은 동시적인 것의 비길 데 없는 차원이다. 깊이가 없다면 하나의 세계는, 존재는 없을 것이며 …… 결국 사물들이 살을 소유하게 만드는 것은 바로 깊이이다. 즉 사

29 「눈과 마음」, 322.

물들이 나의 조사에 걸림돌들로 맞서게 하는 것은, 저항을, 요컨대 정확히 사물들의 실재성, '비완결성ouverture', 모두 동시적인 것인 저항을 하게 하는 것이 깊이이다. 시선은 깊이를 정복하지 못한다.[30]

이를테면 하나의 벽돌을 생각해봅시다. 눈앞에 있는 벽돌을 파악하고자 할 때, 우선 우리는 그 벽돌의 형태와 색채를 눈으로 확인할 수 있습니다. 촉감을 통해 표면의 거친 질감을 직접 느껴볼 수도 있습니다. 그 벽돌을 손에 올려놓고 무게를 느껴볼 수도 있을 것입니다. 한 장의 벽돌은 이렇게 그 무게와 질감, 형태, 크기, 색채, 표면의 무늬, 강도, 경도 등 다양한 방식으로 파악됩니다. 그런데 그 벽돌의 깊이, 다시 말해 텅 빈 것이 아니라 그 내부가 꽉 찬 것으로서의 벽돌을 구성하는, 표면을 제외한 안쪽은 우리에게 결코 자신을 보이지 않습니다. 우리가 보는 것은 실은 벽돌의 표면일 뿐입니다. 우리는 어떤 수단을 써서라도 결코 그 벽돌의 깊이를 볼 수 없습니다.

깊이란 겉이 아닌 속을 말합니다. 우리는 사물의 속을 볼 수 없습니다. 속을 보고자 우리가 벽돌을 반으로 가른다고 해도 우리가 보는 것은 여전히 벽돌의 깨진 표면일 뿐 그 벽돌의 내부는 아닙니다. 우리의 시선은 언제나 겉, 표면에만 가닿을 뿐 결코 그 깊이에는 닿지 않습니다. 깊이는 벽돌 자체에만 있는 것이 아닙니다. 벽돌의 주변을 둘러싸고 있는 공간 역시 깊이를 가집니다. 이 공간도 우리에게는 그 자체로 보이지는 않지만 아무것도 없다고 말할 수는 없습니다. 세계가 2차원

---

30 『보이는 것과 보이지 않는 것』, 317.

평면이 아닌 다음에야 세계에서 깊이를 제거하는 것은 불가능합니다.

그렇다면 우리는 어떻게 사물들의 깊이를 파악하게 되는 것일까요? 그것은 우리의 시선이 한 지점에 고정된 것이 아니라, 움직이면서 체험하는 시선이기 때문일 것입니다. 우리는 하나의 사물을 다만 정면이나 측면의 한 곳에서만 보지 않습니다. 우리의 시선은 공간 속의 다양한 시점에 머물면서 사물을 총체적으로 조망합니다. 이 시각의 종합을 통해 우리는 하나의 사물을 깊이가 있는 대상으로 지각합니다. 여전히 우리는 사물들의 표면만을 볼 뿐이지만, 그 표면을 통해 깊이를 인식할 수 있는 것은 이 체험으로서의 시각을 통해서입니다.

세잔의 회화는 이러한 시선의 변화를 고스란히 보여줍니다. 그는 고정된 시각으로부터 다양한 시점으로, 초월적 세계인식에서 구체적인 삶의 세계 경험으로 회화의 표현을 이동시켰습니다. 바라보는 시선이 아니라, 체험하는 시선. 세잔은 바로 이 체험하는 시선을 통해 세계의 깊이를 드러냅니다.

메를로퐁티는 '세계에의 존재l'être-au-monde'라는 표현을 씁니다. 이 개념은 하이데거의 '세계-내-존재In-der-Welt-sein'에서 온 것입니다. 실제로 메를로퐁티의 '세계에의 존재'를 독일어로 옮길 때는 하이데거의 저 표현으로 번역되기도 합니다. 하지만 메를로퐁티는 우리가 단지 "세계 내에 있다dans le monde"라고만 하지 않고, "세계를 향해 있다au monde"고 말합니다. 메를로퐁티가 세잔 회화의 특징으로 언급한 공간성, 내용성, 다양성, 역동성 등은 이러한 맥락에서 파악된 것입니다. 인간은 단지 공간적으로만 세계 속에 있는 것이 아닙니다. 우리에게 세계는 지각인 동시에 체험이며, 보는 동시에 관계하는 존재이고, 분리 이전에 하나인 존재입니다.

나는 하나의 사물을 바라보듯 그 그림을 바라보는 것이 아니며, 나의 응시는 존재의 후광 속에서와 같이 그 그림 속에서 방황을 한다. 다시 말해서 내가 그것을 본다고 말하기보다는 그것에 의해 혹은 그것과 더불어 본다고 말함이 보다 정확한 표현이 될지 모른다.[31]

　화가는 세계 속에서 대상을 마주하고, 그들 사이를 유영합니다. 여기에서 우리는 대상의 가시성이 나의 신경운동의 세계와 구분되어 있지 않다고 말할 수 있습니다. 즉 내가 볼 수 있는 세계는 내가 그들과 더불어 무엇을 할 수 있는 세계이고, 내가 운동하는 세계입니다. 메를로퐁티는 "가시적인 세계와 나의 신경 운동의 세계는 각각 동일한 존재를 구성하고 있는 전체의 부분들일 뿐이다."[32]라고 말합니다. 그렇기 때문에 인간의 운동이란 것도 "시각의 자연스러운 귀결이며, 나의 시각의 완성"[33]이라고 말할 수 있는 것입니다. 우리가 어떤 사물을 보고 움직인다고 말할 때, 나의 신체도 스스로 움직이고 있는 것입니다. 이것은 본다는 활동과 더불어 나의 운동이 스스로 전개되는 것이라고 말할 수 있습니다.
　우리는 단단한 두 발로 저 먼 거리의 세상을 응시하는 화가가 아니라, 세계 속으로 걸어 들어가 자신의 살을 세계와 겹쳐 놓으면서 이리저리 오고가는 화가를 발견하게 됩니다. '봄'이란 화가와 세계를 분리합니다. 우리는 대상을 봄으로써 비로소 주체이자 대상으로 구분되기

---

31 「눈과 마음」, 295.
32 「눈과 마음」, 290.
33 「눈과 마음」, 291.

때문입니다. 봄은 비가시적인 것에서 가시적인 것으로의 이행입니다. 주체와 대상이 미분화된 세계에서 분화되는 세계로의 이행이라고 말할 수 있습니다. 그러나 동시에 이 '봄'을 통해 우리는 주체와 대상의 분리를 극복하고, 세계와 인간이 함께 존재하는 공간을 발견할 수 있습니다. 깊이는 보이는 것 속에 암시로 남아있는 보이지 않는 것입니다.

봄은 비가시적인 것에서 가시적인 것으로의 이행인 동시에, 가시적인 것 속에 남아있는 비가시적인 세계를 보는 행위이기도 합니다. 보는 것과 보이지 않는 것이 동시에 존재하는 이 모호한 영역에 세잔의 회화가 보여주는 놀라움이 있습니다. 깊이는 모호함 속에서 드러납니다. 이 모호함이 '세잔의 회의'이자 '메를로퐁티의 회의'입니다. 화가의 회의이자 철학자의 회의입니다. 아직 화가와 대상이 분리되지 않은 세계, 화가가 대상과 접촉하면서 스스로의 시선과 대상의 모습을 구분하지 않은 채, 대상을 자신 안에 받아들이고, 자신을 세계 속에 펼쳐놓는 순간, 이 모호함과 회의 속에서 세잔은 실패를 거듭하면서도 성공하는 것입니다.

세계가 그 진정한 깊이 속에서 주어지는 것이라면, 윤곽선은 색채의 결과이어야만 한다. 왜냐하면 이 세계란 빈틈없는 하나의 덩어리이며 하나의 색채 체계로서, 이것을 가로질러 소실 원근법과 윤곽선, 각도 및 굴곡선들이 힘줄처럼 새겨져 있고, 공간 구도가 떨림 속에서 이루어지기 때문이다.[34]

---

34 「세잔의 회의」, 24.

세잔은 사물을 표현하는 방법으로서의 윤곽선을 포기합니다. 인상파 회화들, 이를테면 클로드 모네1840~1926의 작품들 속에서도 우리는 윤곽선의 해체를 봅니다. 그러나 이 해체는 사물들의 해체를 낳았습니다. 그러므로 세계의 깊이는 사라지고, 평면화됩니다. 20세기로 이행하면서 나타난 회화의 평면성은 이런 과정에서 탄생합니다. 이때 회화는 세계와 단절된 채 말 그대로 '회화적인 것'이 됩니다. 회화에 대한 세잔의 고민은 언제나 세계를 보이는 대로 표현하는 것이었습니다. 인상주의의 풍부한 빛과 색채로부터 멀어지지 않으면서, 사물들의 형태와 깊이를 표현하는 것, 즉 색채를 통해 깊이를 표현한다는 것은 불가능한 시도처럼 여겨졌습니다. 세잔에 대한 세간의 비난은 그의 불가능한 시도에 대한 비난이기도 합니다.

그러나 메를로퐁티는 세잔이 그 불가능한 것을 이루어냈다고 말합니다. 세잔은 색채를 색채 자체로 내버려두지 않고, 그것들을 겹쳐 놓습니다. 의도적으로 흰 공간을 채우지 않고, 색채로 주위를 둘러쌉니다. 이 색채의 교차를 통해 사물이 가진 깊이는 회화의 표면에서 부상합니다. 그의 팔레트에는 18개의 색채가 있었다고 합니다. 빨강 여섯, 노랑 다섯, 파랑 셋, 녹색 셋, 그리고 검정. 원근법이 사물들의 배열들을 통해 깊이를 표현한 것과 달리, 세잔은 이러한 색채를 통해 사물 자체가 가진 깊이를 표현했습니다.

세잔의 「생 빅투아르 산」에 그려진 대상들은 명확하고 단단한 외피를 가지고 있지 않습니다. 우리는 화면 가까이 갈수록 해체되어 버리는 형태를 확인할 수 있습니다. 그것은 색채들의 어지러운 조합처럼 보입니다. 그러나 조금씩 시선을 멀리할수록 우리는 그 어지러운 색채들이 서로 겹치면서도 자신들의 깊이를 가지고 있음을 볼 수 있습니다.

그렇게 세잔의 회화는 이 세계의 깊이를 드러냅니다. 그의 회화에는 세계가 개별적인 대상으로 분절되기 이전에 지각된 세계가 존재합니다. 언어의 세계를 거치기 이전의 지각의 세계, 하지만 세계는 보이지 않는 것에서 보이는 것으로, 가시성의 세계이자 존재의 세계, 의미의 세계로 서서히 부상합니다. 그러니 세잔이 그린 것은 실은 세계가 아니라, 세계가 나타는 순간입니다. "우리는 세잔의 그림에서 외양appearance이 아닌, 모양이 생성되어 나타나는 것appearing을 본다. 그는 기존의 것을 해체하는deconstruct 것이 아니고, 근본적으로 선─구축한다preconstruct. 다시 말해, 그는 과일 그릇을 해체하는 것이 아니고, 우리에게 그의 원초적인 생성을 보여준다. 이는 과일 그릇이 하나의 결과로서의 생산이 아니고, 가시계로 들어오는 과정을 보인다는 것이다. 감각계의 구조는 가시계에 따라 질서 잡힌다고 말할 수 있다."[35] 여기서 우리의 세계 경험이 시작되고, 세잔의 회화가 그려집니다.

35 전영백, 「메를로퐁티의 현상학적 시각과 미술작품의 해석」, 『미술사학보 (25)』, 미술사학 연구회, 2005, 289f.

03

테오도어 아도르노 — 사뮈엘 베케트

거짓된 화해의 부정 속에
숨겨진 유토피아

"

예술이 사회에 기여하는 바는
사회와의 커뮤니케이션이 아니라
극히 간접적인 일, 즉 저항이다.[1]

---

1   테오도르 W. 아도르노, 『미학이론』, 홍승용 옮김, 문학과지성사, 1997, 350. 이하 책제
     목과 쪽수만 병기한다.

비판이론의 등장

1922년 유대계 독일인이자 곡물상인으로 큰 부를 축적한 헤르만 베일의 아들이었던 마르크스주의자 펠릭스 바일1898~1975은 20세기 지성사를 좌우할 만한 중요한 결정을 내립니다. 프랑크푸르트 대학에 '사회조사연구소'라는 이름의 마르크스주의 연구소를 설립하기로 한 것입니다. 프랑크푸르트 대학에서 「마르크스의 화폐이론」이라는 논문으로 이미 정치학 박사학위를 딴 펠릭스 바일은 자신의 정치적 지향과는 반대로 막대한 부를 지닌 부르주아 계급에 속해 있었습니다. 그러나 마치 엥겔스가 그러했듯이 진정한 마르크스주의의 실현을 위해 그 돈을 쓰기로 합니다. 그는 "마르크스주의의 여러 분파들이 서로 충분히 토론한다면, '진정한' 혹은 '순수한' 마르크스주의에 도달할 수 있으리라는 희망"[2] 을 가진 인물이었습니다. 그리고 그러한 결정으로부터 1년 후인 1923년 2월 3일, 연구소는 드디어 정식으로 창립됩니다.

1대 소장이었던 칼 그륀베르크 하의 연구소는 최초의 설립 의도에 충실케, 이른바 정통 마르크스주의를 추구했습니다. 그러나 2대 소장인 막스 호르크하이머1895~1973가 1931년에 취임한 이후, 연구소는 기존의 정통파 마르크스주의에서 벗어나 새롭고 다양한 관점에서의 사회 분석을 시도합니다. 이후 연구소는 애초에 기대나 예상과는 달리 정통 마르크스주의 연구소가 아닌 신좌파의 이론적 핵심을 제공하는

---

2 마틴 제이, 『변증법적 상상력』, 황재우 외 옮김, 돌베개, 1979, 26.

연구소로 거듭나게 됩니다. 이러한 변화는 레오 뢰벤탈1900~1993, 에리히 프롬1900~1980, 테오도어 아도르노1903~1969, 헤르베르트 마르쿠제1892~1979, 그리고 정식 연구원은 아니었지만 언제나 함께 언급되는 발터 벤야민1892~1940 등의 면면을 보더라도 알 수 있습니다. 신좌파는 정통 마르크스주의가 신봉했던 프롤레타리아의 혁명적 역량이 이미 소멸되었다고 보았습니다. 또한 생산력의 발전으로 생산력과 생산관계 모순이 심화되고 이것이 필연적으로 자본주의의 붕괴와 공산주의혁명으로 이어진다는 이론도 반대합니다. 생산력의 발전은 오히려 자본주의의 지배를 강화하는 계기가 된다고 보았습니다.

흔히 프랑크푸르트학파의 철학을 '비판이론'이라고 합니다. 이 개념은 1937년 호르크하이머의 논문인 「전통이론과 비판이론」에서 유래했습니다. 호르크하이머는 기존의 사회질서를 옹호하는 '부르주아 과학'을 전통이론으로, 사회적 모순을 비판하는 이론을 '비판이론'으로 규정합니다. 호르크하이머는 가치중립이라는 과학이론의 방법론을 비판하면서 변증법적 사회이론을 정립하고자 합니다. 즉 사실과 가치, 객관성과 주관성 사이의 변증법적 운동을 주장하면서 과학의 성과와 한계, 과학의 양가성에 대한 비판을 시도한 것입니다. 이는 당대에 유행하던 실증주의, 논리적 경험주의, 실용주의 등에 대한 비판입니다. 물론 이론적인 차원에서 호르크하이머와 아도르노의 차이는 분명합니다. 하지만 과학주의에 대한 비판, 변증법적 사회이론의 탐구, 학제간 연구, 질적 연구와 경험적 연구의 결합, 프로이트의 정신분석에 대한 비판적 수용, 교조적 마르크스주의에 대한 비판 등의 특징은 아도르노에게도 공유되는 비판이론의 학문적 경향이라고 할 수 있습니다.

아도르노는 1938년에 연구소에 최초로 참여한 이후 줄곧 연구소의 핵심인물이었습니다. 호르크하이머 이후 3대 소장직을 맡기도 했지요. 그는 비판이론(프랑크푸르트학파)의 강령이라고까지 말할 수 있는『계몽의 변증법Dialektik der Aufklärung: Philosophische Fragmente』(1944)을 호르크하이머와 함께 저술함으로써 기존의 정통 마르크스주의와는 다른 방향의 마르크스주의적 연구를 본격화합니다.『부정변증법Negative Dialektik』(1966)과 그의 사후에 출간된『미학 이론Ästhetische Theorie』(1970)이 대표적 저서입니다.

계몽의 변증법

위에서 언급된 세 저서에는 아도르노 사유의 핵심이 담겨 있습니다. 『계몽의 변증법』은 파시즘이라는 재앙을 광기나 우연이 아닌 "역사상에 있어서의 장기간에 걸친 경제사적 · 사회사적 · 정치적 · 사회 심리학적 및 문화적 발전 과정이 가져온 필연적인 결과"로 파악합니다. 그리고 그를 관통하는 원리를 '계몽'으로 이해합니다. 아도르노는 스피노자의 말을 인용하면서 인간의 원초적인 욕구를 다음과 같이 말합니다. "자기 보존을 향한 노력이야말로 덕의 제일의 유일한 근거이다."[3] 이러한 관점에서 계몽은 자연에 대한 공포로부터 인간을 해방시키고, 인

---

3 테오도르 W. 아도르노, M. 호르크하이머,『계몽의 변증법』, 김유동, 문학과지성사, 2001, 35. 이하 책제목과 쪽수만 병기한다.

테오도어
아도르노

Theodor Ludwig
Wiesengrund Adorno
1903-1969

독일의 철학자, 사회학자, 음악학자.

프랑크푸르트학파를 대표하는 인물입니다. 1924년 에드문트 후설에 관한 논문으로 박사 학위를 받은 후, 작곡을 배우기 위해 오스트리아 빈으로 가 알반 베르크 등과 함께 공부했습니다. 다수의 음악잡지에 비평을 기고했고, 음악잡지 「여명Anbruch」의 편집장을 맡기도 했습니다. 이후 다시 학교로 돌아와 1931년 키에르케고르에 관한 논문으로 교수 자격을 취득하고, 프랑크푸르트 대학 조교수가 됩니다.

유대인 주류상인의 아들이었던 아도르노는 나치당이 집권하자 교수직을 박탈당합니다. 1934년에 영국으로 망명하여 옥스퍼드 대학에서 가르쳤고, 1938년에는 미국으로 망명합니다. 이 시기 미국의 대중문화산업에 대한 비판적 분석은 「계몽의 변증법」에 잘 담겨 있습니다.

1953년 망명생활을 마치고, 독일에 완전히 정착하였습니다. 1968년 학생운동 때는 화염병과 폭력으로 학교의 개혁을 쟁취하려는 학생들에 반대해 마찰을 빚기도 했습니다. 사회조사연구소 건물을 과격파 학생들이 점거하자 경찰 투입을 요청했고, 이때 수십 명의 학생들이 경찰에 연행되었습니다. 학생들은 아도르노를 강력히 비판하였고, 수업을 할 수 없게 된 아도르노는 스위스로 여행을 떠났고, 이때 심장마비로 사망했습니다. 의사의 경고를 무시하고 해발 3,000여 미터의 산을 오른 후였습니다.

주요 저서로는 「계몽의 변증법」, 「부정변증법」, 「신음악의 철학」, 「미학 이론」 등이 있습니다.

간을 자연의 주인으로 세운다는 목표를 추구해 왔습니다.

아도르노의 분석이 독창적인 것은 그가 '계몽'을 17, 18세기라는 역사의 특정 시기로부터 사유한 것이 아니라, 인류사의 근본적 발전원리로 파악했다는 점입니다. 오디세우스의 신화를 분석하는 이유가 여기에 있습니다. 계몽의 지배 과정인 문명의 초기 단계에서 인간의 자기보존 노력은 자연과의 분리, 자연에 대한 저항으로 나타납니다(외적 자연지배). 그러나 인간은 개인으로 이러한 자연의 지배에 저항하지는 못합니다. 이를 위해서는 사회라는 조직이 필요합니다. 따라서 인간은 사회를 조직하고, 그 사회와 함께 지배의 체제를 조직합니다(사회적 지배). 그리고 이 사회의 지배와 함께 마침내 계몽의 지배의 마지막 단계가 등장하는데, 그것이 바로 인간이 자기 자신을 지배하는 단계입니다(내적 자연지배). 이 마지막 단계에 이르면 인간의 자기보존 노력은 역설적으로 자기부정으로 귀결됩니다.

오디세우스는 트로이 전쟁에서 승리하고 집으로 향하는 길에서 수많은 위험을 만나지만 그때마다 특유의 책략을 통해 위기를 극복합니다. 아도르노는 이러한 오디세우스의 책략들이 계몽의 최초 단계에 이미 내재되어 있는 자기부정을 보여준다고 봅니다. 키클로페스(외눈박이 거인부족)인 폴리페모스를 만났을 때 오디세우스는 자신의 이름을 묻는 질문에 스스로를 "아무도 아닌 자Udeis"라고 말함으로써 위기를 벗어납니다. 즉 스스로를 아무것도 아닌 것으로 만듦으로써 자신을 구하게 된 것이지요. 또한 세이렌을 만나서는 진정한 쾌락에 몸을 내맡기지 않음으로써 자신의 생명을 구하기도 합니다.

폴리페모스를 만났을 당시 오디세우스가 행한 답변과 이름의 부인은 결국 동일한 것이다. 그는 "아무도 아니다"라고 말하여 스스로를 부인함으로써 스스로에게 자신이 '아무것도 아님'을 고백하며, 자기 스스로를 아무것도 아닌 것으로 만듦으로써 자신을 구하는 것이다.[4]

이러한 자기부정은 계몽의 본질적 속성에 기인한 것입니다. 그리고 이것은 오래된 인류의 역사이기도 합니다. 키클로페스에게서 벗어나기 위하여 자아를 버려야 했던 오디세우스의 전략은 세이렌과의 만남에도 그대로 유지됩니다. 세이렌은 바다를 항해하는 이들을 노래로 홀리는 존재로 그 노래를 듣게 되면 누구든 바다로 뛰어들어 죽음을 맞이하게 됩니다. 이 유혹에서 빠져나오는 것은 불가능합니다. 오디세우스는 세이렌의 힘에 저항하려 하지 않습니다. 자신의 지혜와 자유를 과신해서 그대로 세이렌의 노래를 듣는 우를 범하지 않은 것입니다. 저항은 결국 실패하고 세이렌에게 굴복당할 것을 알기 때문입니다. 이러한 굴복은 그가 빠져나오고자 하는 신화적 세계에 다시 돌아가는 것을 의미합니다. 그렇다고 다른 길로 우회하여 세이렌을 피하지도 않았습니다.

오디세우스는 세이렌, 곧 자연 앞에서 자신이 노예상태에 있다는 계약을 준수합니다. 그러나 그는 그 계약의 작은 빈틈을 발견합니다. 돛대에 묶인 상태로 노래를 듣는 묘책을 고안한 것입니다. 그와 동시에 부하들은 귀를 밀랍으로 봉해 세이렌의 노래를 듣지 못한 채 오직 노를 젓는 데만 몰두하게 합니다. 이런 식으로 오디세우스는 자신의 목

---

4 『계몽의 변증법』, 104.

숨을 구하는 동시에 세이렌의 노래가 가진 힘을 인정한 셈입니다. 그리고 그러한 태고의 노래가 갖는 쾌락으로부터 자신의 목숨을 구함으로써 노래가 가진 죽음의 힘과 그 쾌락을 무력화합니다. 자연을 그대로 따름으로써 한편으로는 자연을 존중하지만 다른 한편으로는 자연을 기만하는 이러한 책략은 계약을 준수하면서 계약을 파기시키게 됩니다. 여기에는 아이러니가 있습니다. 오이디푸스가 스핑크스의 수수께끼를 풀어야 하는 명령을 준수함으로써 스핑크스가 최후를 맞게 했던 것과 마찬가지입니다. 호메로스는 오디세우스와의 만남 후에 세이렌이 어떻게 되었는지 말하지 않지만, 비극에서라면 세이렌은 스핑크스와 마찬가지로 최후를 맞이했을 것입니다.

키클로페스와 세이렌의 에피소드에서 공통적으로 보이는 오디세우스의 책략은 자신의 고유한 정체성을 부정하는 방식입니다. 자연의 거대한 위협으로부터 자신을 구하기 위해 스스로를 '아무도 아닌 자'로 부르고, 기꺼이 돛대에 묶여 자신이 자연 앞에서 무력하다는 것을 인정합니다. 자신의 무력을 인정하고 오직 세이렌의 법칙을 따름으로써, 역설적으로 자연을 지배하고자 하는 것입니다. 이는 프랜시스 베이컨 1561~1626이 자연에 복종함으로써 자연을 지배한다고 말한 맥락과 정확히 일치합니다. 자연을 지배하려면 인간은 자신의 고유성이 아닌 자연의 법칙에 따라 사고하고 행동해야 합니다. 이 과정에서 인간의 고유성은 사라지고 자연의 법칙을 자신의 사고와 일치시키는 '합리성'만이 남게 됩니다. 자기 보존을 위해 자신을 부정하는 것, 그것은 신화적 세계에서 빠져나온 저 오래된 과거의 시점부터 이미 시작된 것입니다.

또 하나 이 에피소드에는 흥미로운 점이 있습니다. 우리는 세이렌의 이야기에서 노동과 예술의 결별을 목격하게 됩니다. 오디세우스가 세이렌의 바다를 빠져나오기 위해서 배는 쉬지 않고 앞으로 나아가야 합니다. 그러나 오디세우스가 세이렌을 음악을 듣는 한 그리고 이를 위해 돛대에 묶여 있는 한, 배의 노를 스스로 저을 수 없습니다. 결국 오디세우스가 돛에 붙들려 세이렌의 노래를 들으면서도 죽음으로부터 자신을 구하기 위해서는, 그를 대신해 노를 저어줄 부하가 필요합니다. 귀를 밀랍으로 막아 세이렌의 노래소리도 듣지 못한 채로 묵묵하게 세이렌의 바다를 빠져나가는 부하선원들. 그들이야말로 오디세우스를 죽음에서 구한 이들이기도 합니다. 하지만 귀를 막은 이들은 어떤 음악도 향유할 권리를 박탈당한 채 오직 자신의 주인이 안전하게 빠져 나가도록 하기 위해 끊임없이 노를 젓습니다. 이것은 노동과 예술의 결별을 보여줍니다.

이러한 결별은 근대세계의 것이 아닙니다. 아도르노는 이미 인류 역사의 태동기부터 존재했던 이러한 결별을 고대의 서사시를 통해 읽어냅니다. 예술을 통한 쾌의 향유와 그것의 물질적 조건인 부를 생산하는 노동의 분리는 결국 우리의 문명이 시작된 출발점이기도 합니다. 선사시대를 떠나 역사시대에 이르러 문명은 이러한 분리로부터, 부와 예술의 독점적 지배로부터, 소외된 노동으로부터 가능했던 것입니다. 마르크스는 인류의 역사를 계급대립의 역사로 통찰했습니다. 예술과 노동의 분리 역시 계급대립을 반영합니다. 오직 타인의 필요를 위해 존재하는 삶, 즉 수단으로 전락한 삶 위에서 다른 일체의 유용성을 거부한 채 쾌만을 위해 존재하는 예술이 비로소 가능해진 것입니다. 아도르노의 전망은 어둡습니다. 예술이란 노동의 노고 이후에 찾아오는 달콤한 여가, 삶과 하나가 된 인간 본연의 활동이 아닙니다. 그것이 가능했던 세계는 역사 저편으로 사라져 버렸습니다.

계몽은 모든 것을 동일성의 원리로 환원합니다. 그리고 동일성의 잣대에 맞지 않는 것은 남김없이 제거됩니다. 오디세우스에게 죽음을 불사하는 외침을 가능하게 했던 예술마저 이제는 남아있지 않습니다. 가진 자를 위한 예술이 모두를 위한 즐거움으로 변하면서 이제 남은 것은 '문화산업'입니다. 문화와 산업의 이 기괴한 결합이 우리에게 자연스럽게 들리는 것 자체가 현대 사회의 심각한 상황을 보여줍니다. 문화산업은 곧 인간의 의식을 잠식하고 총체적 교환관계 속에 포획하기 위한 정교한 관리술입니다. 이 속에서 우리는 쾌락을 향유하면서 고유성을 부정하고 전체의 일부가 되는 것에 기뻐합니다.

하지만 개인이 자신의 고유성을 박탈당하는 것은, 대체가능한 존재가 된다는 뜻입니다. 이것이야말로 우리가 가장 두려워하는 것이 아니던가요. 고유성이 사라진 세계, 이러한 세계는 곧 죽음의 세계입니다. "아우슈비츠는 순수 동일성은 죽음이라는 철학명제가 진실임을 확증했다."[5]고 아도르노는 말합니다. 대량학살이란 동일성의 원리에 따른 '절대적 통합'[6]입니다. 이러한 세계에서 죽음은 개인적인 것도, 실존적인 것도 아닙니다. 관리되는 사회는 획일성을 벗어난 개인성을 허용하지 않습니다. 아우슈비츠에서의 죽음은 개인의 죽음이 아니며, '하나의 본보기'로서의 죽음이자 독일이라는 전체 사회에서 이질적인 요소를 정화하는 과정으로서의 제거입니다. 이 같은 목적론의 관점에서 비동일자를 말살하는 것은 합리성의 자연스러운 귀결입니다.

---

5 테오도르 W. 아도르노, 『부정변증법』, 홍승용 옮김, 한길사, 1999, 468. 이하 책제목과
   쪽수만 병기한다.
6 『부정변증법』, 468.

계몽의 철학은 이처럼 인간을 '사물'로서, 추상적 '체계'의 반복가능하고 대체가능한 요소들로서 간주합니다. 계몽의 철학은 전체주의적 체제를 완성하기 위해 쾌속으로 질주합니다. 인간은 교환가능한 상품이 됩니다. 이 원리 아래서 모든 학문들의 목표는 대상을 조작할 수 있는 것으로 파악하는 것이 됩니다. 이론과 실천의 합치는 유용성 아래에서 완전해집니다. "계산 가능성과 유용성의 척도에 들어맞지 않는 것은 계몽에게는 의심스러운 것"[7]입니다. 이 점에서 합리주의와 경험주의는 의견을 같이 합니다. 체계를 통해 대상을 총체적으로 이해하는 것, 전체에서 세부에 이르기까지 모든 것을 통일적으로 배열하고, 구분하여, 조작가능한 것으로 전유하는 일. 이 모든 것이 합리적 근대의 기획이며, 전체주의적 테러라고 부를 만한 것입니다. 그것의 궁극적 목표는 모든 것이 교환가능한 세상입니다.

동일성의 원리가 지배한다는 것은 모든 것이 교환가능한 것이 된다는 것입니다. 동일시의 원칙 없는 교환이라는 것은 불가능합니다. 질적 차이를 가지고 있는 사물들은 서로 교환의 대상이 되지 못합니다. 예를 들어 친구에게 받은 선물은 원래 가격이 붙어 있었던 것이라고 하더라도 우정이라는 의미가 부여됨에 따라 더이상 교환의 대상이 되지 않습니다. 이미 이전과는 질적으로 다른 어떤 것이 되었기 때문입니다. 외견상으로는 동일하게 생산된 다른 상품과 차이가 없을지라도 그것은 이제 단순한 '상품'이 아니라 '선물'이며, 결코 다른 상품과는 '동일'한 것이 아닙니다.

---

7 『계몽의 변증법』, 25.

시민 사회는 등가 원칙에 의해 지배된다. 시민 사회는 '동일하지 않은 것'을 '추상적인 크기'로 환산함으로써 비교가능한 것으로 만든다. 계몽에게 숫자로 환원될 수 없는 것, 나아가 결국에는 '하나'로 될 수 없는 것이 '가상Schein'으로 여겨진다. 그래서 근대의 실증주의는 이런 것들을 문학의 영역으로 추방해버린다. 단일성은 파르메니데스로부터 러셀에 이르기까지 기본 명제가 된다. 줄기차게 고수되고 있는 것은 신들과 질의 파괴이다.[8]

부정 변증법

『계몽의 변증법』이 역사적·정치경제학적 관점에서의 사회분석에 기초한 서서라면, 『부성변승법』은 아도르노의 철학적 인식론인 '부정 변증법'에 대한 저서입니다. 인간이 자기보호를 위해 태초에 자연을 지배하는 과정에서부터 인간 내면의 자연을 지배하게 되는 단계에 이르기까지 인간의 사유는 총체성과 동일성에 대한 가상으로 점철되어 있습니다. 아도르노는 이러한 동일성의 사유를 거부하면서, 결코 지양을 통한 '합'으로 포섭되지 않는 부정의 변증법을 요구합니다. 긍정이 사유의 정지이자 휴식이라면, 부정은 끊임없는 사유의 노동이라고 이

---

8 『계몽의 변증법』, 28.

해됩니다. 아도르노는 '비동일자die Nichtidentität'에 대한 사유를 그쳐서는 안 된다고 주장하는 것입니다. 그러므로 철학은 자기동일적 개념에 안주하지 않고, 끊임없이 부정/비판을 반복합니다. "사유는 어떤 특수한 내용에 앞서 자체로 이미 부정이며 자신에게 닥쳐온 것에 맞선 저항이다. 사유는 이런 특성을 자신의 원형인 노동과 노동재료의 관계로부터 물려받았다."[9] 아도르노는 이와 같이 세계와 마주한 사유의 노고를 이야기합니다.

또 아도르노는 "원칙적으로 철학은 언제나 오류를 범할 수 있으며, 단지 그로써만 무엇인가를 얻을 수 있다"[10]라고 말한 바 있습니다. 사유란 언제나 부정의 계기이지 결코 긍정의 계기가 아닙니다. 사유가 부정의 계기라는 말은 변증법이 사유 자신에게 이질적인 것을 사유 자체의 계기로 삼는다는 것을 의미합니다. 칸트가 이미 "내용 없는 사고는 공허하고, 개념 없는 직관은 맹목적이다."라는 말을 통해 보여주었듯, 내용으로 세계를 가지지 못한다면 우리의 사유는 공허할 수밖에 없습니다. 그러나 사유와 그 내용인 대상은 필연적으로 다를 수밖에 없기 때문에, 사유는 내재적 모순을 가질 수밖에 없습니다. 사유와 대상, 개념과 사물 사이의 모순이 그것입니다.

이러한 모순은 어찌 보면 당연한 것처럼 생각됩니다. 개념이란 원래부터 사물과 다를 수밖에 없기 때문입니다. 문학 평론가 테리 이글턴1943~현재은 아도르노에 관한 글에서 다음과 같이 이야기합니다. "어떤 개념이 그 대상과 같지 않은 것은 스패너의 용도가 스패너와 같지 않

---

9 『부정변증법』, 75.
10 『부정변증법』, 69.

은 것과 마찬가지이다. 시는 언어를 형상화하려고 애쓰지만, 아도르노가 알고 있듯이 그것은 완전히 자멸적인 것이다. 시는 사물과 같아지려고 노력하면 할수록 독자적인 사물이 되고, 그 사물은 다람쥐가 노예 거래와 닮은 데가 없듯이 대상과 닮은 데가 없기 때문이다. 우리에게 커피의 독특한 향을 포착할 수 있는 말이 없다는 것, 우리의 말이 실재의 풍취나 느낌과는 거리가 먼 시들고 빈혈상태라는 것은 안타까운 일일 것이다. 그러나 어떻게 콧구멍도 아닌 말이 어떤 것의 향기를 포착할 것이며, 그렇게 하지 못하는 것을 실패라고 할 수 있겠는가."[11] 너무나도 당연한 말입니다. 언어와 사물, 개념과 세계는 같지 않습니다. 바로 그렇기 때문에 사유 자체는 오히려 그 고유한 의미를 가집니다. 사유란 처음부터 이 차이에서 시작하는 것이기 때문입니다. 이글턴은 그러므로 다시 이렇게 이야기합니다. "그렇다고 해서 아도르노가 우리의 개념들이 부적절하고 사물화되어 우리의 감각적 실제로부터 유리된 것으로 믿는 오류를 범하고 있다는 얘기는 아니다. 사실 그가 가장 전통적인 이미의 미학지리는 것은 비로 사유를 육체로 복귀시키고, 육체의 느낌과 충만함의 어떤 것을 사유에 부여하려는 그의 관심 때문이다."[12]

변증법적 사유의 운동은 이 다름, 즉 대상과 개념의 모순에서 발생하는 것으로, 헤겔은 이러한 모순을 변증법적 운동의 본질적인 것으로 평가했습니다. 그러나 아도르노는 이러한 모순은 본질이 아니라고 말합니다. 오히려 개념으로 파악된 대상과 개념이 같다고 보는 관점 자

---

11 테리 이글턴, 『미학사상』, 방대원 옮김, 한신문화사, 1999, 387f
12 앞의 책, 388.

체가 일종의 허위라고 주장합니다. 개념은 그것이 파악하고자 애쓰는 대상과 동일해질 수 없습니다. 그렇다고 해서 개념이 그 대상에 대해 사유하는 것이 불가능한 것도 아닙니다. 개념이란 애시당초 대상과의 차이를 통해 존재하는 것이고, 이러한 차이 속에서도 대상을 사유하는 것입니다. 개념의 대상은 말 그대로 '비개념'입니다. 이런 점에서 개념의 내용은 개념에 내재적인 동시에 개념에 초월적입니다. 개념이 관념적인 내용을 담고 있다는 점에서 내재적이며, 개념 외부에 존재하는 개념 아닌 대상을 다룬다는 점에서 초월적입니다. 철학은 개념 안에서만 머물러서는 곤란합니다. 아도르노의 말대로 존재자를 다루더라도, 개념은 여전히 개념이기 때문입니다.[13]

그렇다면 개념 외부에 존재하는 대상, 그 중에서도 개념이 다루는 대상이란 도대체 어떤 것인가 하는 질문이 나오지 않을 수 없습니다. 아도르노는 헤겔이 관심을 두지 않았던 "비개념적인 것, 개별적인 것. 특수한 것"이야말로 개념이 진정으로 관심을 두는 대상이라고 말합니다.

역사적 위치에 비추어보면 철학은 헤겔이 전통에 따라 무관심을 표명한 것에, 즉 비개념적인 것, 개별적인 것, 특수한 것에 진정으로 관심을 둔다. 말하자면 플라톤 이래 덧없고 사소한 것이라고 배척당하고 헤겔이 '쓸모없는 실존faule Existenx'이라고 꼬리표 붙인 것에 관심을 두는 것이다. 철학의 테마는 철학에 의해, 우발적인 것으로서, 무시할 수 있

---

13 『부정변증법』, 66.

는 양으로 격하된 질들Qualitäten일 것이다. 개념으로는 도달하지 못하는 것, 개념의 추상 메커니즘을 통해 삭제되는 것, 아직 개념의 본보기가 되지는 않는 것, 그런 것이 개념에 대해서는 절박한 것으로 된다.[14]

개념들이 기만적인 자기만족에 취해 있는 한 그것은 추상적 영역 속에 머무를 뿐입니다. 세계를 사유하는 것은 결국 타자를 사유하는 것입니다. 추상화되고, 분류되며, 다시금 하나의 전체로서 총괄되어 제시되는 것이 개념이라면, 개념의 타자란 이러한 추상화에 의해 억압되고, 배척당하고, 제거당한 것들입니다. 이 타자는 결코 개념의 무대 위에 오르지 못합니다. 부정변증법은 이 무대 위에 오르지 못한 비동일적인 것을 향해 시선을 돌립니다. 이제까지의 철학적 사유, 자신의 순수성을 통해 세계를 온전히 인식한다고 생각했던 철학적 사유란, 저 비동일적인 것에 대한 억압이며 비동일적인 것을 자신의 개념 안에서 제거하는 것이었을 뿐입니다.

비동일자에 대한 익입이란 말의 신성한 의미는, 비동일성에 대한 사유의 실패입니다. 비동일자를 사유하기 위해서 철학은 구체적인 대상, 특수한 것, 시공간 속에 존재하는 대상을 다루어야 합니다. "철학적 사유는 시간과 공간을 삭제하고 난 뒤에 그 나머지를 내용으로 가질 수 있는 것도 아니고, 시공간적인 것에 대한 일반적 연구성과를 얻는 것"[15]도 아니기 때문입니다. 우리가 철학의 연구를 통해 얻어낸 '결론'이 일반적으로 적용가능한 '진리'가 되는 것도 아닙니다. 변증법이

14 『부정변증법』, 61.
15 『부정변증법』, 213.

운동일 수밖에 없는 이유는 개념과 대상이 완전히 일치하지 않기 때문입니다. 개념은 끊임없이 대상을 새롭게 사유하고, 자신의 개념 안에서 미처 포착하지 못한 것을 사유하는 것입니다. 그러니 이러한 개념의 운동은 이질적인 것에 대한 끊임없는 접근입니다.

전통철학은 자신과 유사하지 않은 대상을 자신과 유사하게 만드는 것을 인식이라고 생각했습니다. 그러나 아도르노는 이것이 단지 자신을 인식하는 것에 지나지 않는다고 말합니다. 철학의 과제가 "과학적 관습에 따라 논구하는 것도, 현상들을 최소한의 명제들로 축소시키는 것도 아니다."[16]라고 말하는 것도 마찬가지 맥락입니다. 즉 철학은 세계를 단순화시키거나 개념의 범주에서 벗어난 것을 제거함으로써 이해 가능한 것으로 축소하는 것이 아닙니다. 이런 경우 타자로서의 대상은 동일화하고자 하는 주체의 힘 아래에 종속되어 더이상 자기 자신으로 있지 못하게 됩니다. 이를테면 자기 동일성으로부터 철학의 제 1원칙을 정립하고자 한 피히테1762~1814의 철학이 아도르노에 의해 비판받을 수밖에 없는 이유도 여기 있습니다.

이제 새로워진 철학은 이념이란 "유사한 것을 자신과 유사하지 않은 것이라고 규정하는 가운데 유사한 것을 지각하는 것"[17]입니다. 수수께끼와도 같은 말입니다. 철학은 애초부터 자기동일성이 아니라, 자기 안의 이질적인 것 속에서 사유하는 것이기 때문입니다. 그러므로 "철학은 온전한 외화Entäußerung를 목표로 한다."[18]라고 아도르노는 말합니다.

16 『부정변증법』, 68.
17 『부정변증법』, 226.
18 『부정변증법』, 67.

아마 관념철학자들은 자신의 개념장치가, 헤겔의 경우를 포함해 그 의도와는 달리, 보잘것없이 유한하다는 점에 대한 괴로운 의심을 가라앉히고자 했고, 이 때문에 그들은 무한이라는 말을 그처럼 터무니없이 손쉽게 뱉어낼 수 있었을 것이다. 전통적 철학은 자신이 무한한 대상을 소유한다고 믿고, 그로 인해 철학으로서 유한해지고 완결된 모습으로 된다. 새로워진 철학은 그러한 주장을 청산해야 할 것이며, 더이상 자신이 무한한 것을 처분한다고 남이나 스스로가 믿도록 해서는 안 될 것이다.[19]

이런 관점에서 철학과 예술의 관계도 새롭게 조명됩니다. 아도르노는 개념이 대상을 완전히 파악할 수 없듯이, 철학이 예술을 완전히 인식하는 것은 불가능하다고 말합니다. 인식이란 한계를 가질 수밖에 없습니다. 그 한계는 인식 외부의 세계입니다. 철학/미학적 해석의 과제는 예술작품을 개념으로 환원시키는 것이 아닙니다. 환원이란 말 속에 들어있는 축소, 세서reduzieren/reduce라는 의미를 생각해보시기 바랍니다. 예술작품이란 개념과 결코 동일시될 수 없는 것입니다. 모든 철학적 해석 이후에도 여전히 예술은 자신의 것을 가지고 있습니다.

하지만 이러한 불가능성이 회의주의로 향해서도 곤란합니다. 작품을 진리의 차원에서 말한다고 하는 것은 바로 이러한 철학/개념의 동일시를 통해서이기 때문입니다. 예술작품의 진리에 대해 이야기한다는 것은 예술작품을 철학으로 모조리 옮겨놓는 것이 아니라, 그것을

---

19 『부정변증법』, 68.

진리의 차원에서 이야기하는 것입니다. 철학과 예술의 관계는 이러한 전제 속에서 이해되어야 합니다. 철학은 예술을 그대로 베끼는 것도 아니고, 개념을 통해 예술을 지배하려는 것도 아닙니다. 철학을 통해 온전히 동일시되는 예술은 결코 예술이 아닐 것이며, 스스로 예술작품이 되려는 철학은 스스로를 죽음에 이르게 할 것입니다.

예술과 철학의 공통점은 형식이나 형상화 방식에 있는 것이 아니라 사이비 형태를 금지하는 반응방식에 있다. 양자는 대립관계를 지니는 가운데 자체의 내용에 충실을 기한다. 즉 예술은 자체의 의미들에 대해 냉담한 입장을 취함으로써, 또 철학은 어느 직접적인 것에도 매달리지 않음으로써 그렇다. 철학적 개념은 개념 없는 예술에 활력을 불어넣는 동경을 ─ 이 동경의 충족은 예술의 직접성이라는 가상과 멀어질 텐데 ─ 버리지 않는다. 사유의 기관이자 사유와 사유되는 것 사이의 장벽과도 같은 개념은 그런 동경을 부정한다. 철학은 그런 부정을 피할 수도 없고 그것에 굴복할 수도 없다. 철학은 개념을 통해 개념을 넘어서려고 노력해야 한다.[20]

20 「부정변증법」, 70.

자율적 예술의 부정성

"예술에 관해 유일하게 자명한 것은 이제는 아무것도 자명한 것이 없다는 사실이다."[21]는 유명한 테제로 아도르노의 『미학이론』은 시작합니다. 도대체 무엇이 자명하지 않다는 걸까요? 아도르노는 이어서 말합니다. "예술 자체에서도, 사회 전체와 예술의 관계에 대해서도, 그리고 예술의 존재 근거에 대해서도." 그의 사후에 출간된 난해하기 이를 데 없는 저서인 『미학이론』은 바로 이 예술의 존재 근거와 예술과 사회의 관계를 모색하기 위한 시도입니다.

이 새로운 관계는 아도르노가 시종일관 비판한 동일성 사유에서 실마리를 찾을 수 있습니다. 바로 동일성 사유에서 벗어나기 위해 우리에게 요구되는 것이 예술이기 때문입니다. 이런 관점에서 아도르노는 "미학은 응용철학이 아니라, 철학 그 자체이다."[22]라고 말합니다. 그렇다면 이제시 동일성 사유를 벗어나기 위해서 예술이 요청되는 것일까요?

철학의 사유가 결코 벗어날 수 없는 자기근거에 그 이유가 있습니다. 철학이란 개념을 사용하는 것이므로, 동일성에 대한 비판마저도 동일화되어 버릴 위험에 놓일 수밖에 없기 때문입니다. 비동일적 사유에 대한 강조는 곧 사유와 현실이 가지는 거리의 중요성과도 밀접하게 연결됩니다. 즉 사유란 "자신이 발설한 것과 존재하는 것은 꼭 같지

---

21 『부정변증법』, 11쪽.
22 『부정변증법』, 150쪽.

않다는 바로 그 이유로 존재하는 것"이기 때문입니다. 사유는 결코 현실/물질과 동일화되어서는 곤란합니다. 그렇다면 현실과의 비판적 거리가 불가능하기 때문입니다. 이 점에서 아도르노는 정확히 헤겔의 대척점에 위치합니다. 개념을 통해 사물을 객관화한다는 것은 곧 그 객관적 규정으로 인해 사물을 억압한다는 사실을 아도르노는 놓치지 않았습니다. 헤겔이 개념의 전개를 통해 이러한 비동일자를 끝까지 개념 속에 포섭하고자 했다면, 아도르노는 그러한 비동일자를 통해 끊임없이 개념을 허물고자 했습니다.

그는 『미학이론』의 한 대목에서 논증적 인식의 한계를 언급하면서, '고통'의 문제에 대해 말합니다. 이 대목은 논증적 인식과 예술적 체험의 차이를 서술한다는 측면에서뿐만 아니라, 예술의 존재 이유 자체에 대한 서술로도 읽힐 수 있다는 점에서 의미심장한 대목입니다. 예술이란, 그것이 세계에 대한 새로운 인식과 체험이라면, 관조적 쾌가 아니라 고통의 인식이자 고통의 체험일 수밖에 없다는 점은 "아우슈비츠 이후에 서정시를 쓰는 것은 야만이다."라고 했던 말의 의미를 더욱 직관적으로 와 닿게 합니다.

> 논증적 인식도 현실에 도달한다. 즉 논증적 인식도 현실의 운동법칙으로부터 생겨난 제반 비합리성에 도달한다. 그러나 현실의 어떤 것은 합리적 인식과 조화를 이루지 못한다. 합리적 인식은 고통과 거리가 멀다. 그것은 고통을 총괄하여 규정하고 그것을 완화하는 수단을 만들어낼 수도 있다. 그러나 고통을 체험으로써 나타낼 수는 없다. 고통을 체험으로써 나타낸다는 것은 합리적 인식에 비추어볼 때 비합리적인 일일 것이다. 고통이 개념화된다면 그것은 아무런 말도 할 수 없을 터

이며 일관성도 없을 것이다. 이 점은 히틀러 이후의 독일에서도 볼 수 있다. 이해조차 할 수 없는 공포의 시대에 이르면 브레히트가 구호로 선정한, '진리는 구체적이다'라는 헤겔의 명제는 예술을 통해서만 충족될 수 있다.[23]

아도르노는 이러한 현대사회의 위기 속에서 자율적 예술의 중요성을 강조합니다. 이때 자율적 예술은 고전기와 낭만주의 시기, 즉 근대시기의 예술과 같은 미적 향유의 대상으로서의 미를 지향하지 않습니다. 단순한 향유로서, 즉 무사심적 관조disinterested contemplation를 통해 수용자에게 쾌를 제공하는 예술, 즉 '아름다운 가상'으로서의 예술은 더이상 현실의 고통을 드러내주지 못하는 거짓 예술이요, 기만일 수밖에 없기 때문입니다.

따라서 이제 예술은 아름다운 가상이기를 포기합니다. 회화는 재현을, 음악은 조성을, 시와 연극은 의미를 포기했습니다. 예술은 오히려 사회의 비극적이고 고통스런 현실을 그대로 드러내는 역할을 해야 했습니다. 그러나 이러한 현실 비판적 기능은 예술의 내용에 의해 성취되는 것이 아니라 그 형식에 의해 이루어지는 것입니다. 즉 아도르노가 말하는 예술은 소비에트의 선전선동예술과 같이 적극적으로 현실에 대해 발언하는 예술은 아닙니다. 또한 장 폴 사르트르1905~1980가 주장한 것과 같은 정치적 리얼리즘을 통한 참여로 해결되는 것도 아니었습니다. 아도르노는 "예술의 내재적 운동이 사회적인 것이지 예술의

---

23 『미학이론』, 39.

명시적 입장이 사회적인 것은 아니다."라고 주장합니다.

오히려 아도르노는 예술이 사회로부터 철저히 유리되어 있어야 한다고 말합니다. 기존의 사회에서 어떤 기능도 담당하지 못함으로써, 예술은 사회에 대한 사회적 안티테제로서 존재해야 한다고 주장합니다. 즉 사회에 대해 철저히 타자로 머무는 것만이 사회의 동일화 원리에 저항하는 유일한 방법이 된다는 것이지요. 파국을 향해 달려가고 있는 현대문명에 대해 예술은 그 형식이 담고 있는 진리내용을 통해 저항하고 대결하는 것입니다.

이런 관점에서 아도르노는 샤를 피에르 보들레르1821~1867의 시, 프란츠 카프카1883~1924의 소설, 사뮈엘 베케트의 부조리극 등의 작품들이 물화된 현실을 아름답게 포장하지 않고, 파편화된 현실, 부조리한 현실을 미메시스(모방)을 통해 제시하는 예술이라고 주장합니다. 이러한 예술들이야말로 현실과 성급히 화해하지 않으면서 비판적 거리를 유지합니다. 그렇게 부정적 현실을 부정하는 예술, 이러한 예술이 '부정성의 부정'을 보여주는 진정한 현대 예술입니다.

아도르노는 아르놀트 쇤베르크1874~1951의 12음 기법을 통해 예술로 사회의 부정성을 인식하는 것이 가능하다고 보았습니다. 그는 쇤베르크의 무조음악과 이고르 스트라빈스키188~1971의 원시주의 음악을 대비시키면서, 전자의 음악을 시대의 고통을 증언하는 음악으로, 후자의 음악을 퇴행적인 음악으로 비판합니다. 한때 전위적인 작품으로 수많은 논란을 일으킨 스트라빈스키는 1920년대 이후 신고전주의로 회귀합니다. 신고전주의는 1차 세계대전 후의 폐허 속에서 파괴된 문명을 복구하고 재건하고자 했습니다. 하지만 신고전주의로의 회귀는 위대한 과거를 향수하고 이상화하는 것일 뿐입니다. 스트라빈스키의 작품은 거짓된 가상을 보여줄 뿐 아니라, 현대 사회의 권위주의적 성격을 음악적으로 형상화합니다. 조성을 복원하고 해체된 형식을 다시 세우면서 이를 현실적이고 당대적인 음악인 양 제시하는 예술은 '퇴행'에 지나지 않습니다. 예술은 폐허를 직시하고 그것을 증언해야 하고 그러기 위해서 새로운 음악을 만들어내야 합니다. 그것이 진정한 의미의 '새로운 음악'일 것입니다.

문제는 이러한 퇴행적인 성격이 신고전주의 형식을 보이기 이전에, 그러니까 급진적이라고 여겨졌던 스트라빈스키의 「봄의 제전」(1913) 과 같은 작품에도 마찬가지로 드러난다는 점입니다. 아도르노는 스트라빈스키의 음악이 문화산업의 상품음악과도 다르지 않다고 봅니다. 주체의 소멸, 전체주의적 동일성에로의 복종이 그 이유입니다. 그의 음악에 드러난 원시적 성격 속에서, 주체는 광기에 휩싸인 채 "집단적인 것과의 동일화"를 통해 스스로의 주체성을 버리고 자신을 제거한다고 말하고 있습니다. 아도르노는 「봄의 제전」의 희생 속에는 개인과 사회 사이에 존재하는 어떤 종류의 미적인 대립과 긴장이 존재하지 않으며, 제물로 바쳐진 여성의 춤은 부족과 전혀 "대립하지 않는, 직접적인 동일화"를 추구한다고 비판합니다. "고통에 대한 무의식적이며 우연한 조건 반사 이외에는 아무것도 아니고 개체로서의 그녀로부터 비춰지는 것이 없다. 그녀의 솔로 춤은, 다른 모든 것들과 마찬가지로, 내부 조직에 맞춰 추는 집단의 춤이자 윤무이다."[24]라고 아도르노는 말합니다. 결국 「봄의 제전」 속에 개인은 동일화의 원리 속에서 사라지는 개

---

24 아도르노, 『신음악의 철학』, 문병호 · 김방현 옮김, 세창출판사, 2012, 221. 이하 책제목과 쪽수만 병기한다.

인입니다. 스트라빈스키는 이것을 원시적 제전의 광기와 흥분 속에서 표현하는 것입니다. "관객은 스스로 잠재적 제물이 되면서 주술적 퇴행에서 집단적 힘에 참여한다는 공상에 빠진다. 학대 음란증적 — 피학대 음란증적인 특징은 스트라빈스키의 모든 창작 단계에 걸쳐 동반된다."[25] 마치 나치 전당대회라도 비판하는 것처럼 아도르노의 목소리는 날카롭습니다.

반면 쇤베르크의 음악에서의 12음 기법은 가상을 표현하지 않습니다. 유토피아의 이상을 은폐하면서 제시할 뿐입니다. 낡은 협화음과는 다르게 쇤베르크의 '새로운 음향'들은 자체 내에 완전한 통일성을 가지면서도, 개별적 음들로 모두 구분됩니다. 이러한 형식적 특징 속에서 쇤베르크의 음악은 기존의 협화음과 단순히 대결하는 것이 아니라, 자신 속에서 일종의 긴장, '불협화음'을 가지고 있습니다. 이러한 불협화음들은 긴장, 모순, 고통의 표현입니다. 불협화음은 고통을 자신의 음들 속에 붙잡아 둠으로써 고통을 표현하는 데 그치지 않습니다. 불협화음 속에는 자신의 모습을 표면으로 드러낼 수 없는 숨겨진 것으로서의 협화음들이 내재되어 있기 때문입니다. 아도르노는 "새로운 음향들이 갖고 있는 부정성은 유토피아에 대한 충실한 믿음을 간직하고 있다. 그 부정성은 침묵하고 있는 협화음을 그 내부에서 포괄하고 있다."[26]라고 말합니다.

낡은 예술이란 시대의 변화로 인해 규정되는 것이 아닙니다. 화해 불가능한 모순을 화해 가능한 것으로 인식하는 예술, 모순의 현실을

---

25 『신음악의 철학』, 222.
26 『신음악의 철학』, 131.

거부하고 모순에 대한 사유 자체를 거부하면서 단지 직관으로만 남은 예술, 그러한 예술들이 낡은 예술입니다. 새로운 예술은 이러한 상황에서 비로소 등장합니다. 예술이 스스로의 안에서 더이상 거짓된 화해를 가장하지 못할 때, 새로운 예술은 "고유한 모순들이 더이상 화해될 수 없을 정도로 깊게 모순들을 포착"하는 활동을 통해 예술과 사유의 관계를 다시금 회복합니다. 새로운 예술은 모순을 있는 그대로 존재하게 합니다. 스스로의 내면 속에서 세계의 모순들을 화해시켰던 "재판관"의 자리에서 물러나, "현실에 의해서만 화해될 수 있는 소송의 상태"[27]로 되돌아갑니다.

예술은 단순히 현실의 모방도 아니고, 당대사회에 대해 비판하는 특정한 당파의 대변자도 아닙니다. 예술작품은 고통을 표현하는 것이며, 비인간적인 것을 현실보다 더 극명하게 표현함으로써 인간적인 것을 구제하고자 합니다. 예술은 세계가 인간적인 것을 파괴하기 위해 부과하는 수수께끼로부터 인간적인 것을 구출하기 위한 시도입니다. 그러므로 아도르노는 "세계는 스핑크스이고, 예술가는 눈이 먼 오이디푸스이며, 예술작품들은 스핑크스를 나락으로 밀어버린 오이디푸스가 내놓은 현명한 답과 같은 것이다"[28]라고 말합니다.

신음악은 세계가 저지르는 죄의 모든 어두움을 자신의 내부에서 받아들이고 있다. 신음악은 불행을 인식하는 것에서 자신의 모든 행복을 얻는다. 신음악이 갖는 모든 아름다움은 아름다운 것의 가상을 거부하는

---

27 『신음악의 철학』, 180.
28 『신음악의 철학』, 189.

사뮈엘 베케트

*Samuel Barclay
Beckett
1906~1989*

아일랜드의 극작가, 소설가, 연출가, 시인, 번역가.

현대연극의 흐름을 바꾼 인물입니다. 영어와 프랑스어로 작업했으며, 1969년 노벨 문학상을 수상했습니다. 특히 1953년 초연된 「고도를 기다리며」는 20세기 연극을 이전과는 완전히 다른 것으로 바꾸어 놓았습니다. 오지 않는 구원을 기다리는 두 부랑자의 코미디는 단지 우스꽝스러운 것으로 끝나지 않고, 철학적 사유를 요구합니다. 오늘날 이 작품은 공연무대뿐 아니라 학교나 교도소와 같은 장소에서도 공연됩니다.

베게트는 아일랜드의 수도 더블린 남쪽의 폭스로크(Foxrock)에서 측량사인 아버지와 간호사였던 어머니 사이에서 태어났습니다. 대부분이 가톨릭교도인 아일랜드에서 그는 개신교로 자라났습니다. 더블린의 트리니티 칼리지에서 프랑스어와 이태리어를 전공했고, 1931년 석사학위를 획득한 후 교환프로그램으로 파리에서 2년 동안 영어를 강의했습니다. 여기서 제임스 조이스를 만났으며, 그에게 책을 읽어주고 대필을 해주기도 하는, 친구이자 보좌관 같은 관계를 맺었습니다. 그의 첫 작품은 조이스에 대한 에세이였습니다. 1937년 파리로 영구 이주했으며, 2차대전 중 레지스탕스로 활동했습니다.

전쟁 이후 소설 「와트」를 마지막으로, 영어가 아닌 프랑스어로 집필을 하기 시작했습니다. 그의 주요작품들 대부분은 프랑스어로 먼저 쓰여진 것들입니다. 파리에서는 조이스, 뒤샹, 자코메티 등의 예술가들과 친교를 맺었으며, 50여 년간 파리 몽파르나스의 노동계급 지역에 거주했습니다.

그는 6편의 소설, 4편의 장편 희곡을 비롯한 수십 편의 단편소설 및 에세이를 썼습니다. 주요 작품으로는 「고도를 기다리며」, 「승부의 종말」, 소설 3부작인 「몰로이」와 「말론 죽다」, 그리고 「이름 붙일 수 없는 자」가 있습니다.

것으로부터 획득된다. …… 신음악은 조난당했을 때 병에 편지를 넣어 바다에 띄워 보내는 절박하고도 진실한 구조 요청과 같은 것이다.[29]

구원 없는 세계에서 글쓰기

세계의 고통을 자신 속에 온전하게 담는 것이 예술이라는 맥락에서 베케트의 작품이 가지는 의미도 이해할 수 있습니다. 사뮈엘 베케트1906~1989는 아일랜드에서 태어났습니다. 『고도를 기다리며En attendant Godot』(1952)를 통해 세계적 작가의 반열에 오른 그는 『막판 Fin de partie』(1957)이나 그 이전까지의 소설 형식을 파괴한 소설 『몰로이Molloy』(1951), 『말론 죽다Malone meurt』(1951), 『이름 붙일 수 없는 것 L'innommable』(1953)들의 작품을 통해 그 어떤 작가와도 다른 자신만의 세계를 구축해냈습니다. 1969년 베케트에게 노벨상을 시상한 스웨덴 학술원은 "새로운 형식의 소설과 희곡으로, 현대인의 궁핍 속에서 그 뛰어남을 획득한다."고 그의 작품을 평가했습니다. 아쉽게도 은둔의 삶에 익숙했던 베케트는 시상식장에 등장하지는 않았지만 말입니다.

같은 아일랜드의 작가인 제임스 조이스1882~1941와 비교해볼 때 베케트 문학의 특징은 더욱 두드러집니다. 베케트는 조이스의 비서로 잠깐

29 『신음악의 철학』, 189f.

일하기도 했습니다. 수많은 상징과 비유로 가득한 조이스의 소설과 다르게 베케트의 희곡과 소설은 금욕적입니다. 언어의 힘을 믿은 조이스와 달리 베케트는 언어의 허약함을 날카롭게 인식한 작가입니다. 조이스의 『율리시즈』가 더블린이라는 공간적 배경 속에서 하루 동안 일어난 사건을 끊임없는 상징과 비유로, 마치 고대의 암호문처럼 해독해야 하는 문장으로 표현했다면, 베케트의 『승부의 종말』이나 『고도를 기다리며』에서 보이는 문학적 세계는 지극히 무색무취합니다. 무한의 시간이 하루 속에 담겨있는 조이스와는 정반대로 베케트의 작품들에는 의미 없는 하루가 무한히 반복되는 것 같은 시간이 있습니다. 이러한 시간에서 반복되는 사건은 아무런 변화도 일으키지 못하는 무의미한 사건의 나열일 뿐입니다.

사건들이 그 자체에서 의미를 찾을 수 없는 것이 되면 될수록, 현상하는 것과 의도되는 것은 더이상 통일적으로 나타나지 않습니다. 미적 형상의 이념에서 작품을 통해 표현되는 것은 작가가 말하고자 하는 것과 동일한 것이었습니다. '지성과 상상력의 조화'라는 칸트의 전통적 미적 이론이 이러한 미적 이념에 정당성을 제공합니다. 베케트는 이두 가지 계기들을 동일성의 원칙에서가 아니라 괴리된 것으로 이어 붙입니다. 형상(상상력)과 미적 의도(지성)는 같은 것이 아닙니다. 그러므로 형상의 직접적 해석을 통해 작품의 의미를 이해하는 것은 불가능해집니다. 드라마가 스스로의 의미를 표현하는 데 집착할수록, 그 드라마는 그저 세계관을 드러내는 기계장치로 전락하게 됩니다. 경향문학이라고 불리는 작품들이 그 극단적 예가 될 것입니다. 베케트의 작품은 어떤 정치적 주장이나 이념을 직접적으로 전달하지 않습니다. 현실적인 배경은 삭제되고, 공간은 무채색에다 불명확합니다. 전통적인 기승전결의 플롯도, 특별한 사건도 없습니다. 등장인물들이 사용하는 어휘도 단순하며, 장면들은 끊임없이 같은 상황을 반복합니다. 그의 작품은 차라리 침묵에 가깝습니다. 베케트의 작품은 인간 존재의 근원을 담고 있지만, 문제는 그 근원의 모습이 초라하기 짝이 없으며 표현할 거리가 없다는 데 있습니다. 그는 이것을 다음과 같은 말을 통해 드러낸 바 있습니다.

> 표현할 것이 없으며, 표현의 도구도 없고, 표현의 근원도 없으며, 표현할 힘도, 욕망도 없으나, 표현의 의무만 있는 것.[30]

작가가 마주한 세계는 이제 불안한 곳이며, 그 어떤 확실성도 존재하지 않습니다. 이곳에서 인간은 그저 아무것도 아닌 존재에 지나지 않습니다. 이처럼 곤란한 상황 속에서 작가는 그 어떤 표현의 가치도, 도구도, 욕망도 찾지 못한 절망의 상황 속에서 절망 자체에 침잠하게 됩니다. 알베르 카뮈1913~1960는 이것을 부조리로 표현합니다. 그는 부조리를 구원이 존재하지 않는 세계에서 인간이 처한 상황이라고 말한 바 있습니다. 부당한 이유를 가지고라도 설명할 수 있는 세계는 친근한 세계입니다. 인간은 환상과 이성을 빼앗긴 채 어둠 속에 내버려진 망명자와 같습니다. 『이방인』을 통해 카뮈는 이러한 세계, 추억도 없고 희망도 없으며 구원도 없는 세계, 삶과 인간이 단절되어 있고 배우와 무대가 단절된 세계에서 느끼는 감정이 부조리의 감정이라고 말했습

---

30 김소임, 『베케트 읽기』, 세창미디어, 2014, 67.

니다. 베케트의 작품 속에서 등장하는 장광설과 헛웃음밖에 나지 않는 유머는 이렇듯 구원이 사라진 세계의 부재와 상실 속에서 유일하게 가능한 말일지도 모릅니다.

아도르노는 『미학이론』을 베케트에게 헌정하고자 했습니다. 비록 그가 이 책에서 언급하는 베케트의 이름은 몇 번 되지 않지만, 이 책 전체는 베케트의 문학을 통한 아도르노의 예술론이라고 해도 과하지는 않을 것입니다. 아도르노는 베케트가 시대의 부정성을 부정적으로 표현했다고 말했습니다. 이 부정성은 기존의 예술이 보여주던 거짓된 화해와는 구분되는 것입니다. 이것이 아도르노에게는 새로운 예술이었을 것입니다. 아도르노는 예술의 새로움을 다음과 같이 말합니다.

암호문으로서의 새로움은 몰락의 형상이다. 그것의 절대적인 부정성을 통해 예술은 말로 표현할 수 없는 것, 즉 유토피아를 말하게 된다. 새로운 예술에 등장하는 혐오스럽고 지긋지긋한 징후들은 모두 그러한 형상의 주위에 모이게 된다. 새로운 예술은 화해의 가상을 단호히 거부함으로써 화해되지 않은 것 가운데 화해를 견지한다. 이는 유토피아의 현실적 가능성, 즉 생산력의 수준에 비추어 볼 때 지구가 지금 이자리에서 직접 낙원으로 될 수 있는 가능성이 다른 극단에서는 총체적인 파국의 가능성과 결합하고 있는 이 시대의 올바른 의식이다. 그러한 예술의 현상은 모사상이 아니라 세계의 잠재력에 대한 암호이다.[31]

31 『미학이론』, 62.

승부의 종말

아도르노는 베케트의 『승부의 종말』에 대한 에세이에서, 이 작품을 이해한다는 것은 그것이 이해 불가능하다는 사실을 받아들이는 것이라고 말했습니다. 따라서 우리는 이 작품 안에서 그것이 어떠한 의미연관도 갖지 않는다는 사실 자체에 관한 의미를 재구성해야 한다고 말합니다.[32] 의미연관을 가지지 않는다는 것은 곧 작품 속에서 확인 가능한 단어들이 직접적으로 무언가를 지시하거나 내포하고 있지 않다는 뜻입니다. 그렇다면 있는 것은 무엇일까요? 그것은 '없음' 자체입니다. 작품 안에서 직접적으로 드러난 의미가 없다는 것. 그것은 작품 안에 상실된 것을 통해 말하는 법이자, 직접 언급하지 않으면서 말하는 법입니다. 『승부의 종말』에서 햄과 클로브는 다음과 같은 대사를 주고받습니다.

> **햄** : 재미없군. (사이.) 하지만 하루가 끝날 땐 항상 이렇잖아. 그렇지?
> **클로브** : 네, 항상.
> **햄** : 다른 날하고 똑같은 하루의 끝이야. 그렇지?
> **클로브** : 네, 아마.[33]

---

32 Theodor. W. Adorno, "Versuch, das Endspiel zu verstehen" *Noten zur Literatur* Ⅱ. Frankfurt am Main: Suhrkamp Verlag, 1961, 243.
33 사뮈엘 베케트, 『승부의 종말』, 오세곤 옮김, 연극과 인간, 2020, 33. 이하 책제목과 쪽수만 병기한다.

『승부의 종말』에서 시간은 상실됩니다. 시간이란 미래입니다. 미래란 희망입니다. 시간이 상실되어 있음은 더이상의 미래도 희망도 없다는 의미입니다. 상실된 것은 미래뿐만이 아닙니다. 햄과 클로브의 대화 속에는 과거도 존재하지 않습니다. 과거를 기억한다는 것은 역사를 기억한다는 것과 마찬가지입니다. 그리고 그것은 미래를 향한 든든한 토대가 됩니다. 과거와 현재를 잇는 시간적 연속성과 미래에 대한 희망이 결합할 때 역사적 존재는 근대가 그토록 바라마지 않았던 진보의 이념에 대한 확신으로 가득 차게 됩니다. 반복되는 시간은 이러한 연속성을 파괴합니다. 이러한 시간인식은『고도를 기다리며』에서도 마찬가지입니다.

> 에스트라공 : 토요일이라니 어느 토요일 말이야? 오늘이 토요일이던가? 아니면 혹시 일요일일지도 모르지? 아니면 월요일이거나 금요일일지도 모르고.
> 블라디미르 : (마치 날짜가 풍경 속에 적혀 있기라도 한 듯 주변을 정신없이 둘러보며) 그럴 리가 없다.
> 에스트라공 : 그럼 목요일인가?[34]

에스트라공과 블라디미르는 오늘이 무슨 요일인지도 모릅니다. 그들에게는 달력도 없고 요일을 알려줄 사람도 좀처럼 나타나지 않습니다. 그 속에서 그들은 매일의 반복된 삶을 살 뿐입니다. 이 반복이 바

---

34 사뮈엘 베케트,『고도를 기다리며』, 오증자 옮김, 민음사, 2013. 20. 이하 책제목과 쪽수만 병기한다.

로 희망의 부재입니다. 아도르노는 이 철저한 부재 속에서 현대 사회
가 부정적인 방식으로 제시된다고 보았습니다. 베케트의 작품은 현실
을 가상으로 포장하고 이상화하지 않습니다. 휴머니즘이라는 윤리적
관점에서 막연한 희망을 제시하지도 않습니다.

> 햄 : 자연은 우릴 버렸어
>
> 클로브 : 자연은 없어요
>
> 햄 : 자연은 없다! 그건 과장이야.
>
> 클로브 : 이 근처엔요.[35]

> 햄 : 하지만 숨을 쉬고, 변화도 하잖아. 머리도 빠지고, 이빨도, 활력
> 도, 이상도 사라지고[36]
>
> ……
>
> 햄 :   씨 뿌린 거 싹 났나?
>
> 클로브 : 이니오.
>
> 햄 : 싹이 텄는지 땅을 좀 파보지 그랬어?
>
> 클로브 : 싹 안 텄어요.
>
> 햄 : 아직 이른가 보군.
>
> 클로브 : 싹이 틀 거라면 벌써 텄겠죠. 싹은 절대 안 틀 거라고요.[37]

---

35 『승부의 종말』, 33.
36 『승부의 종말』, 28f.
37 『승부의 종말』, 32

자연이 없다는 말에 저항하면서 햄은 변화를 통해 자연의 존재를 옹호하고자 합니다. 그러나 그가 말할 수 있는 것이라고는 이도 빠지고 활력이나 이상도 사라지는 죽음의 과정일 뿐입니다. 적극적으로 생명의 활력을 찾는 것은 그의 공간에서는 불가능합니다. 싹은 절대 트지 않을 거라고 말하는 클로브는 죽음의 고지자와 같습니다. 이처럼 시간의 상실은 자연의 상실과 이어집니다. 사실 시간의 파괴를 만든 것이 바로 인간의 자연 파괴라고 할 수 있습니다. 계몽의 이념 아래에서 모든 것은 계산 가능한 것으로 환원됩니다. 이 말은 이 세계 속에 인간이 만든 것을 제외한 모든 것을 소멸시킨다는 뜻입니다. 그렇게 파괴된 것의 총체가 바로 자연입니다. 세계는 사물화되었고, 자연은 절멸되었습니다.

이제 더이상 자연은 존재하지 않습니다. 자연의 파괴를 파괴가 아닌 진보, 야만이 아닌 문명으로 인식하는 것이 오늘날의 세계인식입니다. 이 세계에 존재하는 것은 인간이 만들어낸 폐허에 지나지 않습니다. 클로브가 밖을 보면서 확인하는 것도 바로 이 모든 것의 죽음입니다.

햄 : 움직이는 게 없다. 모두 다……

클로브 : 없……

햄 : (격렬하게) 너한테 한 말이 아냐. (보통 목소리로) 모두 다…… 다…… 다 어떤데? (격렬하게) 다 어떤데?

클로브 : 다 어떠냐고요? 한 마디로? 그게 알고 싶어요? 잠깐만요. (망원경을 밖으로 향해 살핀 뒤 망원경을 내리고 햄 쪽으로 돈다.) 죽었어요. (사이.) 어때요? 만족해요?

햄 : 바다도 봐.

클로브 : 마찬가지예요.

햄 : 보래도. 대양을![38]

『승부의 종말』에서 햄과 클로브가 목격하는 것은 자연도 없고 시간도 존재하지 않는 세계입니다. 마치 감옥과도 같은 공간 속에 갇힌 채로 살아가는 그들에게는 장소라 부를 만한 것이 존재하지 않습니다. 베케트의 희곡에서 공간이라는 것은 단지 등장인물들이 발을 딛고 서 있는 공간으로서의 의미를 가질 뿐 다른 공간으로 열려 있지 않는 폐쇄적인 공간입니다. 관계, 연결, 확장, 열림, 소통은 단절됩니다. 시간도 마찬가지입니다. 현재의 시간이라는 것은 과거의 시간과 미래의 시간 사이에 있는 시간으로서 의미가 있을 뿐입니다. 그 속에서만 시간은 역사가 될 수 있습니다. 다른 공간과 다른 시간으로 이어지지 못하는 현재성과 장소성이란 무시간성이요, 무장소성에 지나지 않습니다.

『고도를 기다리며』에서 에스트라공과 블라디미르가 서 있는 길, 『승부의 종말』에서 햄과 클로브가 있는 집안이 바로 그러한 곳입니다. 아무데도 아닌 곳, 아무데도 갈 수 없는 곳. 그곳에서는 결국 나도 아무것도 아닌 자 이상은 아닙니다.

베케트 작품의 인물들은 나는, 지금, 여기, 존재한다는 것 이상을 말할 수 없습니다. 타자와의 관계가 상실되어 있다는 것은 세계와의 관계가 더이상 가능하지 않다는 것입니다. 피히테라면 아마 이 독자적인 상태야말로 모든 것을 자명하게 하는 자기의식이라고 말할 것입니

---

38 『승부의 종말』, 59f.

다. 실존주의자들은 이 순수한 자기 정립 위에서 구체적인 자신을 발견하고자 할 것입니다. 하지만 아도르노에게는 허무맹랑한 이야기입니다. 베케트의 작품은 이러한 '실존'의 어리석음을 폭로하는 것이기도 합니다. 그의 작품 속의 등장인물들에게 자기의식이라는 것은 모호하기 짝이 없는 텅 빈 것이기 때문입니다. 이러한 실존이란 자기동일성에 지나지 않습니다. '나는 나일 뿐 누구도 아니다'라고 말하는 실존주의적 존재론이란 결국 이 추상적인 동어반복 속에서 한 걸음도 나아갈 수 없습니다. 개성을 가진 고유한 인간이자 합리성 이상을 가진 주체적 개인이라는 근대적 이상이 망상이자 환상이었음이 이처럼 베케트의 작품 속 인물들을 통해 폭로됩니다.

상실된 리얼리티

  예술은 더이상 현실에 대한 모방이어서는 곤란합니다. 카뮈는 신도 도덕도 더이상의 어떤 신념도 가지지 못한 채 부조리한 세상에 내던져진 현대인을 '무대배경을 잃어버린 배우'라고 표현했습니다. 이 현대인을 가장 잘 보여주는 것이 베케트일 것입니다. 그러나 이것은 재현의 관점에서가 아닙니다. 리얼리티를 상실한 현대인, 어둠과 침묵 속에 놓인 현대인의 모습은 베케트의 작품에서 형식을 통해 추상화되어 나타납니다. 그러므로 작품 속에서 상실된 리얼리티는 작품의 내재성으로 드러납니다.

『고도를 기다리며』에서도 관객이 만나는 것은 바로 이 상실된 리얼리티입니다. 디디(블라디미르)와 고고(에스트라공)의 대사는 결코 현실의 리얼리티를 직접적으로 반영하는 것이 아닙니다. 현실의 부조리는 작품에 직접적 형상으로 반영되는 것이 아니라, 작품 형식의 부조리로 드러납니다.

> 베케트의 경우 주체는 유치하고 처참한 광대의 일그러진 모습으로 분해되는데, 이러한 모습이야말로 주체에 대한 역사적 진리이다. 실제로 사회주의적 리얼리즘은 유치하다.[39]

사회가 더 총체적이고 일관성 있는 체제로 수렴할수록 『고도를 기다리며』에서 형상화되는 무기력한 주체는 사회에 대해 더더욱 타자화될 뿐입니다. 그러나 이러한 베케트의 문학에 구현된 세계는 인간이 세계로부터 경험하는 무력함을 더욱 더 정확하게 드러내게 됩니다. "그런 한에 있어서 베케트는 사실수의석이다."라고 말할 때 아노르노는 앞서 우리가 언급한 체험의 문제를 다시 한번 상기시킵니다. 그가 베케트의 문학을 '초라한 형상들의 세계'라고 정의할 때, 그 초라한 형상으로 표현된 리얼리티의 소멸은 주체의 죽음을 뜻합니다. 구체적이고 개별적 세계에 대한 우리의 믿음은 한갓 보편적이고 동일화된 세계, 총체적으로 관리되는 사회를 기만하는 것뿐입니다. 반대로 극도로 추상화되어 모든 리얼리티가 소멸된 부조리의 세계로서의 베케트의 공간은 이 세

---

39 『미학이론』, 385.

계에 대한 가장 진리에 가까운 인식이 됩니다.

　아도르노는 베케트가 인간의 모든 개성을 제거하고, 한 인간을 '여기 그리고 지금'으로까지 수축시킨다고 말합니다. 베케트의 작품 속에서는 인간을 구성하던 다양한 요소들은 사라집니다. 어떤 개성도 없는 자, 이 존재의 무한한 추상성은 부조리 속에서 자신을 새롭게 탄생시킵니다. 이때 자신의 정체성은 몰개성과 다르지 않습니다. 베케트에게는 조개처럼 자기 자신 속에 갇혀있으며 더이상 보편성이 될 수 없는 실존, 순수한 자기 정립 속에서 자신을 소진하는 이 실존의 구체성이 드러납니다. 그러나 이 실존이란 더이상 경험할 수 없는 그 추상성과 동일한 것에 불과합니다. 그것은 고통스런 세계와 다르지 않습니다. 개념화를 거부하는 베케트의 문학은 그러므로 진리를 알지 못하면서도 말하는 자인 셈입니다. 소설 『이름 붙일 수 없는 것』의 바로 이 구절처럼.

　It, say it, not knowing what.

04

장 프랑수아 리오타르 — 바넷 뉴먼

존재하지만
표현 불가능한 숭고

66

사건으로서의 그림 그리기,
회화는 표현불가능한 것이며,
회화가 증언해야 하는 것은
바로 그 사건 혹은 사건 그 자체이다.[1]

1 『지식인의 종언』, 이현복 편역, 문예출판사, 1993, 162f. 이하 책제목과 쪽수만 병기한다.

지금, 여기에 무엇인가가 있다

여기 하나의 작품이 있습니다. 그다지 크지 않은 캔버스에 그려진 단색의 회화. 화면은 온통 갈색입니다. 그리고 가운데를 가로지르는 노란색 선이 있습니다. 갈색의 바탕을 거칠게 가로지르는 이 선은 이후 바넷 뉴먼의 회화에서 반복해서 나타나는 일종의 상징이 됩니다. 그는 이것을 'zip'이라고 불렀습니다. 그러니까 이 선은 하나의 색면을 둘로 가르는 동시에, 두 개의 색면을 하나로 연결시키는 것이기도 합니다. 위에서 내려오는 한줄기 빛처럼 보이기도 하는 이 선은 신비하면서도, 결코 잊혀지지 않는 어떤 존재를 상기시키는 것처럼 보입니다.

이 작품은 바넷 뉴먼의 「하나임Onement 1」(1948)이라는 작품입니다. 작품의 제목은 작가가 이후에 붙인 것입니다. 뉴먼의 작품이 대부분 커다란 사이즈의 캔버스로 관객을 압도하는 것과는 달리 이 작품은 크기가 69.2×41.2cm로 상대적으로는 매우 작은 작품입니다. 그러나 이후 그려지는 뉴먼의 회화적 정체성이 극적으로 구현된 첫 번째 작품이기도 합니다. 나중에 뉴먼은 같은 제목으로 5개의 작품을 더 그립니다. 이 일련의 작품들에는 각각 I 부터 VI까지 번호가 붙어 있습니다.

뉴먼의 작품에서 서명과도 같은 수직선은 마스킹테이프를 사용해서 그려집니다. 그는 색면을 칠한 캔버스 위에 그려질 수직선 위치의 양쪽으로 마스킹테이프를 붙인 다음 수직선을 그린 후 마스킹테이프를 제거하거나, 미리 수직선에 해당하는 부분을 그린 후 그곳에 마스킹테이프를 붙이고 전체 색면을 칠한 다음 제거하는 방식을 사용했습니다. 그러나 「하나임」에서 그는 마스킹테이프 위에 팔레트 나이프를 사용하여 노란 색을 거칠게 덧칠하였습니다. 그림을 잘 보면, 화면중앙을 가로지르는 거친 수직선 아래로 여전히 남아있는 회색의 마스킹테이프를 확인할 수 있습니다. 그는 충동적으로 이 노란색 선을 그렸다고 한 인터뷰에서 말했습니다. 흥미로운 것은 이 다음입니다. 충동적으로 팔레트 나이프를 들어 마스킹테이프 위에 거칠게 노란색 선을 그린 후에 그는 의자를 가져다 놓고 그림 앞에 앉아서 생각했다고 합니다. 자신이 방금 무언가 중요한 것을 했는데, 그것이 무엇이었는지를요. 이 생각은 이후 8개월 동안 이어집니다.

어쩌면 진정한 창조는 이런 것이 아닐까요. 우리는 무엇인가를 미리 생각하고 계획한 다음 행하기도 하지만, 무언가를 행한 후에 그것의 진정한 의미를 알게 되기도 합니다. 어떤 사건의 의미가 시간 속에서 드러나는 것이라면 그것은 그 순간과 이전에는 결코 완전히 드러나지 않기 마련입니다. 그러니까 그 순간 우리는 어떤 사건이 일어났음을 알 수 있을 뿐입니다. 이 사건은 그저 순간 속에 존재하는 것입니다. 「하나임」이라는 제목은, 이 사건의 존재를 드러내는 제목처럼 들리기도 합니다. 그는 자신의 생일에 이 그림을 그렸다고 했습니다. 그러니까 1948년 1월 29일입니다. 날짜가 중요하지는 않겠지요. 그가 강조하려는 것은, 한 인간이 탄생한 그 순간은 의미가 완전히 드러나지 않는 새로운 존재의 등장이자 존재의 발생인 '사건'이라는 것입니다.

유머러스하면서도 동시에 철학적인 이 에피소드는 뉴먼이 어떤 화가였는지를 잘 보여줍니다. 화가이자, 비평가, 이론가였으며, 대학에서 철학을 전공하고 고등학교에서 학생을 가르치기도 했던 다양한 이력을 가진 그는 1930년대부터 그림을 그렸습니다. 그러나 그는 본격적인 회화적 정체성을 확립하기 이전, 그러니까 1940년대 초반까지 그린 작품 대부분을 폐기했습니다. 화가가 자신의 손으로 자기 작품을 없앤다는 것은 쉬운 일은 아닐 것입니다. 하지만 그는 스스로를 부정하는 시도를 통해 새로운 회화적 길을 모색했습니다. 폴란드에서 이주한 유태인 가문에서 자란 뉴먼은 이 시기에 성서의 창세기에 사로잡혀 있었다고 합니다. 무로부터 새로운 창조라는 생각이 그로 하여금 이러한 행동을 감행하게 했을지도 모르겠습니다.

이 작품은 다양한 의미로 해석됩니다. 화가가 이 시기에 몰두했던 창세기적인 상징을 작품에서 찾기도 합니다. 빛과 어둠, 낮과 밤, 하늘과 땅, 남자와 여자. 하나가 둘로 구분되고 둘이 다시 하나가 되는 존재의 의미가 작품 속에 구현되었다고 보는 것입니다. 가운데의 수직선의 형상이 알베르토 자코메티1901~1966의 작품을 연상시킨다고 보기도 합니다. 길게 수직으로 뻗어있는 인간의 형상을 표현한 바로 그 조각품 말입니다. 하늘이 둥글고, 땅이 편평하다면 인간은 하늘과 땅의 중간에서 수직으로 서 있는 존재입니다. 또한 관객은 이 수직선을 중심으로 작품 앞에 서게 됩니다. 이때 수직선은 마치 거울처럼 인간 존재의 반영이 됩니다.

그러나 무엇보다 이 수직선은 존재 자체를 증언하는 것으로 여겨질 수도 있습니다. 무엇인가가, 그것이 인간이든 신의 존재이든 혹은 알 수 없는 미지의 사건이든 간에, 분명 존재하고 있다는 것을 증명하는 하나의 표식으로 말입니다. 이 그림이 그려진 1948년은 2차 대전으로 인해 문명과 이성에 대한 모든 기대가 잔인한 폭력성 앞에서 처참히 붕괴된 것을 목격한 시점입니다. 이제 그림 속에서 이상적으로 구현될 수 있는 세계의 모습은 사라진 것입니다.

장 프랑수아 리오타르는 이러한 진보와 미래에 대한 총체성의 환상

바넷 뉴먼

Barnett Newman
1905~1970

미국의 화가.

뉴먼의 색면화는 미국에서 일반적으로 유행했던 추상화와는 달리 숭고를 제시하는 회화로 이해됩니다. 그는 특이한 이력을 자랑합니다. 철학을 전공했고 조류학자이기도 했으며 뉴욕 시장 선거에 출마하기도 했죠. 그의 공약은 대중을 위한 화랑과 카페, 뉴욕시 오페라단, 어린이들을 위한 놀이터, 대기오염 방지 부서 설립 등이었습니다. 아쉽게도 당선되지는 못했습니다.

초기의 초현실주의 작품들 이후 일종의 회화적 돌파구였던 「하나임 1」 이후로 'zip'으로 불리는 수직선이 화면을 가로지르는 색면화를 그렸습니다. 그는 이 색면화들을 통해 숭고를 제시하는 새로운 회화적 형식을 스스로 창조했다고 자부했습니다. 그의 작품들에서 확인할 수 있는 강력한 종교적 뉘앙스는 그가 전통적인 유대교 가정에서 자랐기 때문인지도 모릅니다. 그는 100편의 글을 통해 이러한 자신의 회화적 이론과 비평을 끊임없이 제시한 이론가이기도 했습니다. 작품이 반복 재생산되는 것을 거부했기 때문에 120여 점의 캔버스화만을 그렸습니다.

대표적인 작품으로는 「하나임 1」(1948), 「순간」(1966), 「영웅적이고 숭고한 인간」(1950), 「누가 빨강, 노랑, 파랑을 두려워하랴」(1969~1970), 「십자가의 길」(1958~1966) 등의 회화와 조각 「부러진 오벨리스크」(1963~1967)가 있습니다.

의 붕괴라는 관점에서 뉴먼의 그림을 읽어냅니다. 그는 뉴먼의 그림이 숭고를 제시하고 있다고 말합니다. 모든 것이 붕괴된 시대의 폐허 위에서 여전히 무엇인가가 존재하고 있음을 말하고 있는 동시에, 그 무엇인가는 결코 이상화되고 구체화된 형태로 말해질 수 없다는 것. 뉴먼의 숭고는 그런 것입니다. 존재하지만 말할 수 없는 것. 리오타르는 바로 뉴먼의 그림을 통해 이 말할 수 없음 가운데 말하고 있음을 이야기한 철학자입니다.

진보라는 희망의 붕괴 : 아우슈비츠 이후

20세기 초반까지 서구 유럽은 진보에 대한 낙관적 희망 속에 들떠 있었습니다. 과학적 인식의 진보, 기술의 진보, 정치적 자유의 진보, 예술적 가능성의 진보, 사회적 관계의 진보. 세계는 모든 곳에서 미래를 향해 질주하고 있는 것처럼 보였고, 과거의 낡고 병든 것들로부터 인간은 해방되는 것처럼 보였습니다. 하지만 이러한 낙관주의가 어떻게 처참하게 파괴되었는지를 우리는 잘 알고 있습니다. 20세기의 전반부가 끝난 시점에서 세계 진보에 대한 이념은 최고의 낙관론자조차도 이제 더이상 옹호할 수 없는 것이 되어버렸습니다. 자본주의도, 공산주의도 여전히 미래를 약속하지만, 성급한 낙관주의자는 냉정한 회의주의자가 되었습니다. 진보와 해방의 이름을 차지하려던 전쟁은 서로의 야만을 폭로하면서 환멸 속에 성급히 마무리되었습니다. 허무주의는 현대의 이념이 되었습니다.

아우슈비츠는 비극으로 끝난 시대의 상징적 이름들 중 하나입니다. 아도르노는 『계몽의 변증법』을 통해 그것이 특이하고 우연적인 사건이 아니라, 서구 근대의 필연적 귀결이었음을 보여주었습니다. 서구 인류는 아주 오래전부터 잘못된 길을 걸은 것입니다. 유토피아를 향한 근대적 기획은 파국의 가능성을 이미 그 정체성 속에 품고 있었던 셈입니다. 자본주의가, 공산주의가 약속했던 세계상은 환상에 지나지 않는 것이었습니다. 자신의 환상을 현실화하려는 이념들은 세계를 조각내어 자르고 이어 붙여 무언가 근사한 것을 만들려고 했지만, 그들은 다만 세계를 파괴했을 뿐입니다.

> 아도르노의 뒤를 따라, 나는 근자의 서구 역사의 소재가 인류 해방의 '근대적' 기획과 연관해서 얼마나 비일관적이었는지를 분명하게 보여주기 위해 '아우슈비츠'라는 이름을 사용했다. 어떤 종류의 사상이 일반적 · 경험적, 심지어 사변적 과정, 보편적 해방으로 향한 과정 속에 이 사건을 설정함으로써 '아우슈비츠'를 파기 ― 독일어의 지양 Aufheben이라는 의미에서 ― 할 수 있겠는가?[2]

남은 것은 여전히 남아있는 환상을 제대로 보여주는 일입니다. 이것은 아우슈비츠를 서구의 근대적 기획 속에서 설명하는 일이기도 합니다. 그리고 해방을 위한 새로운 가능성을 제시하는 일이기도 합니다.

---

2 『지식인의 종언』, 65.

그런데 여기, 세계와 시대에 대한 암울한 해석 앞에서 무엇보다 비극을 말하고 미래를 말하는 것이, 그러니까 말하는 것 자체의 어려움이 새삼 각인됩니다. 아도르노는 "아우슈비츠 이후 서정시를 쓰는 것은 야만이다."라고 말합니다. 아름다운 가상으로 재현되는 세계는 이제 존재하지 않습니다. 그렇다면 무엇을, 어떻게 말할 수 있을까요? 바로 이 가상의 불가능성 속에서 뉴먼의 그림과 리오타르의 사유가 만나는 것입니다.

말할 수 없는 것에 대해 어떻게 말할 것인가

언어를 부여받은 자로서의 인간 존재들이 그들 중 누구도 당신이 어떠했는지를 설명해줄 수 없는 하나의 상황 속에 놓여 있음을 당신은 전해 들었다. 그들 대부분은 이제 사라졌고, 살아남은 자들은 그것에 대해 거의 말하지 않는다. …… 그렇다면 그 상황이라는 것이 실제로 존재했다는 것을 어떻게 알 수 있겠는가?[3]

어떻게 아우슈비츠를 이야기하고, 무엇을 증명할 수 있을까요? 물론 우리는 증거가 되는 고유명사, 지명, 인명, 날짜 등을 열거할 수 있습

---

3   장 프랑수아 리오타르, 『쟁론(Le Différend)』(1983), 진태원 옮김, 경성대학교출판부, 2015, 16. 이하 책제목과 쪽수만 병기한다.

장 프랑수아
리오타르

Jean-François
Lyotard
1924~1998

프랑스의 철학자, 사회학자, 문학이론가.

다양한 분야에서 40여 권의 저서를 남겼습니다. 문학비평, 음악, 영화, 정치경제학, 미술, 공간학 등을 아우르는 학제적 작업은 포스트모더니즘의 대표적 이론가인 그의 모습을 잘 보여줍니다.

1924년 베르사유에서 태어났습니다. 소르본대학교에서 철학과 문학을 공부했고 그곳에서 질 들뢰즈(Gilles Deleuze, 1925~1995)와 교류했습니다. 1954년 사회주의혁명 그룹인 '사회주의인가 야만인가(Socialisme ou Barbarie)'에 가입했고, 「노동자 권력(Pouvoir Ouvrier)」이라는 잡지를 통해 소비에트 관료체계를 비판하기도 했습니다. 68혁명의 실패 이후에는 마르크스주의와 자본주의 모두를 전체주의 이론으로 비판하면서 대서사에 반대하는 포스트모더니즘 이론을 주장했습니다.

『포스트모던적 조건』(1979)에서 역사적 진보를 통한 인간 해방의 대서사는 결국 폭력으로 귀결된다는 것을 지적하며 비판했고, 이를 통해 포스트모더니즘의 세계적 유행을 낳았습니다. 이후 『쟁론Le Différend』(1983)을 통해 정교한 사유를 개진했습니다. 이러한 관점에서 1980년대 중반 성찰적 근대화를 통한 합리성을 주장한 위르겐 하버마스(Jürgen Habermas, 1929~현재)와 격렬한 논쟁을 벌였습니다.

『리비도 경제』(1974), 『포스트모던의 조건』(1979), 『쟁론』(1983), 『숭고의 분석론 강의』(1991) 등이 대표적 저서입니다.

니다.[4] 하지만 사건을 사건 자체로 말할 수 있는 이들은 과연 존재할까요? 아우슈비츠에서 수많은 사람들이 죽었습니다. 그러나 사건의 당사자인 그들은 자신들의 죽음과 함께 사라졌습니다. 비극을 목격한 생존자들이 없는 것은 아닙니다. 하지만 그들은 살아남았기 때문에 아우슈비츠에서의 학살의 당사자로서 말할 수 없습니다. 그런데 이 '말할 수 없음'의 반대편에서 홀로코스트를 부정하는 주장들이 등장합니다. 이들은 홀로코스트를 시온주의자들의 상상에 지나지 않는다고 비난하면서, 역사적 사실을 왜곡하고 은폐했습니다. 유태인들은 나치의 학살이 아니라 굶주림과 질병 때문에 죽었다고 우겼으며, 안네 프랑크의 일기는 10대 소녀의 상상 속 이야기로 취급했습니다. 유태인 대부분이 미국으로 이주해 잘 살고 있다는 터무니없는 주장이 나오기도 했습니다. 홀로코스트를 증명할 수 없다는 주장을 되풀이하면서, 그들은 과거를 부정했습니다.

로버트 포리송1929~2018은 그 중 대표적 인물로, 수정주의 역사학자이지 나치 유대인 학살을 사실이 아니라고 수상한 부정수의자입니다 négationniste. 그는 가스실을 직접 보았다는 사람을 찾아보려고 했지만 헛수고였다고 말했습니다. 리오타르는 다음과 같이 말합니다. "그(포리송)의 주장은 이러하다. 한 장소를 가스실로 규정하기 위해, 나는 가스실의 희생자만을 증인으로서 받아들인다. 그런데 죽은 사람 외에는 희생자가 있을 수 없고, 만일 그렇지 않다면 그 가스실은 그럴 것이라 추정되었던 바와 같을 수 없다 ; 그러므로 가스실이란 없다."[5] 이것은

---

4 『지식인의 종언』, 64.
5 『쟁론』, 20.

궤변에 불과합니다. 결국 그는 증오와 차별을 선동했다는 이유로 프랑스의 법정에서 유죄판결을 받았습니다. 그러나 이것만으로는 문제가 해결되지 않습니다. 보통의 경우라면, 증거와 정황에 근거해 사실여부를 판단하는 것만으로 충분합니다. 그러나 과연 희생을 당한 사람들이 부재한 사건에 대해, 우리는 어떻게 그것을 참된 것으로 증언할 수 있을까요? 쉽게 해결되지 않는 문제입니다.

리오타르는 이러한 상황을 더이상 "말하는 것이 가능하지 않은 사태"로 이해했습니다. 그리고 이러한 말이나 대화의 불가능성을 포스트모더니즘이라는 근대의 연속인 동시에 근대 안에서 근대를 부정하는 사유로 이어갔습니다. 그의 『쟁론』은 바로 이러한 고민을 철학의 근본적인 문제의식으로 옮겨놓은 사유의 결과라고 할 수 있습니다. 이를 이해하기 위해 리오타르가 논의를 진행하면서 도입하는 두 가지 주요 개념을 살펴보고자 합니다. 첫째는 책 제목으로도 쓰인 '쟁론'이라는 개념이고, 두 번째는 과오, 오류라는 뜻의 '잘못tort'입니다.

리오타르는 "계쟁litige과는 다른 쟁론différend은, 두 가지 논의 모두에 적용될 수 있는 판단 규칙의 결여로 인해 공정하게 해결될 수 없는, (적어도) 두 당사자 사이에서 발생하는 갈등의 한 경우일 것이다."[6]라고 말하고 있습니다. 쟁론은 공통의 이해영역이 존재하지 않기 때문에 발생하는, 해소될 수 없는 갈등입니다. 이를테면 법정에서 두 당사자가 각자의 입장을 주장하면서 법의 심판을 기다리는 경우, 적어도 이들이 각각의 논변의 수단을 법적인 틀 안에서 찾을 수 있다면 그 경우

---

6 『쟁론』, 9.

우리는 계쟁이 존재한다고 말할 수 있을 것입니다. 그러나 스스로를 증명할 방법을 이러한 담론의 형식들 속에서 찾지 못할 수도 있습니다. 이런 경우를 리오타르는 "언어의 불완전한 상태이자 순간으로, 여기서는 문장으로 씌어져야 하는 어떤 것이 아직 쓰이지 못한"[7] 상태라고 말합니다. 우리가 어떠한 이유로 고통을 겪는 상황에서 그것을 표현할 적절한 말을 찾을 수가 없다고 생각할 때, 우리는 이러한 쟁론의 상태에 놓여 있다고 말할 수 있습니다. 문학과 철학, 그리고 정치의 근본적인 임무는 바로 이렇게 말할 수 없는 것을 말하는 것, 존재하지만 그 존재를 인정받지 못한 고통에 이름을 부여하는 것이라고 할 수 있습니다.

> 쟁론이 곧바로 계쟁으로 덮여버리고 감정이 나타내는 경고표시가 쓸모없는 것이 되지 않길 바란다면, 감정이 드러내는 쟁론을 표현할 수 있는 문장들의 형성과 연쇄를 위한 새로운 규칙을 찾기 위해 많은 탐구가 이루어져야 한다. 쟁론을 위한 관용어를 발견하여 쟁론을 증언하는 것은 문학과 철학의 쟁점일 뿐만 아니라, 아마도 정치의 쟁점이기도 할 것이다.[8]

논쟁이 가능하기 위해서는 적어도 상대가 주장하는 말과 자신의 말이 공통된 의미를 지닌 관용어와 규칙 아래에서 소통되고 교환될 수 있어야 합니다. 이를 위해서 몇 가지 조건이 있습니다. 대화나 합의

---

7 『쟁론』, 36.
8 『쟁론』, 36.

의 가능성/불가능성을 설명하기 위해 리오타르는 문장세계univers de phrase와 문장체제régime de phrases, 담론장르genre de discours 등의 개념을 제시합니다. 그는 의사소통을 위한 문장세계는 네 개의 심급으로 이루어져 있다고 보았습니다. 발신자와 수신자, 지시대상과 의미가 그것입니다. 이 네 개의 심급이 어떻게 관계를 맺고 있는가, 이것이 각각의 문장체제를 구분하도록 합니다.

이를테면 문장체제란 논증, 묘사, 서술, 질문, 제시, 명령 등 각기 다른 방식의 구조를 가지고 있습니다. 리오타르는 "군대에선 명령, 교회에선 기도, 학교에선 지시, 가족에선 서사, 철학에선 질문, 그리고 사업에선 수행성 진술이라는 식의 현상이 일어난다"[9]고 말합니다. 질문에서의 발신자와 수신자의 관계는 명령에서의 관계와 다릅니다. 묘사와 논증에서 지시대상과 의미의 관계는 또 달라질 수밖에 없습니다. 리오타르는 이러한 각각의 말하기 방식은 하나의 통합된 체제 속에 있는 것이 아니라, 일종의 섬처럼 존재한다고 보았습니다. 마치 바다에 점점이 자리 잡은 군도처럼, 문장들의 체제는 섬으로 존재합니다.[10]

하나의 문장체제는 결코 다른 문장체제로 완전히 번역될 수 없습니다. 문장의 세계를 구성하는 요소들의 관계가 달라진다면, 이미 그 전과 같은 것이 될 수 없습니다.

그러나 이러한 번역 불가능한 문장체제들이 독립적으로만 존재하는 것은 아닙니다. 이들을 연결시켜 주는 '담론'이 있기 때문입니다. 리오

---

9   장 프랑수아 리오타르, 『포스트모던의 조건』, 이삼출 옮김, 민음사, 1992, 68. 이하 책제목과 쪽수만 병기한다.
10   『지식인의 종언』, 52.

타르는 이들 문장체제들이 일정한 담론의 규칙 아래에서 함께 연결될 수 있다고 봅니다. '교육'을 위한 담론에서는 질문하기, 설명하기, 제시하기 등의 문장체제가 함께 쓰일 수 있을 것입니다. 그러나 담론이 서로 충돌될 때는 어떻게 될까요. 지배적인 하나의 담론이 다른 담론을 억압할 때 억압된 담론의 말하기는 어떻게 되는 것일까요.

스스로를 논증할 수단을 찾지 못하는 상황, 기존의 담론으로는 자신을 표현하지 못하는 상황에서 인간은 '희생자'가 됩니다. 불평등한 담론의 상황이 희생자를 낳는 것이지요. "두 당사자들을 대립시키는 갈등의 '타결'이 두 당사자 중 한 당사자의 관용어idiome 속에서 이루어지는 동안 다른 쪽이 겪은 잘못이 이러한 관용어 속에서 의미화되지 않을 때"[11] 우리는 희생자가 됩니다. 언어와 언어, 담론과 담론 사이의 이러한 소통 불가능성, 이것을 '불가공약성incommensurabilité'이라고 합니다.

이러한 소통 불가능한 상황 속에서 발생하는 희생자의 고통을 설명하기 위해 등장하는 것이 우리가 알아보려는 두 번째 개념, '잘못tort'입니다. 원래 이 말은 틀림이나 잘못, 과실, 과오와 함께, 피해나 손해를 의미하는 말입니다. 리오타르는 이를 '손해dommage'라는 개념과 구분합니다. '어떤 해를 입고 이를 증명할 수 있는 수단을 보유한 사람'이 당하는 것이 손해dommage라면, '증거를 제시할 수 있는 수단을 상실한 손해'가 '잘못tort'입니다. 자본주의 사회에서 자신의 권리를 표현할 언어를 갖지 못한 프롤레타리아, 법의 테두리 안에서 자신의 존재를 증

---

11 『쟁론』, 30.

명할 방법이 없는 불법이주민, 기존의 언어로는 자신의 고통을 표현할
수 없는 수많은 이들이 바로 이 '잘못'의 당사자들입니다. 이들의 고통
은 '손해'로 설명되지 않습니다. 자신의 이름을 갖지 못하는 고통이기
때문입니다.

'전체'에 대항하는 포스트모더니즘

리오타르는 포스트모더니즘 논의를 전개하면서 탈중심화를 말합니
다. 포스트모더니즘의 탈중심화는 상대주의도 아니고, 주체를 해체시
키거나 저항을 소멸시키는 신자유주의와 후기 자본주의의 공모자도
아닙니다. 포스트모더니즘이란 단적으로 표현하자면, "대서사에 대한
불신과 회의"[12]이며, 근대의 계몽 서사의 허구를 폭로하는 데 그 목적
이 있습니다. 오늘날 사회는 서로 이질적인 언어게임의 느슨한 결합으
로 이루어집니다. 이 말은 인간이 여러 종류의 언어게임의 메시지가
통과하는 지점에 위치하고 있다는 것을 의미합니다.

서사 기능은 이제 그 기능소와 위대한 영웅, 그리고 그것의 큰 위험요
소들의 장엄한 항해, 위대한 목적 등을 상실해가고 있다. 그것은 서사

12 『포스트모던의 조건』, 34.

적 언어 요소들의 구름, 즉 서사적이며 동시에 지시적이고 규범적이며 기술적인 언어요소들의 구름 속으로 퍼져나가고 있다. 각각의 구름 속에는 그 종류의 구름에만 고유한 화용적 결합가들이 실려 있다.

......

정책결정자들은 이 군거성 구름의 요소들이 계측 가능하고, 전체가 판단 가능하다는 사실을 전제하는 논리를 빌려와, 투입−산출 모태에 따라 이 구름들을 관리하려고 애쓴다. 그들은 우리의 삶을 권력 성장에 맞추어 할당한다. 사회 정의나 과학적 진리의 경우와 마찬가지로 이 권력의 정당화도 체제의 수행력을 최대화하는 효율성에 근거한다. 우리 삶의 모든 경기에 이 기준을 적용하면 부드러운 것이든 강한 것이든 간에 어떤 수준의 테러가 반드시 초래된다.[13]

"서사적 언어 요소들의 구름"이라는 표현이 조금은 막연하게 들리기도 합니다. 이 '구름'은 앞서 언급한 '군도'와 같은 의미라고 생각할 수 있습니다. 근대가 기획하고 실행한 경제적 효율성 모델에 따른 사회진보, 그러한 사회진보를 지향하는 역사에 대한 총체성 담론은 '테러'를 초래하였음을 리오타르는 분명히 말하고 있습니다. 포스트모더니즘은 무엇보다 총체성 담론을 부정합니다. 이런 점에서 근대를 반성하는 대표적 기획인 위르겐 하버마스1929~현재에 대한 비판도 이해 가능합니다. 리오타르는 하버마스가 여전히 '성찰적 근대화'라는 담론의 총체성에 매달린다고 봅니다. 이것은 초월적 환상에 불과합니다. 그리고 이

13 『포스트모던의 조건』, 34f.

러한 환상은 현실에 적용되면서 공포와 폭력을 만들어냅니다. 포스트모더니즘은 이미 무너진 총체성을 환원불가능한 것으로 증언하고, 그것을 회복하려는 환상을 비판하고자 합니다. 이것이야말로 포스트모더니즘의 근본적 테제이며, 리오타르가 대표적인 저서 『쟁론』에서 공들인 언어적 분석을 통해 말하고자 하는 내용이기도 합니다.

담론과 담론 사이의 소통 불가능성, 즉 불가공약성을 증명하는 일은 기존 세계의 언어적 수행성의 체계에 균열을 가하는 일입니다. 오늘날의 이 언어적 수행성의 지배적 위치에 자본주의가 있습니다. 그것은 근대성 자체이기도 하며, 근대적 세계가 허용하고 있는 무한한 욕망이기도 합니다. 또한 지출/수입의 비율에 대한 끝없는 극대화를 요구하고, 앎에 대한 무한한 욕구에 자신을 동일시합니다. 자본주의 세계 내에서의 의지는 자신을 지성적 세계 속에서 증명하려고 합니다. 이런 점에서 자본주의는 오늘날 세계를 지배하는 초월적 환상입니다. 이러한 환상은 마치 신과 같습니다. 모든 곳에 존재하지만, 결코 하나의 단일한 체계로 나타나지 않으며, 현존하는 모든 체계를 포괄하는 것으로 드러나는 이념이고, 그런 점에서 숭고한 대상이기도 합니다. 자본주의가 세계 전체와 동일시되기 때문에, 오늘날 자본주의 너머를 상상하는 것은 마치 불가능한 것을 상상하는 것과도 마찬가지입니다. 리오타르가 말하는 포스트모더니즘은 무한을 표상으로 하며 한없이 팽창하고 있는 자본주의를 폭로하는 철학적 시도이기도 합니다.

자본주의는 더이상 '경제적'·'사회학적'이 아닌 형이상학적 모습으로 변모했고, 변모하고 있다. 여기에서 무한은 아직 결정되지 않은 것, 의지가 계속해서 지배하고 착취해야 하는 것으로 설정되고 있다. 그것의 이름은 우주와 에너지이며, 그것은 연구와 개발의 대상이다. 그것은 정복되고, 어떤 목적의 수단으로 설정된다. 그리고 이 목적이 의지의 영광이다. 영광 그 자체는 무한하다. 이런 의미에서 실제적인 낭만주의가 바로 자본이다.[14]

포스트모더니즘은 모더니즘과 구분되는 새로운 시대가 아니라 모더니즘을 반성하는 하나의 관점이자 실천입니다. 따라서 모더니즘에서 포스트모더니즘의 시대로 이행한 것이 아니라, 모더니즘 안에서 비판적 실천을 수행하는 것이 핵심입니다. 그러므로 포스트모더니즘적 인간은 모더니즘 이후의 시대에 등장한 철학적 인물에 제한되지 않습니다. 모더니즘의 총체성을 비판하는 이들은 모두 포스트모더니즘적 인물인 셈입니다.

무의식의 존재를 밝힌 지그문트 프로이트1856~1939나 변기를 통해 기존의 예술에 대한 관념을 붕괴시킨 마르셀 뒤샹1887~1968, "해답은 없다. 앞으로도 해답이 없을 것이고 지금까지도 해답이 없었다. 이것이 인생의 유일한 해답이다."라고 말하며 '잃어버린 세대'라는 말을 탄생시킨 거트루드 스타인1874~1946은 물론이고, 프랑스의 르네상스 작가였던 프랑수아 라블레1483~1553나 무질서를 통한 형식으로 소설의 지평을 넓힌 로렌스 스턴1713~1768 같은 인물들도 포스트모던적 인물이라고 리오타르는 보고 있습니다. 리오타르에게 이들이 포스트모던적 인물인 이유는 다름 아니라 이들이 "불가공약성을 항상 증명해주는 패러

---

14 『지식인의 종언』, 47.

독스를 강조"[15]하고 있었기 때문입니다. 다시 말해 모더니티의 총체성을 부정하는 언어적 실천을 해왔기 때문입니다. 그리고 "글쓰기의 해체(데리다), 담론의 혼란(푸코), 인식론의 패러독스(세르), 타자성(레비나스), 유랑적인 만남을 통한 의미효과(들뢰즈)"[16] 등의 일련의 프랑스 철학의 흐름도 모두 저 불가공약성을 강조했다는 관점에서 포스트모던적 철학이라고 이야기합니다.

이를 통해 드러나는 근대적 재현과 담론을 반성하고 비판하는 포스트모던의 실천은 명확합니다. 새로운 수신자와 새로운 발신자, 새로운 의미작용, 새로운 지시체를 설립하는 것이 그 목표입니다.[17] 더 나아가 이러한 심급들을 연결할 새로운 문장들과 이를 통한 새로운 담론들이 필요합니다. 이것이 포스트모더니즘의 실천적인 지혜이기도 합니다. 리오타르는 포스트모더니즘의 임무가 "현실을 제공하는 것에 있는 것이 아니라 표현될 수 없지만 생각할 수 있는 것에 대한 암시들allusions들을 창안해내는 데에 있다."[18]는 것을 분명히 합니다. 이러한 시도들은 충돌하는 언어게임들을 화해시키고, 역사적 진보나 자본주의를 대신할 또 다른 총체성을 마련하기 위한 것이 아닙니다.

칸트는 이미 오래전에 비판을 통해 인간의 정신 능력들이 분리되어 있으며, 각기 다른 규칙에 따라 이루어지는 활동이라고 보았습니다. 이 능력들의 간극에 의한 분리는 통합될 수 없는 것입니다. 칸트가 『판

---

15 『지식인의 종언』, 52.
16 『지식인의 종언』, 52.
17 『쟁론』, 36.
18 『지식인의 종언』, 43.

단력 비판』을 통해 실천이상과 순수이성을 통합하고자 시도했지만 결국 실패할 수밖에 없었던 것도 그러한 간극이 결코 완전히 총체화될 수 없는 것이기 때문입니다. 그런 점에서 헤겔의 변증법은 전체라는 "초월적 환상"[19]을 통해서 이 간극을 극복하고자 한 시도라고 할 수 있습니다. 결국 헤겔의 변증법은 리오타르에게는 전체를 총체화하고자 하는 모더니즘적 전체주의에 지나지 않습니다.

포스트모더니즘의 실천성으로 인한 새로운 담론, 새로운 말하기의 방식은 결코 무언가를 다시금 재현하여 말하는 데 있지 않습니다. 오히려 그는 그러한 담론의 불가능한 화해라는 사태를 증명하고 제시하는 어떤 표현들을 요구합니다. 그러므로 그것은 차라리 침묵이며, 침묵하며 말하기입니다.

> 살아남은 자들은 거의 말하지 않는다. ······ 말하지 않는 것은 말하는 능력의 일부를 이루는데, 그것은 능력이 하나의 가능성이기 때문이며, 가능성이란 어떤 것과 그 역을 모두 내포하기 때문이다. ······ 살아남은 자들이 말하지 않는다고 할 때, 그것은 그들이 그럴 수 없기 때문인가. 아니면 말하는 능력에 의해 그들에게 주어진, 말하지 않을 가능성을 그들이 이용하기 때문인가. 그들은 어쩔 수 없이 침묵하는가, 아니면 주지하듯 자유로이 침묵하는가.[20]

19 『지식인의 종언』, 43.
20 『쟁론』, 26.

숭고the Sublime 개념의 역사

　말할 수 없는 것, 표현할 수 없는 것을 암시하는 표현의 창안이 바로 리오타르의 현대예술론의 핵심인 "숭고의 미학"이라고 할 수 있습니다. 리오타르의 숭고에 대한 논의를 본격적으로 하기 전에 숭고 개념의 간략한 역사를 되짚어보고자 합니다.

　전통적인 숭고의 개념은 고대의 수사학과 문체론, 시학에서 종종 논의되던 것으로, 이때의 숭고는 장엄grandis 또는 장중gravis으로 이해되었습니다. 숭고 개념에 대한 최초의 본격적인 미학 서술은 고대 그리스 말기의 위僞-롱기누스Pseudo-Longinus[21]에 의한 것입니다. 그는 『숭고론』에서 고귀한 양식이란 예술가의 위대함에서 비롯된다고 주장했습니다. 이는 영혼의 위대함을 의미하는 것으로 따라서 숭고는 정신적인 가치이며, 감상자에게 황홀경을 체험하게 한다는 것이 위-롱기누스의 주된 주장이었습니다. 위-롱기누스의 숭고에 대한 논의가 이어지던 중세까지 숭고라는 것은 대체로 문예비평에서 수사학적인 이상과 일치하는 가치개념이라고 할 수 있었습니다.

21　기원후 1세기 경 숭고에 대한 최초의 문학비평의 저자로 그 정체는 알려지지 않았다. 『숭고론(Peri Hýpsous)』의 10세기의 파리 필사본(Codex Parisinus)의 표제에는 '디오니서스 롱기누스(Dionysius or Longinus)'라고 저자가 기록되어 있다. 따라서 유명한 학자였던 카시우스 롱기누스(Cassius Longinus, 213~273)나 기원전 1세기의 할리카르낫소스 출신 작가 디오니서스(Dionysius of Halicarnassus)가 저자로 여겨졌다. 그러나 전자는 연대기적으로 맞지 않고, 후자의 경우 디오니서스의 문체와 입장이 『숭고론』과는 맞지 않는다. 현재 이 작품은 작자 미상으로 여겨지고 있으나 관례상 '위-롱기누스'로 표기한다.

숭고의 개념이 미학적으로 새롭게 관심을 끌기 시작한 것은 니콜라 브왈로1636~1711[22]에 의해서였습니다. 그가 위–롱기누스의 논문을 라틴어로 번역해 1672년에 출간하면서, 위–롱기누스의 숭고에 관한 논의에 미학적 색채를 부여했습니다. 게다가 그는 웅장, 무한, 경이 등의 주제를 숭고와 함께 다루었는데, 경이로운 것, 찬탄스러운 것, 놀라운 것, 경악스러운 것, 매혹적인 것, 즐거운 것, 황홀한 것, 도취시키는 것 등을 모두 숭고한 것으로 간주했습니다.

18세기에는 예술과 시에서 낭만주의가 대두되면서 침묵과 침울, 공포 같은 것이 관심을 끌면서 두려운 것들도 숭고와 함께 미학에 도입되었습니다. 이러한 맥락과 더불어 숭고를 본격적으로 미학의 중심 개념에 올려놓은 이가 바로 에드먼드 버크1729~1797와 임마누엘 칸트1724~1804입니다. 버크는 "어떤 형태로든 고통이나 위험의 관념을 불러일으킬 수 있는 모든 것은 우리가 느낄 수 있는 가장 강한 감정인 숭고의 원천이다."[23]라고 말합니다. 그는 숭고의 감정을 쾌와 불쾌의 감정의 결합으로 이해하고, 미와 숭고를 내립시켰습니다. 우리가 미의 하위개념이었던 숭고를 미와는 근본적으로 다른 성격을 가진 것으로 이해하게 된 것은 버크 이후입니다. 그러나 숭고에 대해 오늘날과 같은 풍부한 논의가 가능해진 것은 무엇보다 칸트의 기여입니다.

---

22 프랑스의 시인, 비평가. 풍자시로 잘 알려져 있다. 고전문학과 당대문학의 우열에 대한 유명한 논쟁이었던 '신구논쟁'에서 고대의 문학을 옹호한 인물이다.
23 에드먼트 버크, 『숭고와 아름다움의 이념의 기원에 대한 철학적 탐구』, 김동훈 옮김, 마티, 2006, 84.

칸트의 숭고 개념

숭고에 관한 가장 탁월한 이론적 정교화는 칸트에 의해서 이루어졌는데, 칸트의 숭고론은 그의 천재론과 함께 낭만주의 예술에 대한 풍부한 해석을 제공했습니다. 리오타르 역시 칸트를 거쳐 숭고에 대한 자신만의 해석을 시도합니다. 칸트는 미와 숭고 모두를 인간의 정신능력들 사이의 관계에서 발생하는 것으로 파악했습니다. 즉 미와 숭고를 대상의 어떤 속성을 가리키는 것이 아니라, 그 대상을 보는 인간의 내면에서 일어나는 어떤 사건이라고 본 것입니다. 예를 들어, 들에 핀 장미가 아름답다고 말하거나 산의 정상에서 내려다보는 운해가 숭고한다고 말할 때, 아름다움이니 숭고니 하는 것은 장미나 운해가 가진 어떤 속성을 가리키는 말은 아닌 것입니다. 그것은 그러한 대상들을 바라보는 인간의 독특한 정신 과정의 문제입니다.

칸트는 인간이 여러 가지 정신능력을 가지고 있고, 그것들 각각이 자신만의 독자적인 영역을 가지며 서로 다른 방식으로 작동한다고 생각했습니다. 인간의 정신능력에서 지성이 하는 역할과 이성이 하는 역할은 각각 다릅니다. 감성을 통해 수용된 대상을 개념적으로 파악하는 역할을 하는 것이 지성이라면, 이성은 이러한 경험적 세계와 독립적으로 자유의 원리에 따라 법칙을 발견하는 역할을 합니다. 이를테면 우리는 인간이란 어떤 존재인가, 인간은 생물학적·진화적 관점에서 동물과 어떻게 구분되는가라는 질문을 통해 개념적이고 과학적인 이해의 차원에서 인간 존재에 접근할 수 있습니다. 이것이 지성의 역할입니다. 그러나 동시에 인간은 어떻게 살아야 하는가, 어떤 행동을 하는 것이 인간다운 행동인가와 같은 윤리적 차원에서 인간을 고민해볼 수도 있습니다. 이런 고민은 이성의 몫이지요.

지성이나 이성과 별개로 자신만의 방식으로 작동하는 또 다른 정신 능력이 있습니다. 바로 상상력입니다. 원래 상상력Einbildungskraft이란 독일어 그대로 "상/표상/형상Bild을 만들어내는 능력/힘kraft"을 말합니다. 이는 감성Sinnlichkeit으로 수용한 잡다한 표상을 하나로 종합하는 능력입니다. 우리가 사물을 볼 때 실상 우리는 그 사물로부터 받아들이는 다양한 빛을 마구잡이로 수용하는 것뿐입니다. 심지어 우리 눈동자는 끊임없이 움직이기 때문에 만약 수용한 내용 그대로를 화면으로 재현한다면, 끊임없이 흔들리는 화면 속에서 우리는 어떤 대상도 구분해내지 못할 것입니다. 그러나 인간은 그렇게 마구잡이로 수용한 외부의 대상을 하나의 이미지로 종합해서 만드는 능력이 있습니다. 그것이 바로 상상력의 능력입니다. 그래서 칸트는 이것을 "현시의 능력das Vermögen der Darstellung"[24]이라고도 말합니다.

아시반 상상력의 능력은 이뿐이 아닙니다. 표상을 만들어내는 상상력의 능력으로 인해 우리는 눈앞에 주어진 대상만이 아니라 지금 여기에 현존하지 않는 대상을 표상하는 것도 가능합니다. 이 후자가 우리가 일반적으로 이해하는 상상력이라는 말의 의미에 더 잘 부합합니다. 그래서 칸트는 상상력을 대상의 현존 유무와 관계없이 종합을 통해 상을 만들어내는 능력이라고 설명했습니다. 이 상상을 통해 우리는 지성이나 이성과는 다른 세계를 창조해냅니다. 상상 속에서 인간은 다양한

---

24 임마누엘 칸트, 『판단력비판』, 백종현 옮김, 아카넷, 2009, 248. 이하 책제목과 쪽수만 병기한다.

모습으로 변신하기도 하고, 보통의 경우라면 할 수 없는 일을 특수한 능력으로 해내기도 합니다. 남성과 여성의 삶을 번갈아가며 수백 년을 살기도 하고, 멀쩡하게 자고 일어났는데 침대 위에서 벌레로 변한 자신의 모습을 발견하기도 합니다. 어느 한 순간에 지상의 모든 인간들이 앞을 볼 수 없는 상태로 변한 세계를 상상할 수도 있습니다. 존재하지 않는 것을 상상하는 것은 인간이 가진 놀라운 재능 중의 하나일 것입니다. 이 상상력이 다른 정신능력들(지성, 이성)과 어떤 관계를 맺는지에 따라 미와 숭고라는 감성적 쾌가 발생합니다.

미가 인식능력(지성)과 현시능력(상상력) 사이의 조화로서 드러난다면, 숭고는 이 두 능력 사이의 갈등에 의해 촉발되는 것입니다. 칸트는 이렇게 이야기합니다. "미적인 것은 무규정적인 지성 개념의 현시이지만, 숭고한 것은 무규정적인 이성 개념의 현시로 볼 수 있을 것 같다."[25]

인식능력과 현시능력의 조화라는 표현을 통해 알 수 있듯이, 미적 쾌는 상상력과 지성의 조화를 통해 발생합니다. 칸트는 이를 "상상력과 지성의 자유로운 유희"[26]라고 말합니다. 예를 들어 사과를 한번 생각해 보세요. 이 세계에 존재하는 모든 사과는 모양도, 색깔도, 맛도 다 다릅니다. 이제까지 존재했던 그리고 앞으로 존재하게 될 어떤 사과도 완전히 동일한 사과는 없을 것입니다. 그런데 사과를 개념적으로 파악한다고 했을 때 우리는 사과에 대한 단 하나의 통일된 개념적 정의를 갖게 될 것입니다. 개념으로 파악되는 사과는 여러 개일 수 없으

---

25 『판단력비판』, 248.
26 『판단력비판』, 211.

며 오직 하나일 뿐입니다. 이번에는 사과를 상상해 보세요. 이 세계에 존재하는 모든 사과들에 적용되는 '하나의 개념'이 있다면, 우리의 상상력은 '무한한 사과'를 그려볼 수 있을 것입니다. 사과는 분명히 사과이지만, 동시에 또 다른 사과이자, 새로운 사과가 얼마든지 있을 수 있다는 말입니다.

지성과 상상력의 자유로운 유희란 지성의 한계 내에서 상상력이 자유롭게 자신의 자유를 시험해보는 것과 같습니다. 이를테면 우리는 '사랑'에 대해 개념적으로 알고 있습니다. 그러나 어떤 예술작품을 통해 지금까지 우리가 알지 못한, 그 어떤 곳에서도 표현되지 않았던 사랑의 또 다른 모습을 발견한다면 그로 인해 심미적 즐거움을 느낄 것입니다. 그때 우리는 사랑의 개념적 이해라는 지성의 영역을 넘어 우리의 정신이 확장되는 것을 느낍니다. 이처럼 상상력과 지성의 유희를 통해 인간의 정신은 개념의 반복적인 적용(규정적 판단력)으로부터 벗어나, 새로운 세계를 받아들이게 됩니다(반성적 판단력).

그러나 상상력은 지성의 한계를 넘어서는 안 됩니다. 만약 누군가가 폭력을 표현해놓고 그것을 사랑이라고 우긴다면 그것으로부터 우리는 그 어떠한 심미적 만족감도 느낄 수 없을 것입니다. 그때 상상력은 지성과 자유롭게 유희하는 것이 아니라, 지성에 대해 자신의 표상을 강요하는 것일 뿐이기 때문입니다. 이럴 경우에 우리의 정신은 지성의 한정된 영역을 벗어나는 것이 아니라, 오히려 더 견고하게 지성에 의해 파악된 개념을 고수하려 할 것입니다. 이런 예술은 미적 쾌를 생성하지 못할 뿐 아니라, 인간 정신의 확장도 꾀할 수 없습니다.

미가 인식능력(지성)과 현시능력(상상력) 사이의 조화에 의해 생겨난다면, 숭고는 상상력의 좌절에서 발생하는 감정입니다. 왜냐하면 숭고는 감성의 표상능력을 초월하는 대상에 대해 느끼는 감정적 반응이기 때문입니다. 이를테면 우리는 무한한 우주를 막연하게 머릿속에 떠올릴 수는 있지만, 그것을 다른 대상과 마찬가지로 단일한 표상으로 우리의 눈앞에 떠올릴 수는 없습니다. 우리는 한 마리의 코끼리를 떠올릴 수도 있고, 웅장하게 떨어지는 폭포수를 하나의 표상으로 만들어낼 수도 있습니다. 그러나 우주와 같이 그 한계가 없는 무한한 대상을 생각할 때 우리는 그 대상을 온전히 우리의 감성 안에서 형상화할 수 없습니다. 특정 대상을 단일한 표상으로 떠올린다고 할 때 우리는 일종의 경계 안에서 완결성과 통일성을 갖춘 하나의 전체로서 그 대상을 떠올릴 수 있어야 하는데, 우주와 같이 무한한 대상은 우리의 상상력 안에 온전히 담기지 않기 때문에 하나의 전체로서 포착하는 것이 불가능합니다.

칸트는 상상력의 두 작용인 '포착Auffassung(apprehensio)'과 '총괄 Zusammenfassung(comprehensio aesthetica)'이라는 개념을 통해 이러한 사태를 설명합니다. 포착은 주어진 직관내용을 차례대로 지각하는 능력이라면, 총괄은 이렇게 직관된 감각 내용을 하나의 전체로서 묶어내는 일을 말합니다. 칸트는 포착과 총괄의 관계에 대해 설명하기 위해 피라미드의 예를 드는데, 내용은 이렇습니다. 피라미드에서 감동을 얻기 위해서 우리는 적절한 거리가 필요합니다. 만약 너무 멀리 떨어져서 피라미드를 본다면 그 웅장함에서 감동을 받기는 어려울 것입니다. 이 경우 피라미드의 표상은 희미하게만 이루어지기 때문에 주관의 미감적 판단에 아무런 영향을 미치지 않기 때문입니다. 반대로 너무 가까이에서 피라미드를 본다면 어떨까요? 만약 피라미드가 눈앞에 있고 우리가 이 피라미드를 지면에서 정상까지 보려고 한다면 시간이 걸릴 것입니다. 다시 말해 피라미드가 한번에 우리의 시야에 들어오지 않게 되지요. 이런 상태에서 우리의 상상력은 피라미드를 총괄하는 데 실패합니다. 이렇게 한번에 눈에 담기지 않는 대상을 포착하려 할 때 생기는 시간의 지연 때문에 상상력이 마지막 부분을 받아들이기 전에 처음 부분은 이미 그 일부가 사라져 버리게 됩니다. 다시 말해 완전하게 대상을 총괄하는 것이 불가능하다는 것이지요.

이처럼 그 크기가 너무 큰 대상 앞에서 우리의 상상력은 자신의 무력함을 폭로할 수밖에 없습니다. 즉 감성능력의 한계를 깨닫고 위축되고 마는 것입니다. 이처럼 단적으로 거대한 대상은 우리의 감성능력에 대한 일종의 폭력으로 다가옵니다. 그러나 이렇게 위축된 인간의 정신능력은 이성의 등장으로 새로운 국면을 맞게 됩니다. 즉 우리는 어떤 대상을 감성적으로 표상할 수는 없지만, 그 대상의 존재 자체에 대해 이성적으로 사유하는 것은 가능합니다. 바로 이 깨달음의 순간, 숭고의 감정은 발생합니다. 이것은 상상력의 패배로 인해 위축된 인간을 다시 무한히 고양시킵니다.

여기서 우리는 숭고의 중요한 특징을 알 수 있습니다. 즉 숭고함이란 자연의 사물들에서 찾을 수 있는 것이 아니라, 판단하는 자의 마음에서 찾아야 한다는 것입니다. 칸트는 "거칠고 무질서하게 중첩되어 있는 눈 덮인 산봉우리들을 가진 산악", "사납게 파도치는 우중충한 바다"[27] 따위를 숭고하다고 부를 사람은 없다고 말합니다. 진정으로 숭고한 것은 그러한 자연의 사물들이 아니라, 그러한 자연의 사물들을

---

27 『판단력비판』, 264.

뛰어넘는 인간 이성의 이념입니다.

　우리의 상상력은 언제나 더 큰 대상을 떠올리고, 그 이전의 큰 것을 언제나 다시 작은 것으로 표상하지만 그럼에도 불구하고 상상력과 자연은 이성의 이념들에 비해 언제나 미미한 것일 수밖에 없습니다. 왜냐하면 숭고한 것은 다른 것과의 비교 하에서 큰 것이 아니라 단적으로 큰 것이라고 말할 수 있지만, 자연 안에 존재하는 한 제 아무리 크다고 하더라도 그것보다 더 큰 것을 찾을 수 있기 때문입니다. 반대로 어떤 것이 제 아무리 작은 것이라고 하더라도 그것보다 작은 것을 찾는 것도 불가능하지 않습니다. 칸트는 현미경과 망원경을 언급하면서, 이처럼 그 비교에 의해서 클 수도 작을 수도 있는 자연의 사물들은 숭고한 것이라고 말할 수 없다고 이야기합니다. 숭고를 오직 인간의 이념 속에서만 찾을 수 있다고 말하는 것도 그 때문입니다.

　이처럼 칸트의 숭고는 대상의 속성이 아니라 우리 안에서 촉발되는 감정입니다. 그러므로 숭고미라는 표현은 사실 정확한 표현이 아닙니다. 칸트가 말하는 것은 '숭고감'이라는 표현으로 더 정확히 이해됩니다. 숭고감은 외부의 대상과 우리 감성의 부족함에서 촉발되지만, 그로부터 깨닫게 되는 것은 무한한 '마음의 확장'이며, 이는 다시 인간 이성의 위대함으로 이어진다고 칸트는 이야기합니다. 왜냐하면 우리가 무한한 것을 하나의 전체로서 생각이라도 할 수 있으려면 감관의 모든 척도를 넘어서는 마음의 능력이 있어야 하기 때문입니다.

　무한한 것을 하나의 전체로서 생각만이라도 할 수 있기 위해서는 무한한 것에 대해 일정한 수로 제시된 관계를 가질 하나의 자를 단위로 제공하는 총괄이 요구될 터이지만, 이것은 불가능하기 때문이다. 그러나 그럼에도 주어진 무한한 것[무한자]을 모순 없이 생각만이라도 할 수 있기 위해서는 그 자신 초감성적인 능력이 인간의 마음에 있을 것이 요구된다.[28]

이렇게 상상력의 좌절은 역설적으로 칸트에게는 인간 이성의 위대함을 증명하는 계기가 됩니다. 따라서 칸트는 "숭고한 것이란 그것을 단지 생각할 수 있다는 것만으로도 감관의 모든 자[척도]를 뛰어넘는 마음의 능력을 증명하는 것이다."[29]라고 말하는 것입니다.

숭고한 회화

칸트는 비형식 및 형식의 부재를 현시 불가능한 것의 가능적 지표로 제시함으로써, 여기서 어떤 길을 따라야 할지를 보여주고 있다. 칸트는 또한 구상력이 무한한 것 — 또 다른 현시할 수 없는 것 — 을 표현하고자 할 때 경험하는 공허한 추상에 대해 말하고 있는데, 그에 따르면 이 추상 자체는 무한한 것에 대한 표현, 즉 무한한 것에 대한 소극적 현시présentation négative와 같은 것이다. 칸트는 절대적인 것l'absolu 의 현시를 일체 금하고 있다는 의미에서 「너희는 우상을 만들지 말지

28 『판단력비판』, 262.
29 『판단력비판』, 256.

어다」(출애굽기 20, 4)라는 계명을 성경에서 가장 중요한 구절로 인용하고 있다.[30]

칸트는 숭고를 감성적 지각으로 표상 불가능한 대상으로부터 촉발되는 것으로 보았기 때문에, 당연히 숭고한 대상을 감성적 세계 속에서 재현하는 것은 불가능한 것이라고 보았습니다. 그것은 단지 이성적으로 사고할 수 있는 것이지 눈으로 볼 수 있는 대상은 아니기 때문입니다. 당연히 숭고한 대상은 감성의 영역에서 자신의 존재 가능성을 찾을 수 없습니다. 숭고의 대상은 형상적 표현을 허용하지 않습니다. 즉 칸트의 숭고 개념에 의해서라면 숭고한 회화는 그 자체가 모순인 개념입니다.

회화사에서 숭고를 표현하고자 한 화가가 없었던 것은 아닙니다. 낭만주의 회화는 자연의 유한함 속에 숨겨진 무한을 표현하고자 했습니다. 그러나 표현의 한계로 인해 진정한 숭고의 제시에는 이르지 못합니다. 숭고한 자연에 마주한 인간을 화폭에 담은 카스파 다비드 프리드리히1774~1840가 대표적일 것입니다. 그의 그림은 분명 자연을 바라보는 숭고한 체험의 순간을 담고 있습니다. 그리고 그의 그림을 보는 관람자는 폐허가 된 묘지, 험준한 산 정상에서 내려다보는 운해, 황량한 겨울 벌판에서 나그네가 만난 십자가 위의 예수, 한없이 적막한 바다를 마주하고 있는 수도승 등의 모습을 통해 숭고의 감정을 유사 체험할 수도 있을 것입니다. 하지만 어디까지나 전통적인 재현의 형식에

---

30 『지식인의 종언』, 35.

머물러 있다는 점에서 프리드리히의 그림은 숭고에 대한 간접적 표현에 불과합니다.

이와 같이 낭만주의 회화는 숭고 자체를 표현하는 것이 아니라, 숭고의 체험이 가능한 대상, 숭고의 체험을 하는 순간을 표현할 뿐입니다. 이는 결국은 대상에 대한 재현에 머물 수밖에 없기 때문에, 우리는 결코 그 숭고의 순간을 현재화하지는 못합니다. 대상의 표현에 매여 있는 한, 그것은 이념과 무한성을 현시할 수 없습니다. 숭고가 회화 속에서 온전히 표현되기 위해서는 좀 더 많은 시간을 기다려야 했습니다.

20세기 이후 아방가르드 회화는 기존의 회화적 재현을 거부하면서, 새로운 길을 찾기 시작했습니다. 이 새로운 시도를 리오타르는 놓치지 않았습니다. '재현불가능한 대상에 대해 예술이 무엇을 할 수 있을까'라는 질문에 대한 해답을 리오타르는 뉴먼의 회화 속에서 발견합니다. 「숭고와 아방가르드」라는 논문에서 리오타르는 뉴먼의 일련의 작품들을 이야기합니다. 「영웅석이고 숭고한 인간Vir Heroicus Sublimis」(1950~51), 「여기Here」(1950), 「저기가 아니라 여기Not There−Here」(1962), 「존재 Be」(1950), 「지금Now II」(1967) 등의 작품들입니다. 이 작품들은 바로 직접적으로 표현하지 못하는 숭고한 대상을 그 존재의 제시를 통해 표현합니다.

겉으로 보기에 뉴먼의 작품들은 보통의 추상회화와 다르지 않은 색면화처럼 보입니다. 전후 세계 미술의 중심을 미국 미술로 옮겨놓는 데 주도적인 역할을 했던 미술평론가 클레멘트 그린버그1909~1994 역시 그의 작품을 순수 형식주의적 관점에서만 보았습니다. 즉 특정 주제나 서사 등의 내용 없이, 형태와 색채라는 형식적 특징만이 남은 회화로 그의 작품을 본 것입니다. 그러나 그의 회화는 일체의 문학적 내용이 제거되고 미의 형식적 특징만 남아, 오직 순수하게 회화적인 것만을 추구하는 순수 평면 추상은 아닙니다. 왜냐하면 그는 회화를 통해 그 누구보다 강력한 메시지를 전달하고 있기 때문입니다.

　뉴먼은 회화가 내용 없는 형식만으로 이루어진 단순한 추상이어서는 안 된다고 생각했습니다. 이런 생각은 뉴욕타임즈의 칼럼[31]을 통해 이미 표현된 바 있습니다. 당시 뉴욕타임즈의 칼럼니스트였던 미술비평가 에드워드 올던 주얼은 마크 로스코1903~1970와 애돌프 고틀리브Adolph Gottlieb 등이 주도하여 만들어진 「현대 회화·조각 연맹 Federation of Modern Painters and Sculptors」의 1943년 전시를 보고, 이 둘의 작품에 대해 비판적인 비평을 실었습니다. 이에 반박하여 로스코와 고틀리브는 주얼에게 편지를 보냈는데, 뉴먼 역시 이 편지의 작성을 도운 것으로 알려져 있습니다. 이 편지가 바로 일종의 '새로운 회화 선언'이라고도 할 만한 중요한 글이 된 것입니다. 여기에는 미학적 신념이라고 할 만한 다섯 가지 항목이 제시되어 있습니다.

1. 우리에게 예술은 위험을 감수하려는 자만이 탐험할 수 있는 미지의 세계로의 모험이다.
2. 이 상상의 세계는 공상이 없고 상식과 격렬하게 반대된다.
3. 관객이 세상을 그의 방식이 아닌 우리 방식으로 보도록 만드는 것이

31　1943년 6월 13일 「뉴욕타임즈」에 게재된 칼럼으로, 편지를 일부 발췌하여 실은 것이다. https://theoria.art-zoo.com/statement-adolph-gottlieb-mark-rothko-with-barnett-newman/

예술가로서의 우리의 역할이다.

4. 우리는 복잡한 생각의 단순한 표현을 선호한다. 우리가 큰 형태를 옹호하는 것은 그것이 명백한 것의 충격을 가지고 있기 때문이다. 우리는 그림 평면을 다시 주장하고자 한다. 우리가 평면 형식을 옹호하는 것은 그것이 환상을 파괴하고 진실을 드러내기 때문이다.

5. 그림을 잘 그리면 무엇을 그리든 상관없다는 것은 화가들 사이에서 널리 받아들여지는 생각이다. 이것이 아카데미즘의 본질이다.

아무것도 없는 것에 대한 좋은 그림 같은 건 없다. 우리는 주제가 결정적이며, 비극적이고 시대를 초월한 주제만이 유효하다고 주장한다. 이것이 바로 우리가 원시적이고 고풍스러운 예술과 영적 친족 관계를 공언하는 이유이다.

특히 네 번째와 다섯 번째 주장을 통해 우리는 그들이 평면을 지향하는 이유가 당대 화가들의 형식성의 극난을 통한 순수 회화성의 추구와는 다른 차원의 것임을 분명히 알 수 있습니다. 뉴먼에게 평면은 순수한 진실을 드러내기 위한 것이며, 이 순수한 진실, 시대를 초월한 주제를 향한 추구가 회화적 모험의 가장 중요한 동기인 셈입니다. 뉴먼에게 있어 진실이란 '미에 대항하는 숭고'라고 할 수 있을 것입니다.

뉴먼은 「숭고는 지금이다The Sublime is Now」(1948)[32]라는 짧은 글을 통해 자신의 '숭고론'을 표명합니다. 그는 이 글에서 근대 예술의 본질적

---

32 Barnett Newman, "The Sublime Is Now." *The Tiger's Eye 1*, no. 6 (15 December 1948), 51~53.

충동을 '미를 파괴하는 욕구'로 정의합니다. 심미적 관능성이라는 이제 까지의 예술의 목표를 파괴하고자 하는 시도는 그러나 번번히 실패했 습니다. 이를테면 인상주의자들은 거친 붓 스트로크를 통해 관능적 회화표면을 부정했습니다. 그러나 뉴먼은 인상주의자들이 결국은 숭고한 메시지를 전달할 고유한 방법을 창조하지 못하고, 회화적 아름다움이라는 낡은 주제로 다시 퇴보하고 말았다고 비판합니다. 그들은 미적 가치를 파괴하고 부정한 것이 아니라, 새로운 형식의 조형적 완전성과 미적 가치를 찾은 것에 불과했습니다. 뉴먼은 이후의 입체주의자들도 크게 다르지 않다고 보았습니다. 르네상스와 인상주의자들의 벨벳 표면을 신문과 사포 조각들로 바꿔놓는 다다Dada적 제스처란 것은 결국 새로운 비전을 창조하지 못하고 미적으로 표현 가능한 가치들의 이행만을 만들어냈을 뿐이라고 말합니다. 다다적 제스처가 종잇장들을 고양시키는 데만 성공했을 뿐이라는 비아냥도 빼먹지 않습니다.

피에트 몬드리안1872~1944도 뉴먼의 비판을 피해가지 못했습니다. 뉴먼은 순수한 주제에 대한 고수를 통해 르네상스 미술을 파괴하려던 그의 시도 역시 결국은 하얀색 표면과 직각을 숭고의 영역으로 고양시키는 데 성공했을 뿐이라고 말합니다. 이는 역설입니다. 숭고를 표현하거나 제시하는 것이 아니라, 완전한 감각의 절대성absolute of perfect sensations을 통해 감각성을 절대화했기 때문입니다. 즉 몬드리안은 기하학적인 형태와 단순한 색채를 절대적 가치로 만든 것입니다. 기하학(완전성)이 그의 형이상학(고양)을 삼켜버렸다고 뉴먼은 말합니다.

뉴먼은 숭고의 문제를 시대에 앞서 제시했던 미켈란젤로로부터 이후의 예술이 한걸음도 나아가지 못했다고 봅니다. 이것은 근대 미술의 한계이기도 하고, 유럽 문화의 한계이기도 했습니다. 그가 보기에 유럽의 회화는 감각적 현실성에 머물고자 하는 욕구, 순수한 조형성의 틀 안에 머물고자 하는 욕구로부터 벗어나지 못한 것입니다. 조형성과 감각성 안에 머무는 한 예술은 미적인 쾌를 위해서 존재하는 것에 불과합니다. 뉴먼은 미적 쾌 이외의 다른 것을 예술에서 창조하고자 한 것입니다. 예술이란 것은 진실을 마주하기 위해 있는 것이지, 즐거움의 대상으로 향유하기 위해 있는 것은 아니기 때문입니다.

　뉴먼은 이제 미국에서 이러한 새로운 예술의 가능성을 보고자 합니다. 미국은 역사와 문화가 짧다는 게 그 이유입니다. 왜냐하면 오랜 역사와 풍부한 문화는 추상적 차원에서 단순한 진실을 파악하지 못하게 하고, 끊임없이 전설, 신화, 기억, 연상, 향수 등으로 회귀하도록 하기 때문입니다. 뉴먼은 이것이 새로운 회화를 위한 장애물이며, 미와의 싸움에서 숭고가 이길 수 없는 이유라고 본 것입니다.

　뉴먼이 그리고자 한 것은 숭고한 대상이 아닙니다. 중요한 것은 인간을 신으로 만드는 것도(그리스 미술), 건축으로서의 대성당을 짓는 것(중세)도 아닌, 인간 지체를, 회화 자체를 '내싱낭'으로 반드는 것입니다. 회화 자체를 하나의 숭고를 체험할 수 있는 장소로서 존재하게 하는 것입니다.

지금 여기에서 숭고를 추구할 때 뉴먼은 낭만주의적 예술의 장엄함과는 결별하지만 표현불가능한 것에 대한 생생한 혹은 강력한 증언을 담아야 한다는 낭만주의 예술의 근본적인 임무까지 거부하는 것은 아니다. 표현불가능한 것은 저기에there 존재하지 않는다. 달리 표현하자면, 표현불가능한 것은 다른 어떤 때가 아닌 바로 지금 이 순간, 즉 (무언가가) 일어나는 순간에 존재한다. 회화예술이 개념으로 결정될 때 그것이 일어난다라는 비결정적인 것은 그림을 그리는 것, 즉 회화 그 자체이다. 사건으로서의 그림 그리기, 회화는 표현불가능한 것이며, 회화가 증언해야 하는 것은 바로 그 사건 혹은 사건 그 자체이다.[33]

이 글의 첫 부분에서 우리는 아우슈비츠의 유대인이 무엇을 말할 수 있는가라는 질문을 던졌습니다. 리오타르가 뉴먼의 회화를 통해 말하고자 하는 것도 마찬가지입니다. '표현할 수 없는 대상을 표현하는 것이 과연 가능한 것인가?' 위의 인용문에서 리오타르가 단지 사건이 있다고 말하는 것은 무엇을 의미할까요? 여기서 중요한 것은 "무엇"이 일어나는가가 아닙니다. 오히려 "무엇"이 일어나기 이전에, 무언가가 "일어나고 있다"는 사태가 선행되기 때문입니다. "일어나고 있다는 것은 무엇이 일어나고 있는가라는 질문보다 항상 앞서는 것"[34]이라고 리오타르는 말합니다.

지금 여기에 무엇인가가 일어났다는 사실, 그날 그 시간에 아우슈비츠에서 무언가가 '분명히', '일어났다'는 사실. 그것이야말로 숭고의 증언이 보여주는 암시라고 할 수 있을 것입니다. 규정되지 않는 것, 우리가 알 수 없는 것, 그려지지 않고, 사회화되지 않는 그것의 존재. 이 무규정적인 것이 우리에게 불러일으키는 어떤 동요야말로 숭고가 우리를 자극하고 위협하는 본질이기도 합니다.

---

33 『지식인의 종언』, 162f.
34 『지식인의 종언』, 157.

공간적 숭고에서 시간적 숭고로

> 뉴먼에 있어 지금은 ─ 간단하게 지금은 ─ 의식에 알려지지 않은 것이며, 또한 의식에 의해 구성될 수 있는 것도 아니다. 그것은 오히려 의식을 분해시켜 즉위해제시키는 것이고, 그것은 의식을 정립할 수 없는 것이며, 의식이 스스로를 구성하기 위해 잊어버려야 하는 것이다. 우리가 정립할 수 없는 것이란 무언가가 일어나고 있다는 것, 혹은 더 간단히 말하자면 그저 일어나고 있다는 것이다. 이는 전달매체의 의미에서 '큰' 사건도, 작은 사건도 아니다. 그것은 단지 발생occurence이다.[35]

우리 눈앞에 일어나는 것이 그저 발생이라면, 그렇다면 숭고의 회화가 제시하는 것은 과연 무엇일까요? 그런데 정말 무엇인가가 일어나기는 하는 것입니까? 실제로는 아무것도 일어나지 않는다면? 리오타르는 숭고에 대해 이야기하면서, 시간성의 단절에 대해 이야기합니다. 세상의 끝/종말이라고 할 수 있는 어떤 막막함, 그리고 분명히 존재하지만 결코 표현할 수 없는 것, 그것은 시간의 문제와 관련되어 있습니다. 시인이 텅 빈 종이를, 화가가 텅 빈 화폭을 대했을 때 느끼는 불안감. 정말로 아무것도 일어나지 않을 수 있다는 공포. 그리고 모든 것이 있었던 것이 아니라 없는 것이라는 공포. 자신의 말을 갖지 못한 자들

---

35 『지식인의 종언』, 156f.

이, 기존의 담론에서 배제된 표현들이 결국 최종적으로 그들을 내모는 소멸에의 공포. 이 공포로부터 무엇인가 일어난다는 사건, 표현 불가능한 것의 제시를 향한 또 다른 욕망이 분출합니다.

리오타르는 뉴먼의 친구이자 주석가였던 헤스T. B. Hess의 견해를 언급합니다. 헤스는 뉴먼의 시간과 공간을 이렇게 설명했습니다. 뉴먼의 시간이란 히브리 전통의 '그곳, 그 위치, 그 장소'라는 의미를 지닌 마콤Makom/하마콤Hamakom을 통해 표현됩니다. 모세의 율법에 의하면 그것은 신에 부여한 이름들 중의 하나라고 합니다. 그것은 단순히어떤 공간space에 위치한 곳이 아니라, 다른 모든 곳들과는 다른 이질적이고 특별한 장소place를 가리킵니다. 뉴먼의 회화는 작품 앞의 관객을 특별한 장소 속으로 몰입시킵니다. 이때 이 새로운 장소에서 우리는 장소성을 잃고 시간의 문제를 만나게 됩니다. 시간성을 위한 장소, 시간을 통한 숭고의 경험이 가능한 장소, 그것이 뉴먼의 장소입니다. 그의 회화는 이 숭고를 위한 장소이며, 그가 회화를 통해 만들어내는 '대성당'입니다. 그곳에서 우리는 더이상 일상적 존재가 아니게 됩니다. 고대 그리스 미술이 인간의 이상화를 통해 인간을 신으로 만들었고, 중세는 건축으로 직접 대성당을 지었다면, 이제 바넷 뉴먼은 회화 자체를 '대성당'으로 만드려는 것입니다.

뉴먼이 염두에 둔 것은 회화를 통한 공간의 조작이나 이미지가 아니라 시간성이라고 흔히 말합니다. 이 점이 칸트의 숭고와의 차이이기도 합니다. 칸트에게 숭고란 언제나 공간적으로 이해된 것이었습니다. 그것은 표상, 상상력 등과 관계된 것으로, 크기와 같은 공간적 특징을 통해 포착된 것입니다. 그러나 뉴먼에게 존재란 언제나 시간성과 관계를 맺는 것입니다.

이러한 시간성의 문제는 하이데거의 철학과도 연결됩니다. 하이데거에게 존재란 끊임없이 변화하는 시간성 속에 열려 있기 때문입니다. 그 시간을 살아가는 것, 시간을 실천하는 것, 그것이 하이데거 철학에서 존재 이해의 핵심입니다. 미국 미술의 영향력 있는 작가이자 큐레이터인 데이비드 안팜David Anfam이나 미술평론가이자 철학자인 아서 단토Arthur C. Danto 역시 하이데거의 현존재Dasein의 문제가 뉴먼의 회화에서 암시되고 있다고 보았습니다.

그의 작품에 시간을 상징하는 제목이 많은 것도 이러한 이유입니다. 「시작The Beginning」, 「순간 Moment」, 「창세기—단절Genesis—The Break」, 「지금Now II」, 「아담Adam」, 「이브Eve」 등이 그렇습니다. 뉴먼은 "공간은 일반적인 특징이며, 오직 시간만이 개인적인 개념"이라고 말했습니다. "예술가가 공간 내에 존재하는 물질적 대상을 재현하거나, 그것의 감각을 유발할 때에만 비평가들이 이것을 '이해'할 수 있기 때문에, 그들(비평가들)은 공간에 대한 설명이 대상이 되는 미술가들을 '구체적'이고 실제적으로 만든다고 생각했다."[36]고 주장했습니다.

어떤 문장 이후에는 다른 문장이, 어떤 색 이후에는 다른 색이 뒤따른다. 그것이 무엇인지는 모른다. 그렇지만 우리는 한 문장이 다른 한 문장과, 한 색이 다른 한 색과 연결되는 것을 허락해 주는 규칙들, 즉 정확히 방금 내가 언급했던 과거와 미래의 제도들에 보존되어 있는 규칙

---

36 Barnett Newman, *Barnett Newman : Selected Writings and Interviews*, ed. John Philip O'Neil, 2012, 174~175. 박준수, 「회화의 창조—바넷 뉴먼의 1949년 수평 띠 작품 연구」, 『현대미술사연구』 제34집, 현대미술사학회, 52.

들에 의지하면 그것을 알게 된다고 생각한다. …… 이것은 다른 형태의 사고들과 마찬가지로 회화의 경우에도 해당된다. 어떤 그림 다음에는 다른 어떤 그림이 필요하게 되고, 허용되고, 금지된다. 어떤 색 다음에는 이 색, 이 선 다음에는 저 선이라는 식이다. 이러한 시간적 관계에서 보자면 아방가르드 선언서와 예술학교의 교과과정표에는 별 큰 차이가 없다. 양자는 자신들이 보기에 연쇄적으로 올 수 있는 것으로서 적절한 것들을 모아놓은 취사선택의 일람표들이다. 그러나 이들은 둘 다 아무것도 일어나지 않을 수 있다는 가능성, 아무런 말도, 색도, 형태도, 소리도 오지 않을 수 있다는 가능성, 이 문장이 마지막 문장이 될 수도 있다는 가능성, 빵이 매일 나오지 않을 수 있다는 가능성을 망각하고 있다. 이 가능성은 화가가 조형물로, 음악가가 음으로, 철학자가 황량한 사고로 작업하는 과정에서 맞닥뜨리게 되는 비참함이다. 그리고 이 비참함은 텅 빈 화폭이나 텅 빈 페이지를 대했을 때, 즉 작업의 '시작' 단계에서뿐만 아니라, 작업을 해 나가는 매순간, 즉 무언가가 그다음에 오기를 기다려야 하고 그래서 그 무언가로 인해 그리고 이제는 무엇이? 라는 의문을 갖게 될 때마다 떠오르는 느낌이다.[37]

우리가 뉴먼의 작품을 마주 대하고 느끼는 감정은 바로 이러한 시간성의 숭고입니다. 그것은 무언가 거대한 대상, 혹은 어떤 숭고한 대상이 우리 앞에 있는 것이 아니라, 막연한 존재에 대한 암시를 통해 오직 거기에 '무엇인가가 있다는 것'을 우리는 깨닫습니다. 이렇게 우리

---

37 『포스트모던의 조건』, 206f.

는 작품 속에서 '존재 그 자체'와 만나게 되지만, 동시에 이 막연함 앞에서 시간성의 단절과 현재성을 그 깊은 곳에서 체험하게 됩니다. 그러므로 이 회화 속에서 숭고한 무엇, 숭고한 대상 혹은 내용을 만나는 것이 아닙니다. 여기서 우리가 만나는 것은 그러한 숭고를 경험하는 우리 자신과 다름없습니다.

이 만남은 자연스럽고 편안한 만남이 아니라 우리의 존재 자체를 위협하는 그러한 만남이라는 데 숭고의 계기가 있습니다. 바로 이 불안하면서도 설명할 수 없는 '존재'와의 조우 그 자체, 우리가 설령 그것이 의미하는 바를 정확히 개념으로 옮겨낼 수 없다 하더라도 우리가 마주선 그것이 우리의 존재를 흔드는 무엇이라는 것을 아는 그 순간, 우리는 숭고를 체험하게 됩니다. 즉 뉴먼의 작품은 숭고의 대상을 재현하는 것이 아니라, 무와 존재 사이의 심연, 그 영원한 긴장을 표현함으로써 숭고의 감정을 일으키는 것이라고 할 수 있습니다. 그리고 이러한 숭고는 공간이나 이미지를 조작하는 것에 의해서가 아니라, 시간의 문제아 관련된다고 비넷 뉴민은 1949년 미완성으로 남은 『새로운 미학을 위한 서언 Prologue for a New Aesthetic』에서 밝히고 있습니다. 그는 자신의 작품이 '시간감sensation of time'과 관계 있다고 말하고 있습니다. 바넷 뉴먼에게 회화는 더이상 공간 예술이 아닙니다.

시간의 문제는 리오타르에게도 중요합니다. 우리는 공간을 상상하는 것처럼 시간 역시 상상합니다. 서양 철학의 시간 개념 역시 마찬가지입니다. 그 누구도 미래를 직접 살아보지 않았다는 점에서 시간의 개념이야말로 언제나 상상된 것입니다. 또 우리는 시간이 무한하다고 상상합니다. 시간의 무한함은 일종의 숭고로서 다가옵니다. 서양의 철학은 이 시간적 무한성을 숭고로서 상상의 외부로 두지 않고 상상 안에 안전하게 포섭해 왔습니다. 뉴먼이 회화를 통해 미를 파괴하고자 하는 것과 마찬가지로 리오타르는 상상의 범위 안에 안전하게 포섭된 시간성을 파괴하고자 합니다.

역사적 진보, 과학적 발전에 대한 맹신과 그것이 내포하는 전체주의적 견해의 위험성을 경고하고 그 토대를 허무는 리오타르에게 있어, 상상적 시간성은 무엇보다 부정되어야 하는 것입니다. 그는 이러한 헤겔적인 상상이 초월적 환상에 불과하다고 보았으며, 이 환상의 대가가 테러라는 사실을 누구보다 잘 알고 있었습니다. 하나의 전체로서 포착되고 총괄된 시간이란, 대서사로서 존재하는 시간이며, 진보와 해방의 서사로 그 완성에 이르는 시간입니다. 환상으로서의 시간, 시간은 무한하지만 역사는 완성된다는 괴이한 모순을 가능하게 하는 시간, 리오타르가 파괴하고자 하는 것은 이러한 초월적 환상으로서의 시간입니다. 그에게는 자본주의도, 국가사회주의도, 소비에트 공산주의도 모두이 초월적 환상이 만들어낸 테러입니다. 이러한 초월적 환상으로서의 시간을 우리는 숭고한 시간에 대비되는 미적 시간이라고 할 수 있을 것입니다.

미에 대한 뉴먼의 투쟁과 전체에 대한 리오타르의 투쟁은 여기서 하나로 겹쳐집니다. 칸트에게서 상상력은 공간 안의 대상을 상상하는 것이고, 이 대상의 상상 불가능성이 숭고와 연결되었습니다. 뉴먼에게서 숭고는 공간이 아니라 시간성에서 시작됩니다. 리오타르에게 시간에 대한 상상은 무엇보다 먼저 파괴되어야 할 상상입니다. 먼 과거로부터이 세계의 완성에 이르는 미래까지의 하나의 총체로 파악되는 시간/역사. 리오타르는 바넷 뉴먼의 시간적 숭고가 이러한 총체성을 파괴하는 예술이라고 보았던 것입니다. 그 속에서 시간에 따른 기계적이고 신화적인 믿음이 전제하는 미래, 진보, 완성된 역사 등은 결코 존재하지 않습니다. 시간성에 대한 환상의 파괴, 시간이 기계적 인과를 따르지 않는다는 것을 인식하는 순간, 우리는 시간의 환상이 주는 테러로부터 벗어날 수 있습니다. 그 속에서 무한한 숭고로서의 시간은 다시금 우리 앞에 존재하게 될 것입니다.

05

모리스 블랑쇼 — 스테판 말라르메

진리를 말하는
비인칭의 언어

"

시는 사물의 부름에 응답하는 것이 아니다.
시는 사물을 명명함으로써
그것들을 지키기 위한 것이 아니다.
오히려 역으로 시적 언어란 자연적인 것을,
그것이 진동하면서 사라지는 것으로
변조하는 불가사의인 것이다.[1]

"내가 어디에서 당신을 보면 좋겠소?"
"존재하지 않는 곳"[2]

1 모리스 블랑쇼, 『도래할 책』, 심세광 옮김, 그린비, 2011, 423. 이하 책제목과 쪽수만 병
   기한다.
2 모리스 블랑쇼, 『죽음의 선고』, 고재정 옮김, 그린비, 2011, 78. 이하 책제목과 쪽수만 병
   기한다.

이해할 수 없는 시인, 말라르메

난해한 시를 쓰는 시인, 이해할 수 없는 시인. 스테판 말라르메1842
~1898는 등장부터 그렇게 불렸습니다. 시문집인 『현대 파르나스Le
Parnasse contemporain』의 심사위원이었던 아나톨 프랑스1844~1924는 「목
신의 오후」의 전신인 「목신의 독백」의 게재를 거부했습니다. 이 작품
을 선정한다면 사람들이 비웃을 것이라면서 그 스스로 이 작품을 비웃
었습니다. 이해 불가능한 시를 쓴 말라르메는 "명확하지 않은 것은 프
랑스어가 아니다."라는 교조적인 관념 아래 당대의 수많은 평론가들의
비판을 받았습니다. 그는 "프랑스어의 명백한 처형자"이자 심지어 "외
국인 말라르메Mallarmé métèque"라고 불리기도 했습니다. 톨스토이는
"이들 시행詩行들은 불가해한 것들 중에서 예외가 아니다. 나는 말라르
메의 운문들을 여럿 읽었다. 그런데 그것들은 완전히 의미를 빼앗기고
있다는 점에서 똑같다. 『헛소리들Divagations』과 같은 그의 산문들로 말
할 것 같으면, 거기서 뭐가 뭔지를 이해한다는 게 불가능하다."고 노골
적인 비난을 퍼부었습니다.

당대 부르주아 사회에서 말라르메의 시는 프랑스어가 아니었으며,
'번역'이 필요한 작품이었습니다. 그는 왜 그런 시를 썼을까요? 무엇보
다 그는 언어의 일상적 용법을 시적 언어의 사용과 구분했습니다. 또
이야기를 거부하고 언어 자체의 본질에 대한 탐구를 통한 시작詩作을
일생에 걸쳐 추구했습니다. 이후 그의 시에 대한 평가는 역전을 겪게
됩니다. 난해성에 대한 해석의 욕구와 맞물려 의미가 부여되면서, 순
수시, 현대시의 위대한 선구자로 여겨지게 된 것이지요. 이와 더불어

그의 몇 편 되지 않는 작품들을 보완하기 위해 그의 편지는 물론 부채, 사진, 그림, 조약돌, 부활절 계란, 얼린 과일상자들에 쓰인 단편적 시행들까지도 진지한 해석의 대상이 되는 해프닝이 벌어집니다. 일종의 과도한 신화가 형성된 것입니다.[3]

독일의 문학자이자 작가이기도 한 후고 프리드리히1904~1978는 말라르메가 무엇보다 모호함 때문에 경원의 대상이 되었다고 말합니다. 그의 시의 특징은 다음과 같이 이야기됩니다. "감정 및 영감의 배제, 지적으로 통제되는 상상력, 현실성의 멸절 및 논리와 열정에 있어서의 규범적 질서의 파괴, 언어의 충동력 조절, 이해 가능성 대신에 암시, 문화의 종말기에 속한다는 의식, 현대성에 대한 두 갈래 입장, 인문주의 및 기독교 전통과의 단절, 탁월성의 표지로서의 고독, 시의 창작과 시에 대한 성찰을 동격화함."[4] 이런 점에서 그의 시는 현대시의 보편적 특성을 보이는 동시에, 현대시보다 오히려 더 앞선 모습을 보입니다.

말라르메의 작품을 번역한 황현산은 그의 시를 다음과 같이 해설하기도 합니다. "그가 시에서 쓰는 통사법은 특이하다. 주어와 술어의 자리가 자주 도치되고, 그 사이에 끼어든 긴 보족절에 의해 그 관계가 감춰지고, 낱말과 낱말 사이에 언어논리적으로 이해되었다기보다는 차라리 수학적으로 이해된 문법 규칙이 적용되고, 지배 관계가 모호한 명사와 형용사와 부사, 그리고 의미를 굴절시키는 전치사가 병치되고,

---

3 말라르메 시의 난해성에 대한 당대의 반응은 다음의 논문에서 인용한 것이다. 황의조, 「말라르메, 말라르메, '난해한' 말라르메 −현대성이라는 시적 신화와 말라르메주의의 역사성」, 외국문학 53, 262~283, 열음사, 1997.

4 후고 프리드리히, 『현대시의 구조: 보들레르에서 20세기 중반까지』, 장희창 옮김, 지식을 만드는 지식, 2009, 155.

의미 전달의 차원에서 주절, 종속절, 관계절의 관계가 역전되어, 거의 해체 상태에 이른 통사법으로, 그는 문文을 깨뜨리고 분해하여 마침내 문 속의 낱말 하나하나가 그 독립성과 연대성을 동시에 과시할 자기 고유의 자리를 발견하게 된다. …… 말라르메의 시는 얼핏 난독증 환자가 독서하는 방식을 시의 정형 속에 역으로 재구성한 것처럼 보이기도 한다."[5]

이러한 형식적인 난해함이 몇 십번, 몇 백번의 퇴고를 거쳐 정밀하게 고안된 것이라는 사실은 그가 시에서 무엇을 의도했는지를 생각하게 합니다. 그는 다작을 하는 작가는 아니었습니다. 그는 시인의 삶을 살았고, 시를 쓴다는 것은 그의 생애 전체를 지배하는 운명이었습니다. 그러나 그의 시작인생을 지배하는 것은 오히려 긴 시간 동안의 침묵이라고도 말할 수 있을 것입니다. 습작을 하던 열일곱 살과 열여덟 살 때의 말라르메는 왕성한 창작을 보입니다. 이 시기 단 15개월 동안 쓴 시가 60여 편에 이릅니다. 그러나 1862년 등단한 이후 1898년까지 36년 동인 쓴 시가 70어 편을 재 넘지 못합니다. 구체적으로 들여다보면, 1867년부터 1884년까지 17년 동안 쓴 시는 7편에 불과하고, 1885년부터 1887년까지 3년 동안 13편의 시를 썼습니다. 그리고 1887년부터 1891년까지의 긴 침묵 후, 1892년부터 1896년까지 11편의 작품을 썼습니다.[6]

그가 시작 이외의 다른 활동에 집중했던 것도 아닙니다. 그는 다만 많이 쓸 수 없었을 뿐입니다. 그는 매일 밤마다 책상 앞의 빈 페이지를

---

5 스테판 말라르메, 『시집』, 황현산 옮김, 문학과 지성사, 2005, 28.
6 앞의 책, 13f.

스테판 말라르메

Stéphane Mallarmé
1842~1898

프랑스 시인, 비평가.

1842년 파리 제2구 라페리에르 가 12번지에서 태어났습니다. 13살에 기숙사에서 퇴거된 일 정도가 삶에서 대단한 사건이라고 말할 정도로 비교적 평이한 삶을 살았습니다. 다만 당시 학교의 선생들은 "순종하지 않고 허영심 많은 성격"이라고 그를 비난했다고 합니다. 리세를 졸업한 후에 국유지 관리국의 하급직원으로 지내다가, 2년 후에는 영어교사 자격증을 취득하여 교사생활을 했습니다.

교사생활을 하면서 틈틈이 시를 발표하던 그가 차츰 시인으로서 이름을 얻게 된 것은 꽤나 나중의 일입니다. 시인으로서 명예를 얻게 된 후에는 파리 롬 가의 아파트에서 '화요회'라는 모임을 가졌는데, 폴 발레리(1871~1945), 앙드레 지드(1869~1951), 제임스 휘슬러(1834~1903), 오딜롱 르동(1840~1916), 르누아르(1841~1919), 드가(1834~1917), 모네(1840~1926) 등 당대의 젊은 문인들과 예술가들이 이 모임을 찾았습니다. 그의 화요회는 파리 지식인들과 유명인들의 중심이었습니다.

그의 시는 순수시의 정수로 불리며, 그 특유의 난해함으로 유명합니다. 감정이나 영감, 대상의 직접적 표현을 배제하고 언어에 의한 암시, 음운적 특성을 통한 시어 배열, 기존의 인문주의 및 기독교 전통과의 단절 등 현대시의 방향을 제시하기도 했습니다. 대표작으로는 「성녀」, 「백조」, 「목신의 오후」, 「한 번의 주사위 던지기」 등이 있습니다.

마주하고 있었으나 아무것도 쓸 수 없는 날이 대부분이었습니다. 그는 완벽한 시를 쓰고 싶어 했습니다. 그건 진리를 담고 있는 시, 진리로서의 시였을 것입니다.

언어의 불가능성

말라르메의 시에 대한 사유는 언어에 대한 사유의 어떤 움직임을 보여줍니다. 우리는 어떻게 사유할 수 있을까요? 우리가 침묵하면서 사유할 때 우리의 정신은 어떤 흐름 속에 놓여 있을까요? 모리스 블랑쇼 1907~2003는 사유가 순수한 말이라고 합니다. 그것은 우리의 사유가 결코 언어를 떠나서는 가능하지 않다는 것을 의미합니다. 침묵 속에서도 우리의 언어는 멈추지 않기 때문입니다. 시 역시 언어로 이루어져 있습니다. 시가 언어로 이루어진 것이라면, 우리는 시를 이해하기 위해서 언어를 사유해야 합니다. 그런데 언어를 사유한다는 것은, 그 최종적인 의미에서 사유에 대해 사유한다는 것이기도 합니다. 블랑쇼의 표현대로 "사유란 순수한 말"이기 때문입니다.

사유가 언어적 필연성에 속박되지 않는다고 여기는 이들이 있습니다. 동양적 사유는, 특히 불교적 사유는 언어의 구속에서 벗어난 사유에 대한 신념을 오랫동안 간직해 왔습니다. 불교는 깨달음과 그 소통에 대한 가르침을 불립문자不立文字, 교외별전敎外別傳과 같은 말들을 통해 강조했습니다. 만약 사유가 언어에 속박되지 않는다면 시적 언어를 위한 노력이란 온통 무의미할 것입니다. 그것은 결코 순수한 말이 되지 못하고, 진리의 언어가 될 수 없기 때문입니다.

언어에 대해 사유에 사유를 거듭한 후에 도달한 공간에서 말라르메는 언어의 무한한 능력이 아닌, 언어가 대상을 완벽하게 표현할 수 없다는 언어의 불가능성을 보았습니다. 그것은 그가 언어의 경계까지 자신의 사유를 멈추지 않고 끊임없이 밀어붙였다는 것을 의미하기도 합니다. 말라르메가 이렇게 언어의 불가능성을 마주할 수밖에 없었던 것은 바로 시의 언어는 진리를 말해야 한다는 강박에 시달렸기 때문입니다. 이런 점에서 그는 차라리 철학자라고 말할 수 있습니다. 그렇다면 차라리 시가 아니라 철학의 개념을 통해 진리를 말하는 것이 낫지 않았을까요? 그러나 진리가 가진 비밀을 시 속에 그대로 보존하고자 했던 그가 철학적 개념 속에서 그러한 비밀의 신비로움을 소진시킬 수는 없었을 것입니다. 그는 존재론적 보편이 아니라, 오히려 그 역으로 나아갑니다. 단순한 사물을 소재로 다룬 언어를 통해 존재의 진리를, 불멸의 말로 기록하고자 합니다. 시인에 의해 지상의 단순한 사물들은 비밀로 가득한 진리를 숨기는 존재가 되는 것이지요.

동시에 이 언어들은 어떤 불가능성에 부딪힐 수밖에 없습니다. 이미 고대부터 "지상의 언어의 그 다양성으로 인하여 그 누구도 단 한번에 물질적으로 진리가 될 수 있는 단어를 발음할 수 없다"[7]는 것이 진리로 받아들여지고 있으므로, 진리를 언어를 통해 완전히 표현할 수 없음은 잘 알려져 있었습니다. 이는 단지 우리의 언어가 다양하기 때문에 벌

---

7 모리스 블랑쇼, 『문학의 공간』, 이달승 옮김, 그린비, 2010, 41. 이하 책제목과 쪽수만 병기한다.

어지는 일은 아닙니다. 우리가, 지구상의 인류가, 아니 우주의 모든 언어가 오직 하나의 언어로 이루어졌다고 하더라도, 우리는 결코 존재의 진리를 나타내는 단어를 말하지 못할 것입니다.

결국 이 시적 진리에 대한 강박은 필연적으로 그 불가능성이라는 막다른 골목에 시인을 데려다 놓습니다. 그러나 여기에 시인의 마지막 저항이 존재합니다. 시인은 시를 통해 언어의 불가능성에 저항할 수밖에 없습니다. 그것이 시인의 운명이며 존재이유일 것입니다. 말라르메의 긴 침묵은 아마도 이런 깨달음에서 나온 절망이자, 거기에서 벗어나기 위한 오랜 명상을 의미할 것입니다.

바깥의 사유

말라르메의 언어의 불가능성이라는 인식과 더불어 블랑쇼의 '바깥의 사유'가 비로소 시작됩니다. 바깥dehors이란 외부입니다. 어디의 외부일까요? 바로 주체의 외부입니다. '타자'라고 불리는 그것, 그것이 바깥입니다. 바깥이란 죽음의 공간이기도 합니다. 그렇기 때문에 '바깥'이란 역설적 공간이기도 합니다. "나의 죽음에 의해서 형성된 공간이자 거기로의 접근만이 나를 죽게 하는"[8] 공간, 그리고 나 자신은 결코

---

8 『문학의 공간』, 155.

모리스 블랑쇼

Maurice Blanchot
1907~2003

프랑스의 작가, 철학자, 문학이론가.

질 들뢰즈(1925~1995), 미셸 푸코(1926~1984), 자크 데리다
(1930~2004), 장 뤽 낭시(1940~현재) 등의 20세기 후반 프랑
스 철학에 큰 영향을 주었다. 스트라스부르 대학에서 철학을 공
부하면서 에마뉘엘 레비나스(1906~1995)와 친구가 되었다.

대학 졸업 후에는 저널리스트로 일하였다. 주류 보수 일간지 「주
르날 데 데바(Journal des débats)」 편집인을 지냈고 민족주의 및
극우주의 잡지에 기고한 경력 때문에 비판을 받기도 한다. 그러
나 파시즘 세력에 대해 끈질기게 경고하면서 레지스탕스로 활동
했다. 1944년 6월 나치에 의해 처형될 뻔하였지만, 겨우 살아난
후에는 자신의 글쓰기를 통해 죽음의 문제에 대해 깊이 파고들었
다. 이후에는 사람들 앞에 나서지 않고 은둔적 삶을 유지했다. 그
러나 홀로코스트에 대한 하이데거의 침묵을 비판하거나 알제리
전쟁에 반대하고, 68혁명에 직접 참여하는 등의 활동에는 예외적
으로 나서기도 했다. 소설, 문학이론, 철학 등 다양한 분야를 아우
르며 글쓰기를 시도했다.

대표작으로는 「죽음의 선고」(1948), 「문학의 공간」(1955), 「도래
할 책」(1959), 「카오스의 글쓰기」(1980) 등이 있다.

경험할 수 없는 공간. 블랑쇼가 제기하는 질문은 이것입니다. '우리는 타자를 제대로 사유할 수 있는가?' 이것이야말로 철학이 우리에게 제기하는 단 하나의 질문이기도 할 것입니다. 낭만주의자였던 노발리스는 이렇게 말합니다. "진정한 철학행위, 그것은 자살이다. 여기서 모든 철학의 실제적 시작이 있으며, 철학도의 모든 욕망은 여기로 향한다."[9]

철학이란, 사유란 결국 세계를 이해하기 위한 것이고, 이는 곧 나의 외부에 존재하는 타자를 이해하기 위한 것과 다름 없습니다. 그리고 타자를 이해함으로서만 인간은 공동체 내의 존재가 될 수 있고, 세계를 자신을 위해 변형시킬 수 있습니다. 공동체를 떠난 인간은 인간일 수 없으므로, 인간은 타자를 이해함으로서만 인간이 될 수 있습니다. 이런 의미에서는 우리는 언제나, 이미 타자를 이해하고 있다고 말할 수도 있습니다. 그러나 블랑쇼가 바깥이라고 말할 때, 그때 바깥으로 불리는 타자는 우리 안에 들어와 있는 타자, 우리에게 포착되고 이해되고 인식되는 타자가 아닙니다. 인간이 타자와 더불어 산다고 했을 때 타자는 사유를 통해 우리가 됩니다. 그것은 동일자로서의 타자이며, 진정한 타자가 아닙니다. 우리가 이해했다고 생각하는 순간, 여전히 이해되지 않고, 이해를 거부하면서 바깥에 남아있는 타자가 있습니다. 이해되지도 영원히 불가해한 것도 아닌 존재.

이 존재의 이중성에서 새로운 지평이 열립니다. 그러나 이러한 새로운 지평은 이제까지의 철학사에서 제 몫을 가지지 못했습니다. 서구 철학은 플라톤의 '대화'로부터 시작되었지만, 이 대화, 변증론/법은 타

---

9 『문학의 공간』, 153.

자를 자기화하는 대화입니다. 이때 타자의 목소리는 실상은 타자의 목소리가 아니라, 자신의 목소리, 독백의 목소리에 불과합니다. 소크라테스와 대화하는 상대는 실상 또 다른 소크라테스에 불과한 것이지요. 외부의 세계를 자신의 인식 안에서 포착하는 행위란 결국 자기 동일성을 확장하는 행위에 지나지 않습니다. 변증법의 철학자인 헤겔마저도 이러한 자기 동일성의 확장이 타자의 죽음으로부터 시작한다는 것을 무엇보다 잘 알고 있었습니다.

> 말은 존재의 부재이고, 존재의 무이며, 존재를 상실했을 때 존재에서 남는 것이다. …… 헤겔은 … 다음과 같이 적었다. '아담이 동물들의 주인이 되게 하였던 최초의 행위는 동물들에게 이름을 부과하는 일이었다. 이를테면 그는 동물들을 (존재자들로서의) 그들 실존 가운데서 소멸시켜 버렸다.'[10]

그러나 헤겔은 '지양'의 개념을 통해 이러한 실존의 소멸을 세계를 개념화하고 역사화하는 과정의 필연성으로 이해합니다. 세계는 세계 자체로 우리 안에 존재할 수 없습니다. 그것은 우리 안에서 사유되기 위해서 저 지양의 과정을 거치지 않을 수 없습니다. 실존을 소멸시키는 일은 헤겔에게는 이 필연성으로 서술됩니다. 타자, 모순, 차이를 자기 동일성 내로 다시금 회귀시키는 이 정신의 활동이 곧 절대정신의 운동이고, 이를 통해 헤겔은 세계의 바깥을 정신의 내부로 가져옵니다.

---

10 모리스 블랑쇼, 『카프카에서 카프카로』, 이달승 옮김, 그린비, 2002, 42f. 이하 책제목과 쪽수만 병기한다.

블랑쇼의 '바깥의 사유'는 이 헤겔적 사유에 대한 비판이라고 할 수 있습니다. 블랑쇼에게 바깥은 인식의 외부, 체계의 외부, 언어의 외부, 사유의 외부, 낮의 외부로서의 밤입니다. 이 외부의 공간은 문학이 존재하는 공간이기도 합니다. 이 공간은 주체가 사라지는 공간, 비인칭의 주체가 말하는 공간, 주체가 자신의 고유한 목소리가 아니라 타자의 목소리에 의해 말해지는 공간, 타자의 압력과 바깥의 끌어당김에 주체가 무력해지는 공간, 죽음을 향해가는 죽어감le mourir의 공간입니다. 『죽음의 선고』의 한 대목은 이 외부와의 조우 앞에서 우리가 느끼는 막연한 공포를 잘 보여줍니다. 여기서 주인공의 공포는 단지 생물학적 본성에 의거한 죽음에 대한 공포가 아닙니다. 오히려 어둠, 밤, 바깥, 타자가 주는 인식 불가능의 공포일 것입니다.

나는 들어가서 문을 닫고, 침대에 걸터앉았다. 칠흑 같은 공간이 내 앞에 펼쳐졌다. 나는 그 어둠의 한가운데가 아니라 가장자리에 있었다. 이 어둠이 무서운 것임을 나는 인정한다. 그것 안에는 인간을 경멸하고 인간이 정신을 잃지 않고는 견딜 수 없는 무엇이 있기 때문에 무서운 것이다. 그러나 제정신을 잃는 것, 그것은 필요한 일이다. 저항하는 자는 침몰할 것이며, 기꺼이 나서는 자는 이 어둠 자체, 그 안에 무한함이 머무는 이 차가운, 죽은, 경멸적인 어둠이 된다. 이 어둠은 내 근처에 머물러 있었다. 내가 느낀 공포 때문이었을 것이다. 이 공포는 사람들이 알고 있는 그런 것이 아니었다. 그것은 나를 무너뜨리지도 나를 돌보지도 않았다. 그것은 인간만사 다른 것들처럼 방 안을 떠돌았다. 끔찍함의 심연으로 밀려났던 생각이 점차 일어나서 우리를 알아보고 우리에게 시선을 주기 위해서는 많은 인내심이 필요하다. 그러나 나로 말하자면 나는 아직 그 시선을 두려워했다. 시선도 사람들이 생각하는 그런 것이 아니다. 시선은 빛도, 표정도, 힘도, 움직임도 없다. 그것은 조용하지만 그러나 그 침묵은 기이함의 심층에서 출발하여 세상을 가로지르고, 그 침묵을 듣게 되는 이는 다른 사람이 된다. 갑자기, 누군가 나를 찾는 사람이 거기에 있다는 확신이 너무나 강렬해서 나는 그 앞에서 뒷걸음질쳤고, 침대에 세게 부딪혔다.[11]

그런데 우리가 죽음을 제대로 경험하는 것은 가능한가요? 죽음이라는 것은 언제나 경험의 외부, 이해의 외부에 존재하는 것이 아닌가요? 타자의 죽음은 물론이고, 나의 죽음 자체도 나에게는 결코 내면화될 수 없는 것입니다. 그러므로 죽음 앞에서 우리가 진정으로 발견하는 것은 하이데거가 말했듯이 나의 고유성이 아닙니다. 하이데거의 불가능성의 가능성이란 죽음에 대한 인식을 통해 고유한 삶의 존재근거와 이유를 찾는 것입니다. 그러므로 죽음이라는 불가능성은 모든 가능성을 위한 전제가 됩니다. 우리는 우리가 언젠가는 죽는다는 사실, 그러므로 우리의 삶에 있어서 그 어떤 것도 가능할 수 없는 상황이 우리에게 머지않아 닥친다는 사실을 압니다. 하이데거는 그것이 인간 존재의 필연이라고 보았습니다. 이러한 죽음의 필연성을 마치 존재하지 않는 것처럼, 죽음이라는 것이 우리와 무관한 것처럼 못 본 체하지 않고, 그 앞에서 존재의 의미를 진지하게 마주하는 것, 이것이 하이데거가 우리에게 권유하는 삶의 태도입니다. 그렇지만 죽을 수밖에 없는 필연성이

---

11 『죽음의 선고』, 87f.

라는 것은 우리가 영원히 몸소 경험할 수 없는 외부의 것입니다.

우리가 경험하는 죽음이란 우리 자신의 죽음이 아니라 타자의 죽음입니다. 우리가 아는 것은 타자의 죽음, 그 죽음을 둘러싼 상황, 죽음 직전의 두려움과 공포, 죽음 이후의 슬픔, 고통, 비탄 등. 모든 것은 죽음 자체가 아니라 죽음을 둘러싸고 있는 것들입니다. 모든 죽음은 타자의 죽음이기도 하지만, 죽음 자체가 이미 우리에게 타자이기도 합니다. 여기서 우리가 타자를 온전히 아는 것이 가능한가라고 묻는 질문은 삶의 외부로서의 죽음에 대한 인식의 가능성에 대한 질문과 중첩됩니다. 죽음은 영원히 타자일 수밖에 없습니다. 진정한 타자로서의 죽음을 통해 우리가 경험할 수 있는 것은 타자의 진정한 불가능성입니다. 하이데거가 '불가능성의 가능성'을 말했다면, 블랑쇼는 바로 '가능성의 불가능성'을 말했다고 할 수도 있습니다. 그러나 이 불가능성을 마주하고도 우리의 사유는 결코 멈추지 않습니다. 그리고 역설적으로 우리는 이 죽음, 영원히 자신의 것이 될 수 없는 죽음 때문에 고독한 개인에서 벗어나 타인과의 공동체가 가능하게 됩니다. 공동체란 함께 공유하는 것이 아니라, 영원히 함께 공유할 수 없는 것으로 인해 오히려 가능해집니다.

우리는 자신의 죽음을 경험할 수 없고 죽음 자체를 타자로서 마주할 수밖에 없기 때문에, 죽음은 자신의 것이 아니라 타자의 것으로 남게 됩니다. 우리가 경험하는 죽음이란 언제나 다른 이의 죽음이지, 자신의 죽음이 아니기 때문입니다. "죽어가면서 결정적으로 멀어져 가는 타인 가까이에 자신을 묶어두는 것, 타인의 죽음을 나와 관계하는 유일한 죽음으로 떠맡는 것, 그에 따라 나는 스스로를 내 자신 바깥에 놓는다. 거기에 공동체의 불가능성 가운데 나를 어떤 공동체로 열리게 만드는 유일한 분리가 있다."[12] 블랑쇼는 『죽음의 선고』의 마지막 대목에서 타자의 죽음을 자신의 것, 자신이 관계하는 유일한 죽음으로 떠맡는 모습을 보여줍니다. 친구인 '그녀'의 죽음 앞에서 그는 그 죽음과 영원히 함께하며 이로써 그녀와 영원히 함께하고자 함을 말하고 있습니다.

> 나는 그것을 사랑했고 오로지 그것만을 사랑했다. 일어난 모든 것, 나는 그것을 원했다. 오로지 그것에만 관심을 기울였으므로, 그것이 어디에 있었든 내가 어디에 있을 수 있었든, 부재와 불행 안에서, 죽은 사물들의 운명 속에서, 살아 있는 것들의 필연성 속에서, 일의 피로 속에서, 나의 호기심에서 태어난 얼굴들 안에서, 나의 거짓 언어들 속에서, 나의 거짓 맹세 속에서, 침묵과 밤 안에서, 나는 나의 온 힘을 그녀에게 주었으며 그녀는 내게 모든 그녀의 힘을 주었다. 그리하여 이 너무 큰 힘, 그 무엇으로도 무너뜨릴 수 없는 힘이 우리를 어쩌면 한없는 불행으로 몰아넣을 수도 있다. 그러나 만일 그렇다면 이 불행, 나는 그것을 기꺼이 짊어지고 무한히 그것을 즐기며, 그녀에게 나는 영원히 말한다. "이리 와." 그리고 영원히 그녀는 여기에 있다.[13]

12 모리스 블랑쇼, 장 뤽 낭시, 「밝힐 수 없는 공동체, 마주한 공동체」, 박준상 옮김, 문학과
    지성사, 2005, 23.
13 『죽음의 선고』, 101f.

거친 말, 본질적 말

말라르메는 시작詩作에 대한 사유를 통해 두 개의 언어를 명확하게 구분합니다. '거친 말'과 '본질적 말'이 바로 그것입니다. 통상적 언어와 문학의 언어로 구분할 수도 있습니다.

말라르메는 거친 말을 "사물들의 현실에 관계"하는 말이자, "이야기하고 가르치고 그리고 묘사하는" 말이라고 표현합니다.[14] 거친 말은 현실의 삶을 위해서, 일상을 유지하기 위해서 필연적으로 요구되는 말이자 도구로서의 말이기도 합니다. 우리는 이러한 말을 사용하여 공동체를 이루고 타인과 소통합니다. 타인과 대화할 때, 우리는 적절한 말, 상대를 이해시키기 위해서 사용해야 하는 말들을 잘 알고 있습니다. 이러한 통상적 언어는 분명 그 존재이유를 지니고 있습니다. 그리고 우리는 그런 말들을 통해 안정을 획득합니다. 세계 속으로 나아가고, 목표를 달성합니다. 활동을 추진하며, 노동을 하고, 임무를 수행합니다. 역사를 생성하는 힘도 결국은 이러한 거친 말 안에 존재합니다.

거칠거나 즉각적인 말 속에서, 언어는 언어로서 침묵한다. 하지만 언어 속에서 존재들이 말한다. 언어의 목적이 용도인 까닭에, 언어는 먼저 우리가 대상들과 관계하게 하는 데 사용되기 때문에, 언어는 말한다는 것이 효용성, 가치가 되는 도구의 세계 속의 도구이기 때문에, 언

---

14 『문학의 공간』, 41.

어 속에서 존재들은 가치로서 말하고, 하나하나로 살아 있는 대상들의 안정된 외현을 지니고, 부동의 확실성으로 주어진다.[15]

이러한 거친 말에서 존재들은 관념으로 그리고 의미로서 충분하고 확실하게 되살아났다고 가정됩니다. '고양이'라는 말은 그 자체로 고양이가 아니지만, 동시에 고양이이기도 합니다. 우리가 고양이를 '고양이'라고 말할 때, 이 말 속에는 고양이가 안정된 모습으로 자리 잡는 것처럼 여겨집니다. 이것은 즉각적인 말이 아닙니다. 그 속에는 역사의 무게가 있습니다. 그리고 살아있는 고양이는 '고양이'라는 말을 통해 현전 속에서 표상됩니다. 블랑쇼는 "말은 말이 가리키는 것의 실존을 배제하고, 그 사물의 본질이 된 비실존을 통하여 여전히 그 사물과 관계한다는 점에서, 우선은 옳다."[16]고 말합니다. 우리의 언어가 본질을 드러내는 행위를 통해 구체적이고 생명을 가진 것으로서의 대상의 실존은 언어 속에 소거된다는 것을 그는 '본질이 된 비실존'이라고 말합니다. 다시 말해, 거친 말 속에는 그것이 표상하는 것은 결코 현전하지 않는다는 것이지요. "일상어에서 사용하는 나무라는 말보다 나무에 더 낯선 것은 없다."[17]는 블랑쇼의 말처럼. 이 일상적이고 통상적인 언어 속에서는 용도 이외의 모든 것은 순식간에 사라져 버립니다. 그러므로 이 말은 사물의 '본질'을 드러내는 말이면서 실존과는 거리가 먼 '비실존'이며, 결국 '부재'의 말이고 '침묵'의 말이기도 합니다. 우리는

---

15 『문학의 공간』, 43.
16 『카프카에서 카프카로』, 46.
17 『문학의 공간』, 42.

고양이, 나무라고 말하면서 세계 속에서 우리의 삶을 이어가지만, 실은 그 말 속에는 고양이도 나무도 존재하지 않습니다.

> 나는 말한다. 이 여인이라고. 횔덜린, 말라르메 그리고 시의 본질을 시의 주제로 삼는 모든 시인들은 명명의 행위에서 염려스러운 경이를 보았다. 말은 나에게 말이 의미하는 것을 주지만, 먼저 그것을 지워 버린다. 내가 이 여인이라고 말할 수 있기 위해서는 이런저런 방식으로 그녀에게서 뼈와 살로 된 현실을 몰수하여 부재하게 하고 없애 버려야 한다. 말은 나에게 존재를 주지만, 존재를 박탈당한 존재를 준다. 말은 이 존재의 부재이고, 존재의 무이며, 존재를 상실했을 때 존재에서 남은 것이다. 말하자면 그것은 존재하지 않는다는 사실일 뿐이다.[18]

거친 말은 긍정 속에서 소란스러운 말이지만 동시에 부정적인 것, 즉 타자를 거부하고 침묵하는 말입니다. 나무도 고양이도 끊임없이 변화하는 실존입니다. 하지만 '고양이'라는 언어, 관념은 변화하지 않습니다. 이런 관점에서 거친 말이란 실상은 거칠지 않은 말입니다. 그것은 우리에게 익숙하고 친숙한 말, 습관적으로 주어지는 말, 그러므로 언제든지 바로 목적을 위해 봉사할 수 있는 말이기 때문입니다. "한편으로는 도구이자 수단인 유용한 말이 있지만, 이것은 행위·노동·논리·지식의 말이며, 직접적인 형태로 전달하는 말이고, 아주 잘 만들어진 도구로서 습관의 규칙성 속에서 그 모습이 사라진 말이다. 다른

---

18 『카프카에서 카프카로』, 42.

한편으로는 시나 문학의 말이 있는데, 거기서 이야기한다는 것은 이미 일시적이고 종속적이며 습관적인 수단이 아니라, 어떤 본래적 경험 속에서 수행되기를 원하고 있다."[19]

거친 말과 대립되는 본질적인 말은 그렇다면 어떤 말입니까? 거친 말, 일상의 말과 대립되는 본질적 말이란 불안한 말이고 모순적인 말이기도 합니다. "자연적인 사실"을 부재하게 하고, "거의 떨림과도 같은 소멸로 그 사실을 옮겨 놓는다는"[20] 것이라고 말합니다. 자연적 사실을 부재하게 하고, 소멸로 말을 옮겨놓는 것, 이 알 듯 모를 듯한 본질적 말이란 도대체 무엇이란 말입니까. 말라르메는 개념적 설명 대신 절대적 존재, 무無를 이러한 일상적 사물들 속에 각인시킵니다. 이로써 가장 단순하고 친숙한 것에 불가사의함을 부여합니다. 이 본질적 말은 문학의 말이기도 합니다. "문학 언어는 불안으로, 또한 모순으로 이루어져 있다. 그 위치는 불안정하며 견고하지 못하다. 한편으로 사물에 대해 언어는 그 의미에만, 그 부재에만 관심을 가지고, 그리고 언어는, 절대적으로 부재 가운데, 부재를 위하여, 그 전체에 있어서 이해의 미결정의 움직임에 이르기를 바라면서, 그 사물에 이르려고 한다."[21]

거친 말이 우리를 세계 속으로 데려가 준다면 본질적 말은 우리를 세계의 경계로 향하게 합니다. 이곳은 말이 불가능한 지점이며 존재가 죽음을 맞이하는 곳이자 역설적으로 모든 시가 시작되는 곳입니다. 여기서 블랑쇼는 하이데거와 말라르메의 차이를 봅니다. 하이데거는 존

---

19 『도래할 책』, 383.
20 『문학의 공간』, 41.
21 모리스 블랑쇼, 『카프카에서 카프카로』, 47.

재가 자신의 모습을 은폐하지만 시인은 언어를 통해 존재가 거주하는 하나의 빛나는 장소를 마련한다고 말합니다. 그 장소 속에서 존재가 은폐된 틈을 찢고 자신의 빛을 드러내는 순간, 그것이 바로 '알레테이아Aletheia'입니다. 하이데거의 언어가 존재가 거주하고 머무는 곳이라면, 블랑쇼가 말하는 말라르메의 언어는 '암시'를 통해 사물의 부재 속에서 사물의 존재를 드러내는 말입니다.

"하지만 거주하는 것, 시인들은 그것을 설립한다." 우리는 이 모든 것을 생각하고 있지만, 아마도 하이데거의 주해가 일반적으로 인정하고 있는 해석에는 합치되지 않는 방식으로 생각하고 있는 것 같다. 왜냐하면 말라르메의 경우 시인들이 구축하는 것, 즉 언어의 심연이자 기저인 그 공간은 머물지 않는 공간이기 때문이며, 진정한 거주지는 거기서 인간이 자신을 보호하는 은신처가 아니기 때문이다. 그렇지 않고 그것은 조난과 심연을 통해 암초와 관계가 있고, 그로 인해 비로소 저 움직이는 공허로, 창조의 과업이 시작되는 그 장소에 도달할 수 있게 되는 "기억해야 할 위기"와 관련이 있기 때문이다.[22]

블랑쇼는 이렇게 말하지만, 실상 하이데거가 말하는 인간이 거주하는 언어란 것도 편안한 '은신처'는 아닙니다. 존재는 거주하지만, 동시에 끊임없이 자신을 은폐시키려는 망각의 말들과 맞서 싸우면서 거주하는 것이기도 합니다. 그러므로 그것은 머무는 일인 동시에 대결하는

---

22 『도래할 책』, 448f.

일인 셈이며, 조난, 심연, 암초의 세계 속에 있는 일입니다. 언어 자체로서 존립하는 언어. 그 용도나 효용 속에서 자신을 망각하지 않는 언어, 순수한 언어이자, 언어 스스로를 위한 언어. '예술을 위한 예술'이라고 말할 때 상기되는 자기 목적성을 지닌 언어. 여기에 말라르메의 언어와 시에 대한 생각이, 그리고 그에 호응하며 화답하는 블랑쇼의 생각이 있습니다.

부재 속에서 완성되는 시의 진리

언어에 대한 블랑쇼의 설명 속에는 끊임없는 역설이 반복됩니다. 언어는 침묵 속에서 말하고, 존재는 사라짐을 통해 되돌아옵니다. 존재의 부재, 존재의 죽음 속에서 시인은 창작하고 또 창작합니다. 그는 언제나 실패할 운명을 겪습니다. 작품의 완성은 결국 모든 언어가 실패했다는 것, 그가 또다시 시작해야 한다는 것을 의미합니다. 그러나 '사라짐' 속에 다시 시의 진리가 시작됩니다.

단어들은, 우리가 알고 있듯이, 사물들을 사라지게 하는 힘을, 사물들을 사라진 것으로 나타나게 하는 힘을 지니고 있다. 사라짐의 나타남일 따름인 나타남. 단어들의 영혼이자 생명인 침식과 마모의 움직임을 통하여 부재로 되돌아가는 현전, 단어들이 꺼진다는 사실을 통하여 단어들로부터 빛을 끄집어내는 현전, 어둠의 어둠을 통한 밝음, 하지만

200

사물들을 그 부재 가운데 '일어서게' 하는 힘을 지닌 단어들은, 그 부재의 다스림으로서, 거기에 그 자체 사라지고, 놀랍게도 스스로가 부재하게 되는 힘 또한 지니고 있다.[23]

말라르메가 말하고자 하는 본질적 언어, 순수한 언어는 곧 언어와 지시체의 완벽한 결합을 의미하는 것입니다. 그러나 그것은 아마도 인간의 언어가 아니라 신의 언어일 것입니다. 인간의 언어가 수많은 차이들로 분화되기 이전의, 즉 바벨탑 이전의 언어이기도 합니다. 언어의 한계는 언어의 다양성에서 발생합니다. 즉 언어의 우발성, 그리고 그 우발적 언어가 결합하고 있는 일체의 감성들은 언어를 진리에서 그만큼 더 멀어지게 합니다. '꽃'이란 말이 그 말의 진리에 가장 가깝기 위해서, '꽃'이 '꽃'이 되기 위해서, 말라르메는 오히려 '꽃'을 말하면서 그 말을 지웁니다. 소멸하는 말 속에서 시인은 언제나 다시 시작할 수밖에 없습니다. 르네 길1862~1925의 『언어론』[24]에 부치는 서문에서 말라르메는 다음과 같이 말합니다. "내가 '꽃!'이라고 말하면, 내 목소리에 따라 여하한 윤곽도 남김없이 사라지는 망각의 밖에서, 모든 꽃다발에 부재하는 꽃송이가, 알려진 꽃송이들과는 다른 어떤 것으로, 음악적으로, 관념 그 자체가 되어 그윽하게, 솟아오른다."[25]

'꽃'이라는 언어의 대응물은 우리가 눈으로 보는 꽃이 아니라, '꽃'의

---

23 『문학의 공간』, 48.

24 르네 길(René Ghil)은 프랑스 상징주의 시인으로 말라르메의 제자였다. 『언어론(Traité du Verbe)』(1885)은 그의 단편들을 모아놓은 책이다.

25 스테판 말라르메, 『시집』, 황현산 옮김, 문학과 지성사, 2015, 23.

관념 자체입니다. 시인이 언어를 통해 표현하고자 했던 것, 시를 통해 표현하고자 했던 사물의 본질이란, 사물의 관념, 사물의 정신 그 자체입니다. 시란 바로 이런 신비의 지점, "언어의 완성이 언어의 사라짐과 일치하는 지점"[26]이며, "단어들의 영혼이자 생명인 침식과 마모의 움직임을 통하여 부재로 되돌아가는 현전, 단어들이 꺼진다는 사실을 통하여 단어들로부터 빛을 끄집어내는 현전"의 장소입니다. 사라짐을 통해 현전하는 존재라는 역설적 관계는 침묵 속의 음악을 보여주는 말라르메의 시 「성녀」[27] 속에서 다음과 같이 드러납니다.

옛적에 플루트나 만돌린과 더불어
반짝이던 그녀의 비올라의
도금이 벗겨진 오래된 백단목을
감추고 있는 창문에,

옛적에 저녁 예배와 만도晚禱 때면
넘쳐 나던 성모 찬가의
오래된 책을 펼쳐 놓고
보여 주는 창백한 성녀가 있어

섬세한 손가락뼈를 위하여
천사가 저녁 비상으로

---

26 『문학의 공간』, 49.
27 스테판 말라르메, 『목신의 오후』, 김화영 옮김, 민음사, 216, 39.

하프를 퉁기는
성체현시대 같은 창유리에

오래된 백단목도 없이
오래된 책도 없이
악기 날개 위로 손가락을 놀리는
침묵의 악사가 되어

　가톨릭에서 음악의 수호 성녀인 세실리아 성녀를 소재로 한 이 시는 말라르메와 가까이 지냈던 세실 브뤼네라는 부인이 자신의 세례명이 유래한 세실리아 성녀의 축일을 위해 청탁한 시입니다. 그녀는 말라르메의 딸 주느비에브의 대모라고 합니다. 원래의 제목은 '게루빔 천사의 날개를 연주하는 세실리아 성녀(옛 노래와 옛 그림)'이었지만, 말라르메는 이후 이를 「성녀」라고 고치고 발표했다고 합니다. 제목이 간결해진 만큼 구체적인 명료성은 사라져 버리고 막연한 이미지만 남았습니다.

　시의 뼈대를 이루는 문장은 하나입니다. "…… 창문에À la fenêtre(1연) …… 성녀가 있어(2연) …… 창유리에À ce vitrage (3연)"로, 하나의 주절과 그것을 앞뒤로 감싸고 있는 두 개의 장소 부사절입니다. 그리고 이 뼈대의 주위를 플루트, 만돌린, 비올라, 성모 찬가집, 하프, 날개 등이 채우고 있습니다. 하지만 그것들은 지금은 모두 사라진 것들입니다. 지금 시인이 마주하고 있는 것은 '부재'입니다. 금빛으로 칠해진 백단목의 비올라는 칠이 다 벗겨져 낡아버렸고, 저녁 성무와 밤기도와 함께 흘러넘치던 성모 찬가도 이제는 들리지 않습니다. 악보가 적힌 낡은 책의 제본도 풀려나갔습니다. 만돌린도, 플루트도 더이상 노래하지 않습니다.

이 시는 음악의 수호성인인 성녀를 예찬하는 시이지만, 여기서 성녀와 그의 음악은 침묵 속에 사라집니다. 스테인드글라스 위의 그 모습도 마찬가지입니다. 황금이 벗겨진 백단목, 저녁 예배, 만도 등은 이제 빛이 사라지고 다가오는 밤의 시간을 향해 있습니다. 모든 것이 사라지고 보이지 않는 소멸만이 기다리고 있습니다. 그러나 이 마지막 순간에 천사의 날갯짓과 함께 빛은 유리창으로 스며들어 공간을 채웁니다. 이 빛과 더불어 침묵 속에서 시인은 음악을 듣고, 악보를 보면서, 그 옛날 성인의 음악을 듣습니다.

침묵의 악사란 음악을 더이상 연주하지 못하는 낡은 성녀가 아니라 오히려 침묵 속에서 절대적 소리를 들려주는 악사인 것입니다. 바래져 가는 이미지 속에 빛으로 채워지는 색채와 이제는 들리지 않는 음악 속에 그 옛날 성녀는 지금 시인의 눈앞에 다시 존재합니다. 침묵의 악사는 침묵 속에서 결코 침묵하지 않습니다. 색바랜 스테인드글라스 위의 형상 속에 모든 형상이, 침묵 속에 오히려 모든 소리가 다 들어있습니다.

그는 작품에서 작용하는 아무것도 아닌 것을 보았고, 부재의 작업을 경험하였으며, 아무것도 아닌 것에서 긍정의 능력을 포착한 것처럼 작품에서 현전을, 또한 권능을 표착하였다고 말할 수 있다. …… 언어에 관한 그의 모든 지적은, 말 속에서, 사물들을 부재하게 하고, 이 부재 속에서 사물들을 불러오고, 그리하여 이러한 부재의 가치에 충실하고, 그 가치를 그 종국에 이르기까지 최상의 말없는 사라짐 속에서 이루려

고 하는 성향을 확인하려고 한다.[28]

오랜 시간을 들이고도 완성하지 못한 시 「에로디아드Hérodiade」에서 시인은 "난 인간적인 것은 아무것도 원치 않는다."[29]라고 잘라 말합니다. 말라르메의 시를 '순수시'라고 하는 것은 여기에서 기인한 것입니다. 그는 본질 외에는 아무것도 담지 않았습니다. 일상적인 경험, 교훈적인 내용, 실용적인 진리, 사람들의 공통적 감정, 인문주의적 · 기독교적 · 문학적 전통을 시 속에서 의도적으로 배제하면서 소통이 아닌 '암시'를 드러내고자 합니다.

말라르메의 언어는 이해가능성을 목표로 한 언어가 아닙니다. 언어가 이해가능하기 위해서는 말하는 자와 듣는 자 사이의 공통된 지반을 필요로 합니다. 이 공통성을 벗어나기 위해서 말라르메는 언어를 단련하고, 시를 씁니다. 시의 운명의 세계 속에서는 소통가능한 언어란 반복된 해석 속에서 의미의 가능성이 완결되어 결국은 진부한 것으로 전락하게 됩니다. 밀라트네는 "시적 향유의 본질은 점차적인 드러냄에 있으며, 시의 목표는 사물을 암시하는 것에 있다."[30]고 말합니다. 시란 이 암시에 의해 독자와 관계를 맺으며, 시인의 언어는 암시를 통해 사물을 드러내는 주문과도 같은 것입니다.

28 『문학의 공간』, 149.
29 스테판 말라르메, 『시집』, 황현산 옮김, 문학과 지성사, 2015, 80.
30 후고 프리드리히, 『현대시의 구조: 보들레르에서 20세기 중반까지』, 장희창 옮김, 지식을 만드는 지식, 2009, 195.

비인칭의 시

　시의 언어가 그 감각적 형상들의 구속에서 벗어난다면, 이제 최종적
으로 시인을 시에서 지우는 단계에 이르게 됩니다. 말라르메는 말년
에, 비록 완수하지는 못했지만, 하나의 거대한 작품을 기획합니다. 말
라르메 스스로가 이 책을 '대작Grand Œuvre' 혹은 '책le Livre'이라고 불
렀습니다. 그가 이 세계에 단 한 권밖에는 없다고 확신한 책입니다. 말
라르메는 1891년 7월 저널리스트 쥘 위레와의 대담에서 "세계는 하나
의 책에 도달하기 위해 만들어졌다"라고 말한 바 있습니다. 그것은 시
의 성서, 언어의 성서일 것입니다. 그리고 그 성서 속에서 시인은 자신
의 모습을 언어 속에 숨긴 채로 부재할 것입니다.

　시적인 말은 더이상 어느 누구의 말이 아니다. 그 말 속에서 어느 누구
　도 말하지 않고, 말하는 자는 어느 누구가 아니다. 오히려 말 홀로 스
　스로를 말하는 것과 같다. 언어는 그때 그 모든 중요성을 획득한다. 언
　어는 본질적인 것이 되고, 언어는 본질적인 것으로 말하고, 이러한 까
　닭에 시인에게 맡겨진 말은 본질적 말이라 말해질 수 있다. …… 그리
　하여 말하는 자는 말라르메가 아니다. 언어가 스스로를 말한다, 작품
　으로서의 언어와 언어의 작품을.[31]

31 『문학의 공간』, 45.

왜 모든 것을 걸고 쓴 이 책에 저자는 부재할까요? 그것은 저자가 언제나 다시 시작하는 자이기 때문입니다. 저자는 자신의 언어를 통해서 세계를 포착하고자 하지만, 언제나 실패하고 맙니다. 언어를 통해 대상을 표현하는 순간, 그는 그 실패를 직감합니다. 책을 완성한다는 것은 하나의 작품을 이러저러한 이유로 끝낸다는 것이지, 결코 시인의 시작詩作이 완성되거나 완료되었다고 할 수 있는 것이 아닙니다. 세잔이 자신의 그림을 언제나 미완성의 것으로 취급했듯이, 말라르메에게도 작품은 결코 완성되는 것이 아닙니다. 작가는 끊임없이 다시 시작하는 자입니다. "작품은 ─ 예술 작품, 문학작품 ─ 은 완성된 것도 완성되지 않은 것도 아니다. 작품은 존재한다."라고 블랑쇼는 말합니다.[32] 작품은 언어가 완성과 동시에 사라지는 그곳에 존재합니다. 이 모호함의 공간이 문학의 공간입니다.

작품 자체보다 작가를, 예술보다 예술가를 더 먼저 기억하는 이들에게 이러한 말은 넌센스로 들릴지도 모릅니다. 예술이, 작품이, 문학이 작가로부터 나오지 않는다면, 그 작가의 고유한 것으로부터 나오지 않는다면, 우리가 그것을 과연 문학이나 예술이라고 부를 수 있을까요? 또 그렇다면 작가는 무엇을 위한 사람일까요? 이렇게 묻지 않을 수 없을 것입니다. 하지만 작가는 수동적 존재입니다. 그는 자신의 목소리를 작품으로 표현하는 것이 아닙니다. 그는 하나의 작품을 지배하는 자도 아니요, 세계 속에서의 실패를 보상하기 위해 작품 속에서 자신의 욕망을 보상받는 자도 아닙니다. 오히려 그는 세계의 목소리로서,

32 『문학의 공간』, 15.

하나의 전달자이자 세계의 매개라고 할 수 있습니다. 작품 속에서 말하는 것은 작가가 아니라 오히려 언어라고 할 수 있습니다. 작품이 스스로 존재하는 순간, 그러니까 세계에 목소리를 빌려주는 일이 끝난 후에 작가는 작품으로부터 여지없이 쫓겨나고 맙니다.

작가는 이미 존재하는 문학의 영역, 예술의 범주 안에서 안전하게 작업을 하는 이들이 아닙니다. 블랑쇼는 말합니다. "우리는 결코 작가인 적이 없어야 작가가 될 수 있는 것이다. 우리가 작가이자마자 우리는 더이상 작가가 아니다."[33] 블랑쇼는 문학이라는 것이, 언제나 계속해서 발견되고, 발명되어야 한다고 이야기합니다.[34] 이것은 어떤 역설을 보여줍니다. 문학을 하고자 하는 이는 기존의 문학으로부터 벗어나고자 한다는 것이니까요. 작가는 언제나 세계의 반대에 부딪힙니다. 그것은 문학이 아니야, 그것은 음악이라고도 할 수 없어, 그런 걸 결코 그림이 될 수 없어, 이런 말을 듣지 않은 작가는 아마 존재하지 않을 것입니다.

그들은 기존의 세계에서, 통상적으로 문학이라고 인정된 것 안에서 작품을 창조하는 것이 아닙니다. 예술가가 언제나 스스로에게 던지는 '이것은 예술인가'라는 질문에 대해 예술가가 아닌 이들은 일반적 답을 가지고 있습니다. 오히려 그 앞에서 말문이 막히는 것은 예술가들입니다. 폴 발레리1871~1945는 이렇게 말합니다. "진정한 화가는 평생을 다하여 회화를 찾고, 진정한 시인을 시를 찾는다. …… 그것들은 정해진

---

33 모리스 블랑쇼, 『카오스의 글쓰기』, 박준상 옮김, 그린비, 2012, 115. 이하 책제목과 쪽수만 병기한다.
34 『도래할 책』, 379.

활동이 아니기 때문이다."[35] 이들은 저자의 죽음 속에서, 바깥으로 몸을 계속 내던지며, 밤과 어둠 속에서 창조합니다. 그렇게 사라지고, 내쫓기며, 다시 시작하기를 반복하면서, 시는 계속해서 쓰여집니다.

작품이란 곧 그것 자체가 하나의 경험입니다. "경험은 의미한다. 존재와의 접촉을, 접촉에 따른 자신의 갱신을 — 하나의 시련을, 하지만 미결로 남아 있는 시련을."[36] 이 경험은 불가능성의 경험입니다. 말라르메는 이러한 불가능성의 극단을 자신의 시를 통해서 하나의 시련으로서 직접 경험합니다. 작가가 경험을 하는 것이 아니라, 그러한 경험이 작가를 겪는다고 말해야 할지도 모릅니다. 그의 만년의 역작 「이지튀르Igitur」는 말라르메가 자신이 마주한 삶의 가능성과 불가능성을 진지함과 수고를 통해 생생하게 경험한 일종의 수련입니다. 블랑쇼는 단한 줄의 시를 쓰기 위해서는 삶을 다해야 하며 더불어 예술을 다하여야 한다고 말합니다. "예술은 탐구이고, 그 탐구는 결정되지 않은 것이 아니라 미결에 의해 결정된 탐구, 비록 삶에 아랑곳하지 않는다 하더라도 삶 전체를 관통하는 탐구"[37]이기 때문입니다.

이러한 문학의 활동을 통해 작가는 변화하게 됩니다. 경험이 변화를 가져다주는 것은 당연한 일입니다. 하지만 이 경험이란 작가를 미완성의 상태에 계속 머물게 하는 변화이자 경험입니다. 작품은 내적 자아의 외적 표현이 아닙니다. 이미 완성된 작가의 내면이 작품 속에 이러저러한 형식으로 표현되고 밖으로 드러나는 것이 아니라, 결코 완성되지 않

---

35 『문학의 공간』, 112f.
36 『문학의 공간』, 112.
37 『문학의 공간』, 116.

는 어떤 지점으로 작가를 이끌어갑니다. 작품이 작가의 산물이 아니라, 오히려 작가가 작품의 산물이라고 말할 수도 있을 것입니다. 시인은 언제나 시 다음에 오는 자입니다. "우리는 지금의 우리를 따라서 글을 쓰는 것이 아니다. 우리는 우리가 쓰는 것에 따라서 우리가 된다."[38]

하지만 작품이 작가를 변화시킨다고 해서, 그것이 부정할 수 없는 경험을 작가에게 가능하게 한다고 해서, 우리가 그러한 작품들에서 작가 개인을 발견할 수 있는 것은 아닙니다. 말라르메의 작품들은 전기적으로 해석 가능한 작품들이 아닙니다. 말라르메는 자신의 시를 수없이 많이 다시 썼으며, 심지어 20년 넘게 붙잡고 있기도 했습니다. 이러한 노고를 통해 그는 시 속에서 자신을 끊임없이 지우는 작업을 했습니다.

이지튀르 혹은 엘베농의 정신착란

시 속에서 자신을 지우고 누구의 것도 아닌, 비인칭의 시를 창조하고자 하는 말라르메의 기획은 이미 오래전부터 시작된 것입니다. 무엇보다 「이지튀르 혹은 엘베농의 정신착란Igitur ou la folie D'Elbehnon」은 그것을 잘 보여줍니다. 이 시는 1869년에 쓰여진 산문시입니다. 이 시는 완성되지 못했습니다. 말라르메가 계속해서 이 시를 수정하면서 손

---

38 『문학의 공간』, 116.

에서 놓지 않았기 때문입니다. 그러므로 이 시는 그의 시적 여정 자체라고 말해도 될 것입니다. 여기서 '엘베농'은 히브리어로 엘로힘의 아들들이라는 뜻이고, '이지튀르'는 작품 속 등장인물의 이름입니다.

원래 '이지튀르Igitur'라는 말은 라틴어의 접속사로 '이리하여'라는 뜻을 가지고 있습니다. 이 말은 구약성경의 창세기 2장 1절에 등장합니다. "이리하여 하늘과 땅과 그 가운데 있는 모든 것이 다 이루어졌다 Igitur perfecti sunt cæli et terra, et omnis ornatus eorum." 이 맥락에서 이지튀르는 세계의 완성을 마무리하는 문장의 시작을 떠맡고 있다고 할 수 있습니다. 동시에 이 말은 데카르트의 코기토와 관련을 맺어 해석될 수 있습니다. 데카르트의 "나는 생각한다, 고로 존재한다Cogito ergo sum / Je pense donc je suis."에서 'donc'에 해당하는 말이 '이지튀르Igitur' 입니다. 즉 이 말은 인식과 존재를 이어주는 접속사로, 이는 말라르메가 등장인물의 이름을 통해 그에게 부여한 의미이기도 합니다. 죽음 속에서/속으로 걸어나오는/걸어가는 이지튀르는 사물의 죽음이자 부재인 언어/인식을 존재와 잇는 자이기 때문입니다.

이 시는 말라르메가 시적언어의 탐구의 극단에서 만난 절망을 벗어나기 위한 시도이기도 합니다. 말라르메는 1866년 4월에 카잘리스[39]에게 보내는 한 편지에서 이렇게 말합니다. "불행하게도, 나는 이 정도까지 시구를 파들어가면서, 나를 절망하게 만드는 두 심연과 맞닥뜨렸

---

39 앙리 카잘리스(Henri Cazalis, 1840~1909). 프랑스의 의사이자 시인. 우울하고 어두운 주제를 즐겨 썼다. 생상스의 「죽음의 무도」가 바로 그의 시 「죽음의 무도」에 영감을 받아 작곡한 곡이다. 1862년부터 1871까지 약 10년간 말라르메와 꾸준히 서신교환을 하였다. 『빈 책(Le Livre du néant)』(1872) 등을 썼다.

다오. 하나는 무無, Néant인데, 불교를 잘 모르면서도 나는 거기에 도달했지요. 아직도 너무 침통한 상태라서 나는 내 시를 믿을 수 없으며, 이 생각에 짓눌려 포기했던 작업을 다시 시작할 수도 없군요."[40] 말라르메가 만난 무란 지시대상이 '없음'을 의미합니다. 시인은 자신의 언어를 통해 세계를 재현할 수 없음을 깨달았습니다. 언어의 맞은편에 오직 '무'만이 존재한다는 것을 알아버렸습니다. 이제 그에게 남은 것은 이러한 언어의 불가능성, 시인으로서는 감당하기 힘든 절망 속에서 여전히 남은 언어를 통해서 무엇을 어떻게 할 것인가 하는 문제입니다. '이 무의 언어, 부재의 언어, 죽음의 언어를 통해 무엇을 말할 수 있을 것인가. 과연 말하는 것이 가능한 것이기는 한가.' 그것이 이지튀르가 감당해야 할 몫인 셈입니다.

"이지튀르는 스스로를 넘어서려 하지 않고, 이러한 자의적 초월을 통해 삶의 또 다른 측면에 대한 새로운 시각을 발견하려 하지도 않는다. 그는 정신을 통해 죽는다. 정신의 성장 그 자체를 통해, 자기 자신으로의 정신의 현전, 분명 부재이고 부재의 내밀성이고 밤인 자기 자신의 저 깊은 박동치는 심장으로의 정신의 현전을 통해 죽는다."[41] 「이지튀르」를 통해 말라르메는 이 부재의 가능성 속에서 "새로운 인간"을 탄생시키고자 합니다. 존재와 비존재 사이를 매개하는 접속사이자 인간인 이지튀르. 이지튀르는 언어를 통해 존재할 수밖에 없습니다. 무와 부재의 언어를 생각할 때 이것은 곧 죽음과 존재가 처음부터 뒤얽힌 상태를 상정합니다. 이지튀르는 삶의 상태에서 죽음의 상태로 이

---

40 『문학의 공간』, 39.
41 『문학의 공간』, 153.

행하는 것도, 죽음의 상태에서 삶의 상태로 부활하는 것도 아닙니다. 이지튀르는 죽음과 삶 속의 한가운데 있는 존재입니다. 이지튀르의 죽음은 그러므로 단순한 죽음이 아닙니다. 그것은 자신을 완성하기 위한 죽음이고, 부재 속에서 존재를 말하기 위한 죽음입니다. 「이지튀르」는 죽음과 삶이 하나임을 증명하면서, 죽음의 가능성과 삶의 가능성 모두를 새롭게 열어보이기 위한 시이기도 합니다.

나에게 있어 말하는 능력은 나의 존재의 부재에 연관되어 있는 것이 분명하다. 내가 나를 이름하는 것은, 마치 나의 장례의 노래를 부르는 것과도 같다. 나는 나로부터 분리되어, 더이상 나의 현전, 나의 현실이 아니라, 객관적 비인칭의 현전, 나를 넘어서는 나의 이름의 현전, 돌처럼 굳어진 그 부동성이 나에겐 공허를 무겁게 누르는 묘석과도 같은 현전이다. 내가 말할 때, 나는 내가 말하는 것의 실존을 부정하고, 그것을 말하는 자의 실존 또한 부정한다. 나의 말이 존재를 그 비실존 가운데 드러낸다면, 나의 말은 이러한 드러남에 있어서 말하는 사의 비존재로부터, 말하는 자가 자신으로부터 멀어져 자신과는 다른 존재가 되는 그러한 능력으로부터 말하게 된다는 사실을 긍정한다. 바로 이러한 이유 때문에, 진정한 언어가 시작되기 위해, 이 언어를 짊어지고 갈 삶은 그 자체의 무에 대한 경험을 해야 했고, 삶은 그 "깊이에서 전율해야 했으며, 삶에 있어서 고정되고 안정된 모든 것은 흔들려야만 했다." 언어는 공허와 더불어 비로소 시작한다.[42]

42 『카프카에서 카프카로』, 44f.

언어를 통해 사물을 직접 표현하는 것은 이제 불가능해졌습니다. 사물을 암시하고자 한 말라르메에게 시어란 사물이 만들어내는 효과를 독자에게 환기하는 역할을 합니다. 이는 사물을 직접 제시하는 시인들의 일이 기껏해야 값나가는 돌을 여럿 골라 그 이름을 종이에 붙이는 일에 불과하다는 인식에서 나온 것입니다. 시가 더이상 사물의 단순한 재현이어서는 곤란하다는 입장이기도 합니다. 게다가 그 재현이란 것이 실제로는 사물을 그대로 드러내지도 못하는, 사물을 죽이는 일에 불과하다는 인식에 이른다면 더 말할 것도 없을 것입니다. 시적 암시를 통해 사물을 점차적으로 드러나도록 하는 말라르메의 시는 재현을 통해 대상을 그대로 제시하고자 하는 시 — 결국은 이러한 시도는 성공할 수 없고, 그래서 사물의 찌꺼기 외에는 아무것도 남겨두지 않는 시와는 거리가 너무 멀 수밖에 없습니다.

'무'는 동시에 '신의 없음néant de Dieu'이자 '형이상학적 무néant métaphysique'이기도 합니다.[43] 「에로디아드Hérodiade」의 '서주Overture'를 쓰면서 말라르메는 이 '무'를 통해 시의 절대적 한계를 만난 것입니다. 두 개의 심연 중 나머지 하나는 자신의 죽음입니다. 이 시기 말라르메는 극심한 우울증에 시달린 것으로 보입니다. 말라르메에게는 시를 쓴다는 것이 모든 고통의 근원입니다. 사실은 시를 쓰는 동안 말라르메에게 고통을 벗어나는 방법은 없습니다. 그에게 시를 쓴다는 것은 그러므로 고통을 극복하는 방법이라기보다 고통을 겪어내는 방법이기도 합니다. 말라르메에게 주어진 선택지는 시를 포기하고 고통을 피할 것

---

43 장정아, 「말라르메의 네앙을 위한 디그나가의 아포하론 읽기」, 『프랑스어문교육』 제41집, 한국프랑스어문교육학회, 2012, 347~379 참고.

인가, 시를 쓰며 고통을 겪을 것인가 하는 것뿐입니다. 시쓰기는 경험이면서 고통과 함께 주어지는 치료이며 재활이기도 합니다. 이런 고통의 중심에서 말라르메는 「이지튀르」를 통해 자아의 존재의미 및 죽음을 시도하고 겪고자 합니다.

그는 또 다른 편지에서 카잘리스에게 이렇게 말하기도 합니다. "나의 첫 번째 인생은 끝이 났다. 어둠을 넘어서 의식은 천천히 잠을 깨고, 하나의 새로운 인간을 형성한다. 그리고 이 최후의 창조 후에 내 몽상은 다시 찾아질 것이다. 그것은 내 유년 시절과 그때의 의식을 사로잡고 있는 인류의 삶을 다시 회복해야만 하는 몇 해 동안 지속될 것이다."[44] 1869년 11월 14일에 보낸 편지에는 다음과 같이 쓰여 있습니다. "이것은 하나의 이야기입니다. 이 이야기를 통하여 나는 더구나 그 주제이기도 한 무력함이라는 해묵은 괴물을 쓰러뜨리고자 합니다. 나를 이미 살펴본 엄청난 수고 속에 가두기 위해서 말입니다. 이야기가 완성되면, 나는 나을 것입니다."[45]

말라르메가 겪는 무력함, 불모의 상태는 단순한 심리적 상태가 아닙니다. 작품을 쓰지 못하는 상태가 지속되는 작품의 결여 상태도 아닙니다. 이 불모의 상태는 작품 자체의 요구로서 "세계의 통상적인 관례, 말의 습관적인 사용"[46]을 파괴하고, 시인의 인격을 '죽음의 비인칭성'으로 넘겨주는 상태입니다. 시인은 시 속에서 죽습니다. 시인은 이제 더이상 안전한 세계 속에서 자신의 목숨을 구하지 않습니다. 차라리

---

44 앞의 책, 288.
45 『문학의 공간』, 147.
46 『문학의 공간』, 148.

시 속에서 죽음으로써 자신의 시 속에 더이상 자신의 형상을 보존하지 않습니다. 하지만 이 죽음을 통해 비로소 하나의 삶이 시작됩니다. 삶과 죽음이 나누어지고 합쳐지는 시간인 자정에 이지튀르는 자신의 임무를 시작합니다.

심야의 시간이 울린다 ― 주사위가 던져지지 않으면 안 되는 이 심야. 이지튀르는 계단을 내려와서, 인간 정신으로부터 사물의 깊은 속까지 이른다, 그 자신에 다름 아닌 〈절대〉 바로 그것으로서. 묘지 ― 중성적(감정도, 정신도 없는) 유골. 그는 예언을 외치고, 일을 한다. …… 이미 무엇 하나 남는 것은 없고, 말과 행동이 결부된 결과의, 숨결만이 남았다 ― 그것에 의하여 일체가 존재했다. 생존의 촛불을 불어 꺼라.[47]

47 스테판 말라르메, 『말라르메 시집』, 이준오 옮김, 숭실대학교 출판부, 1999, 229.

06

미셸 푸코 — 르네 마그리트

원본 없는 이미지들의
서로 닮음의 놀이

"

제목은 그림을 부인하지 않는다.
그것은 다른 방식으로 긍정한다.[1]

---

1 미셸 푸코, 『이것은 파이프가 아니다(Ceci n'est pas une pipe)』(1973), 김현 옮김, 1995,
   민음사,99. 이하 책제목과 쪽수만 병기한다.

이것은 파이프가 아니다

당신의 책, 『말과 사물Les mots et les choses』(1966)을 읽고 생각한 몇 가
지를 적습니다. 이것이 당신에게 즐거움을 준다면 좋겠습니다.[2]

르네 마그리트는 『말과 사물』을 읽고 대뜸 이런 편지를 푸코에게 보
냅니다. 편지는 1966년 5월 23일의 것입니다. 『말과 사물』이 그해 4
월에 출간되었으니, 마그리트는 책이 나오자마자 읽고 저자인 미셸 푸
코에게 편지를 보낸 셈입니다. 짧은 편지에서 마그리트는 푸코가 『말
과 사물』에서 다루었던 유사와 상사, 그리고 벨라스케스에 대한 자
신의 생각을 조심스레, 그러나 단호하게 이야기합니다. 푸코는 유사
Ressemblances, 類似와 상사Similitudes, 相似를 엄격하게 구분하지 않았고,
이들을 모두 르네상스 시기의 지적 인식의 토대로 삼았습니다. 그러나
마그리트는 이 두 개념의 구분이 '세상과 우리 자신의 존재양태'를 유
효하게 암시한다고 말하고 있습니다. 다시 말해 이 두 개념은 비록 그
의미가 비슷할지라도 분명히 구분되어야 한다고 본 것입니다.
　그의 말한 것은 다음과 같습니다. 첫째, 상사는 사물들 사이에 존재
한다. 사물들은 가시적이거나 비가시적인 차원에서 상사관계를 갖는
다. 둘째, 유사하다는 것은 사유에 속한다. 셋째, 사유(보이지 않는 것)
를 그리는 회화는 어떻게 가능한가. 넷째, 중요한 것은 사물들을 어떤

---

2 『이것은 파이프가 아니다』, 93.

르네 마그리트

René Magritte
1898~1967

벨기에의 화가.

벨기에 레신에서 양복재단사인 레오폴 마그리트와 모자 상인인 아들린 사이에서 태어났습니다. 처음에는 포스터 및 광고 디자이너 등의 일을 하다가 1926년부터 본격적으로 회화작업에 몰두했습니다. 1927년에 브뤼셀에서 첫 개인전을 열었으나 비평가들에게 혹평을 받았습니다. 이후 브뤼셀을 떠나 파리로 가면서 앙드레 브르통(André Breton, 1896~1966)과 친구가 되었고 그를 통해 초현실주의 예술가들과 교류했습니다.

살바도르 달리(1904~1989)나 막스 에른스트(1891~1976)와 같은 초현실주의자들과 달리 대상들을 사실적으로 묘사하지만 이질적 장소에 배치함으로써 기괴한 효과를 표현하는 데페이즈망(dépaysement) 기법을 주로 사용하여 그림을 그렸습니다. 그의 작품은 대중문화에도 큰 영향을 끼쳤는데, 다양한 앨범의 재킷으로 사용되거나 영화와 애니메이션 등에 삽입되기도 했습니다.

대표작으로 "이것은 파이프가 아니다"로 유명한 「이미지의 배반」, 「중산모를 쓴 남자」, 「이것은 사과가 아니다」, 「의외의 대답」, 「사람의 아들」 등이 있습니다.

방식으로 결합하여 신비를 환기할 것인가. 그리고 편지는 이렇게 끝납니다.

> 나는 당신에게, 내가 회화의 본래의 목적에 집착하지 않으면서 그렸던 그림의 사본들을 첨부해 보내는 게 좋겠다고 생각했습니다.[3]

아마 여러분들은 이 그림을 알고 계실 것입니다. 「이미지의 배반」이라는 제목은 좀 낯설지도 모르겠습니다만, 흔히들 "이것은 파이프가 아니다"라고 말하는 바로 그 그림입니다. 마그리트는 푸코에게 왜 이 그림을 보낸 것일까요? 이 그림을 통해 마그리트는 회화와 재현, 유사와 상사의 문제에 대해 어떤 메시지를 전달하고자 했던 것일까요? 애당초 이 그림은 편지에 첨부된 하나의 사본이었을 뿐입니다. 그런데 푸코는 바로 이 그림에 사로잡힙니다. 그리고 그에게 우연히 주어졌던 이 복제 이미지를 통해서, 근대 회화의 본질과 현대회화로의 역사적 전환에 대한 사유를 진행합니다.

푸코가 다루는 버전은 두 가지입니다. 그리고 그 두 버전 모두 마그리트가 편지를 통해 사본으로 보내준 것입니다. 첫 번째 버전은 단순합니다. 화면의 가운데 누가 보더라도 파이프라고 말할 수밖에 없는 대상이 그려져 있고, 그 바로 아래 "이것은 파이프가 아니다"라는 글귀가 쓰여 있습니다. 두 번째 그림은 애매모호함이 좀더 배가된 그림이라고 할 수 있습니다. 화면의 왼쪽 상단에는 커다란 파이프가 떠 있습

---

3 『이것은 파이프가 아니다』, 95.

니다. 마치 무중력의 공간에 있는 것처럼 받침대도, 걸이도, 액자 같은 것도 없이 무심하게 '떠' 있습니다. 얼핏 보면 벽에 그려진 그림처럼 보이기도 합니다. 오른쪽 아래에 세워 둔 이젤 위 캔버스에는 또 하나의 파이프 그림이 있습니다. 그 그림에는 역시 "이것은 파이프가 아니다"라는 문구가 쓰여 있습니다. 두 개의 파이프, 하나의 문장.

이 두 번째 그림은 첫 번째 그림을 설명하는 그림일까요? 거기에서 공중에 떠 있는 파이프와 같은 것은 과연 파이프인가요? 아니면 벽에 그려진 그림일까요? 아니면 화가의 상상을 구체적으로 표현한 것일까요? 그렇다면 이것이 파이프가 아니라고 말하는 것은 무슨 의미일까요? 이 그림을 하나의 파이프에 대한 두 개의 그림이라고 보아야 하나

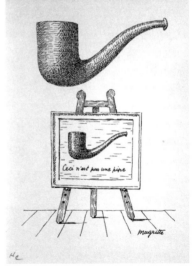

요? 아니면 하나의 파이프와 그것에 대한 그림이라고 말하는 것이 정확할까요? 오른쪽 캔버스에 쓰인 '이것'은 캔버스 위의 큰 파이프를 가리키는 것일까요, 캔버스 그림 속의 파이프를 가리키는 것일까요? 간단한 부정만으로 물음표는 꼬리에 꼬리를 뭅니다. 하지만 아마 이 부정이 없었더라도 마찬가지였을 것입니다.

말과 사물

푸코는 『말과 사물』에서 '에피스테메episteme' 개념을 통해 인식의 역사를 기술합니다. 에피스테메는 사물들을 배열하는 질서이자, 한 시대의 담론의 형식이며, 사유와 지각, 실천의 양식들을 결정하는 인식의 틀입니다. 그것은 한 시대의 문화이자 인간의 경험 자체를 조직하는 근본적 토대이기도 합니다. 『말과 사물』의 유명한 서문에서 푸코는 호르헤 루이스 보르헤스1899~1986를 인용해 '사물들의 질서'라는 것이 우리의 인식에 어떤 의미를 가지는지 유머러스하고도 날카롭게 이야기합니다.

보르헤스의 텍스트에 인용된 "어떤 중국 백과사전"에는 "동물이 a)황제에게 속하는 것, b)향기로운 것, c)길들여진 것 d)식용 젖먹이 돼지, e)인어, f)신화에 나오는 것, g)풀려나 싸대는 개, h)지금의 분류에 포함된 것, i)미친 듯이 나부대는 것, j)수없이 많은 것, k)아주 가느다란

미셸 푸코

Michel Foucault
1926~1984

프랑스의 철학자, 사회학자, 역사학자.

20세기 후반의 가장 영향력 있는 사상가입니다. 언론정보학, 인류학, 사회학, 문화이론, 문학이론, 페미니즘, 비판이론 등 인문과학에서 그의 영향을 받지 않은 영역이 없을 만큼 큰 영향을 끼쳤습니다. 그의 이론적 관심은 한마디로 '근대성(modernité)'의 문제입니다. 이를 위해 정신의학, 의학, 감옥 제도, 언어학, 생물학 등의 분야를 통해 권력과 지식 사이의 관계를 다루었고, 방대한 문헌자료를 통해 작업하는 문서고의 철학자입니다.

푸코는 푸아티에에서 외과의사의 아들로 태어났습니다. 대학에서 철학을 전공한 후 정신의학에 흥미를 가지고 그 이론과 임상을 연구하기도 했습니다. 파리대학교 벵센 분교 철학교수를 거쳐 1970년 이래 콜레주드프랑스 교수를 지냈습니다.

이론적 작업 못지않게 활발한 정치 활동을 했습니다. 1970년대는 '감옥정보그룹'을 창설하여 죄수들의 생활 조건 개선에 적극적으로 참여하기도 했습니다. 그 자신은 거부하지만, 일반적으로는 후기 구조주의자로 분류됩니다.

주요 저서로는 『광기의 역사』, 『말과 사물』(1966), 『지식의 고고학』(1969), 『감시와 처벌』(1975), 『성의 역사』, 『생명관리정치의 탄생 – 콜레주드프랑스 강의 1978~79년』 등이 있습니다.

낙타털 붓으로 그린 것, l)기타, m)방금 항아리를 깨뜨린 것, n)멀리 파리처럼 보이는 것"으로 분류되어 있다는 것이다.[4]

보르헤스를 인용한 백과사전의 분류는 우리로서는 이해하기 힘든 것입니다. 그러나 이러한 이해불가능성은 위의 분류에 언급된 동물들이 비현실적 존재여서가 아닙니다. 여기에는 "상상할 수 없는 양서 동물도, 발톱 달린 날개도, 비늘 덮인 보기 흉한 피부도, 악마 같은 다형의 얼굴도, 불꽃의 입김도"[5] 없습니다. 저 목록이 우리를 당황시키는 것은 위의 목록들이 가진 이해불가한 질서에서 기인합니다. 왜냐하면 위의 목록들이 가진 질서가 존재들을 일괄적으로 구분하고 목록화하는 동일성과 차이의 원리에 맞지 않기 때문입니다. 황제에게 속하는 동물과 향기로운 동물, 낙타털 붓으로 그린 동물들이 하나의 목록 안에 있는 이 엉뚱한 연결이 문제입니다. 여기서 이 계열들에 통일성을 부여하는 것은 abc의 순서로 나아가는 알파벳 외에는 없습니다.

보르헤스의 텍스트에서가 아니라면 결코 어디에도 존재할 수 없는 목록. 이 목록은 낯선 중국의 독특하고 이국적인 분류에 대한 유희적 소비에 그치지 않고, 우리가 사유할 수 없는 것, 우리 사유의 한계를 보여줍니다. '사물의 질서'란 바로 우리가 우리 외부의 세계를 사유할 수 있도록 해주는 질서입니다. 만약 보르헤스의 텍스트에서 확인한 것처럼 어떤 사물들의 목록에 일정한 질서가 존재하지/발견되지 않는다면, 그것은 질서도 아니고 사유 가능한 대상도 아닙니다. 이 무질서는

4 미셸 푸코, 『말과 사물』, 이규현 옮김, 민음사, 2012, 7쪽. 이하 책제목과 쪽수만 병기한다.
5 『말과 사물』, 8.

"화제를 메마르게 하고 말문을 막고 문법의 가능성을 그 뿌리에서부터 와해하고 신화를 해체하고 문장의 서정성을"[6] 없애 버립니다.

서로 이질적인 질서, 양립불가능한 공간이 겹쳐 있는 이 장소를 푸코는 '헤테로토피아heterotopia'라고 부릅니다. 이 말은 원래 의학용어로 '이소성異所性'이라고 번역되는데, 어떤 작용이 정상적이지 않은 신체 기관이나 부위에서 발생하는 것을 의미합니다. 이를테면 비지방기관에 지방이 축적된다거나, 췌장이 원래 있어야 할 곳이 아닌 곳에서 발견된다거나, 이소성 골화증처럼 뼈가 있어서는 안 되는 관절이나 근육과 같은 곳에 뼈가 생긴다거나 하는 것을 의미합니다. 이것이 푸코에게서는 서로 이질적인 것의 결합이라는 의미로 사용됩니다. 이는 기존의 질서 잡힌 공간에 대한 '신화적이고 실제적인 이의제기'이며, '반공간contre—espace'입니다. 그런 점에서 유토피아와도 구별되는 공간입니다.

유토피아는 위안을 준다. 왜냐하면 유토피아는 실재하는 장소를 갖지 못한다 해도, 고르고 경이로운 공간에서 펼쳐지며, 비록 공상을 통해 접근할 수 있을 뿐이지만, 넓은 도로가 뚫려 있는 도시, 잘 가꾼 정원, 살기 좋은 나라를 보여주기 때문이다. 헤테로토피아는 불안을 야기하는데, 이는 아마 헤테로토피아가 언어를 은밀히 전복하고, 이것과 저것에 이름 붙이기를 방해하고, 보통 명사들은 무효가 되게 하거나 뒤얽히게 하고, '통사법'을, 그것도 문장을 구성하는 통사법뿐만 아니라

6 『말과 사물』, 12.

226

말과 사물을 '함께 붙어 있게' 하는 덜 명백한 통사법까지 사전에 무너 뜨리기 때문일 것이다.[7]

유토피아는 현실에 존재하지 않지만 상상 속에서 안전하게 자리 잡고 있는 어떤 조화로운 장소를 의미합니다. 그곳은 고통스런 현실이 극복된 이상향이라는 의미에서 현실의 부조리가 제거된 더 나은 질서를 상징하는 곳이기도 합니다. 그러나 헤테로토피아는 질서를 전복하는 장소이므로, 존재하지 않아야 할 장소가 현실에 버젓이 존재하게 됩니다. 그러므로 푸코는 헤테로토피아를 '위치를 가지는 유토피아 utopies localisées'라고 말합니다.[8] 보르헤스의 분류에서 각각의 사물들은 그 자체로는 전혀 이질적인 존재가 아닙니다. 우리들을 당혹스럽게 하는 것은 그들이 하나의 질서, 즉 알파벳의 배열 아래 묶여 있기 때문입니다. 질서와 무질서의 이질적 조우, 그 자체가 헤테로토피아라고 말할 수 있습니다.

농시에 헤테로토피아는 우리가 존재들을 배치하고, 명명하고, 말하고, 사유하는 통일적 공간의 존재에 대한 방증이기도 합니다. 우리는 이러한 질서의 공간 속에서 생각하고 행동합니다. 우리는 세계를 있는 그대로 경험하는 것이 아닙니다. 이러한 경험의 이면에는 일종의 '기본 코드'가 있습니다. 이러한 코드는 경험적 질서를 배열하는 코드이며, 말 그대로 경험 자체가 가능한 것이 되기 위해 기초하고 있는 숨겨진 원리이기도 합니다.

---

7 『말과 사물』, 11f.
8 미셸 푸코, 『헤테로토피아』, 이상길 옮김, 문학과지성사, 2014, 13.

푸코가 자신의 연구를 '고고학'이라고 부르는 것은 그의 작업이 단순히 기록된 역사를 그 자체로 연구하는 것이 아니라, 기록된 것 이면의 어떤 인식의 토대, 말해진 것 이면의 말해지지 않은 것을 드러내는 작업이기 때문입니다. 그리고 이러한 인식의 가능조건을 질문함으로써 보편적이고 항구적으로 보였던, 혹은 끊임없이 축적되면서 발전되는 것으로 보였던 인간의 인식을 상대화합니다. 인간 인식의 역사는 점진적인 발전이 아니라 급격한 단절을 통해 이해됩니다. 푸코는 이 연속성의 균열을 "지식의 가시적인 표면 전체에 고루 퍼지는 근본적인 사건으로 이 사건의 징후나 충격 또는 결과를 조금씩 추적하는 것만이 가능"하다고 말하고 있습니다. 다시 말해 우리는 이러한 사유의 근본적인 변화가 왜 일어났는지를 알 수는 없습니다. 다만 "사유 자체의 역사적 연원을 파악하는 사유"[9]를 통해서 그러한 사유의 변화에 근거를 제시할 수 있을 뿐입니다. 이러한 변화의 가능성과 실제적 변화를 이해하는 일은 그러나 단지 지적 유희의 차원에 그치는 것은 아닙니다. 이는 당대의 지배적 인식에서 벗어나 변화를 모색하는 실천적이고 실용적인 작업이기도 합니다.

이와 같은 분석은 알다시피 사상사나 과학사의 영역에 속하지 않는다. 오히려 무엇으로부터 인식과 이론이 가능했는가, 어떤 질서의 공간에 따라 지식이 구성되었는가, 역사상의 어떤 선험적 여건을 바탕으로, 어떤 실증성의 조건 속에서 사상이 출현하고 과학이 구성되고 경험이

---

9 『말과 사물』, 308.

철학에 반영되고 합리성이 형성되고는 아마 오래지 않아서일 터이지만 뒤이어 해체되고 사라질 수 있었는가를 찾아내려는 연구이다.[10]

이렇듯 세계를 인식하고 실천을 조직하는 의식의 심층적 구조를 다룸으로써 푸코는 인간이 스스로를 주체화하고 세계를 자기 앞의 투명한 대상으로 인식하는 고전주의 주체 중심 철학에 종언을 선언합니다. 이런 점에서 푸코의 철학을 '반인간주의적'이라고 부르기도 합니다.

르네상스, 고전주의, 근대의 에피스테메

인식의 역사는 점진적으로 발전하거나 축적되지 않고, 각각의 시대는 이러한 에피스테메의 난설을 통해 구분됩니다. 푸코는 16세기 이후 서양 문화의 에피스테메에 두 번의 중대한 불연속을 주장합니다. 그리고 그에 따라 우리가 흔히 '근대'라고 부르는 16세기부터의 서양 역사를 르네상스, 고전주의, 근대라는 세 시기로 구분합니다. 각각의 시기는 그 시기의 경험에 질서를 부여하는 인식론적 틀에 따라 특징지어집니다. 그는 중세 말에서 17세기 중반 르네상스 시기의 에피스테메를 '유사la ressemblance'로, 이후 18세기 말의 고전주의는 '재현la

---

10 『말과 사물』, 17.

représentation'으로, 그리고 19세기 이후 현대에 이르는 시대는 '역사'로 구분할 수 있다고 말합니다. 19세기 이후는 '인간'이 비로소 등장한 시기이기도 합니다. 에피스테메는 과학, 문학, 회화 등의 상이한 분야가 표현이나 형식에서 근본적인 차이를 가짐에도 불구하고 하나의 시대를 통해 일관된 것으로 묶일 수 있는 이유를 설명해 주기도 합니다.

르네상스 시기의 유사는 사물들 사이의 닮음을 찾는 것으로, 이 시기 지식은 바로 이 닮음을 토대로 가능해집니다. 언어 역시 닮음의 형식 위에서 가능해집니다. 이러한 유사의 논리 아래에서는 '아담의 명명'이 이루어집니다. 이를테면 이런 것입니다. 아담이 사물들에 이름을 붙일 때 실은 신이 사물들에 붙여준 가시적이고 말없는 표지를 읽은 것인데, 이렇게 아담이 읽을 수 있었던 것도 언어와 사물의 당연한 유사성이 이미 존재했기 때문이라는 것입니다. 세계는 이러한 닮음으로 가득차 있고, 우리는 이 닮음을 그저 읽어내기만 하면 세계의 비밀을 발견할 수 있습니다. 그러므로 이 시기 지식의 속성은 "보는 것이나 증명하는 것이 아니라 해석하는 것"[11] 즉 세계라는 책을 읽어내는 것이었습니다. 유사성으로 이 세계라는 책을 읽어낸 이가 바로 돈키호테입니다. 그가 광인 취급을 받는 것은 그의 유사에 의한 인식이 단지 시대착오적이었기 때문입니다.

그의 여정 전체는 유사성의 추구이다. …… 가축의 무리, 하녀, 여인숙은 서서히 군대, 귀부인, 성을 닮음에 따라 다시 책의 언어가 된다. 이

---

11 『말과 사물』, 77.

닮음은 언제나 어긋나고, 이에 따라 애써 얻어 낸 증거는 웃음거리로 변하며, 책의 말은 한없이 공허한 상태로 남는다. ······ 『돈키호테』는 르네상스 세계의 음화를 보여주고, 문자는 세계의 산문이기를 멈추었고, 닮음과 기호의 오랜 일치는 무너졌고, 유사성은 기만하고 망상과 정신착란으로 바뀌고, 사물은 가소로운 동일성 속에 끈질기게 머물러 있고, 즉 이제는 더이상 현재의 모습일 뿐이고, 말은 채울 내용도 닮음도 없이 이리저리 옮겨 가고, 더이상 사물을 나타내지 않으며, 먼지에 덮인 책의 지면들 사이에 잠들어 있다.[12]

『돈키호테』(1605)는 최초의 근대적 작품으로서 이러한 유사성의 세계, 르네상스적 인식의 붕괴를 보여줍니다. 영웅적 기사는 미치광이 노인이 되었고, 언어와 사물과의 동일성은 친화력을 상실했습니다. 하나의 이야기는 세계의 현실 속에서 실현되지 않고, 오직 문학이라는 고립된 영역에서 비현실적인 것으로 남게 되었습니다. 유사로 파악된 세계에서 언어는 그에 맞는 상관물을 현실 속에 가지고 있어야 합니다. 기사 소설은 단지 소설일 뿐만 아니라 현실이어야 합니다. 그러나 현실은 그렇지 못하고, 돈키호테가 기사 소설에 빠진 인물이라는 사실로부터 그의 미치광이 행동이 나오는 것입니다. 마치 수백 권의 무협지를 읽은 사람이 현실과 소설을 구별하지 못하고 자신이 물위를 걸을 수 있고 손으로 장풍을 쏠 수 있다고 생각하는 것처럼 말이지요. 그가 읽은 것이 현실에는 존재하지 않는다는 사실, 책의 말들이 공허한 허공

---

12 『말과 사물』, 87.

을 맴돈다는 사실을 받아들이지 못하기 때문에 그는 조롱의 대상이 되는 것입니다. 만약 이 세계에서 여전히 이 닮음을 보는 이들은 광인이거나 시인일 것입니다.

르네상스 이후 고전주의 시기는 유사성이 아니라 '재현'으로 세계를 구축합니다. 재현은 차이와 동일성을 분명히 하고, 이름을 붙이고, 목록을 만드는 분류의 행위입니다. 이제 유사성에 대한 인식으로 세계를 이해하려는 시도는 우상이 됩니다. 동굴의 우상, 극장의 우상, 종족의 우상, 시장의 우상. 베이컨이 말한 우상은 유사성에 대한 고전주의의 공격입니다. 베이컨은 이렇게 말합니다. "인간의 정신은 본래 사물들에서 발견하는 것보다 더 많은 질서와 닮음을 사물들에 대해 추정하는 경향이 있고, 그래서 자연에는 예외와 차이가 가득한데도, 도처에서 조화, 일치, 유사성을 발견하려 한다. 모든 천체가 움직이면서 완벽한 원을 그린다는 허구는 이로부터 유래한다."[13] 이제 자연의 모든 사물들에서 조화, 일치, 유사성을 발견하려는 시도는 허구로 취급됩니다.

고전주의에서 자연은 기호들의 체계 속에서 '재현'됩니다. 유사성에 의한 세계인식은 철저히 부정됩니다. 기호들의 체계란 기원의 탐구, 계산가능성, 가능한 구성을 결정하는 도표의 설정, 인위적인 상징체계와 논리적 연산체계 등을 통해 세계를 재현하는 기본토대라고 할 수 있습니다. 이 시기에 백과사전이 등장하는 것도 유사성이 아니라, 동일성과 차이에 기초한 일람표를 통해 세계 전체를 망라하고 정리하고자 하는 욕망 때문입니다. 그리고 이때 언어는 투명한 것으로 이해됩

---

13 『말과 사물』, 93.

232

니다. 데카르트의 "나는 생각한다, 고로 존재한다."라는 명제가 보여주듯 이 시기는 생각과 존재가 고전주의적 투명한 언어 속에서 당연하고 자연스럽게 연결됩니다. 재현과 존재의 차이는 없습니다. '나는 생각한다'에서 '나는 존재한다'로 이행되는 것은 고전주의 담론에서 자명한 것이었습니다. 이때의 담론은 재현되는 것과 존재하는 것 사이의 직접적 관계를 맺어주는 것을 자신의 역할로 충실히 수행합니다.

재현과 존재의 직접적이고 투명한 관계 속에서 고전주의적 인식은 담론, 도표, 교환을 통해 특징지어집니다. 기호와 도표를 통해 세계를 존재 그대로 재현하는 것이 가능하다고, 세계를 체계적으로 분류하고 정리하여 일괄할 수 있다고 믿었습니다. 세계를 재현체계 속에서 논리적으로 구성될 수 있는 것이라고 생각한 것입니다. 『포르루아얄의 문법』[14]과 같은 일반문법이 등장하고, 린네의 분류법과 같이 생물학적 체계를 구축하고자 하는 지식이 등장했습니다. 경제적 교환 관계에 기초한 경제이론이 등장한 것도 같은 맥락입니다. 가격, 무역, 유통, 금리, 이자, 화폐 등을 통한 '부의 분석'은 화폐에 기반한 실증적 경제체계를 이론적 대상으로 삼았습니다.

이러한 고전주의적 투명성이 깨어지는 것은 고전주의 시기가 근대로 전환되는 사건입니다. 더이상 세계는 투명하게 재현되지 않습니다. 고전주의 시기가 언어의 보편적 문법을 탐구했다면, 고전주의 이후 근대에서 언어는 문헌학이라는 '역사'의 대상이 됩니다. 언어는 세계를 반

14　언어학의 고전으로 1660년에 발간된 앙투안 아르노와 클로드 랑슬로의 『일반이성문법(Grammaire générale et raisonnée)』을 말한다. 언어를 정신의 논리적 대응물이라고 보고, 다양한 언어의 차이를 초월하는 보편적인 언어적 문법을 정립하고자 했다.

영하고 재현하는 투명한 것이 아니라, 역사적으로 변모하는 것으로 파악됩니다.

니체는 이것을 누구보다 빠르게 파악한 사람이기도 합니다. 니체는 선과 악의 본질에 대해서는 관심이 없었습니다. 애시당초 그 본질이라는 것이 존재한다고도 생각지 않았습니다. 스스로를 아가토스 Agathos(선한 사람)로, 다른 사람을 데일로스Deilos(미천한 사람)라고 부를 때, 누가 말하고 누구를 가리키는가가 중요한 것이었습니다. 이제 언어는 세계와 동일한 것이 아닙니다. 그것은 세계를 변화시키는 담론과 권력을 실현합니다. 언어는 담론을 행하고 발언권을 갖는 사람을 중심으로 결집됩니다.[15] 과거에 세계를 그대로 반영하는, 인류 보편적인 것으로 파악되던 언어는 문화, 역사, 주체, 권력 등의 문제와 결합됩니다.

인간에 대한 이해도 달라집니다. 진정한 인간이 논의되는 것도 이 시기로서 그 이전에는 아예 생명이라는 개념이 존재하지 않았다고 푸코는 말합니다. 그의 말대로 고전주의 시대에는 생명도, 생명과학도 존재하지 않습니다. 모든 생명체는 도표화된 질서의 공간 속에서 넓이, 무게, 운동 등의 요소로 기계론적 차원에서 동일하게 다루어졌습니다. 고전주의 시대의 인간은 전체 동물 분류표에서 특정한 자리를 부여받은 하나의 종으로서 다른 동물들과 유사성과 차이를 통해 분류되는 존재에 불과했습니다. 고전주의 시대의 인간은 이렇게 파악되었습니다. 동물계, 척삭동물문, 포유강, 영장목, 사람과, 사람속, 사람. 하지만 고전주의 이후 인간은 생명을 가진 존재이자 역사 속의 존재로

---

15 『말과 사물』, 420.

파악되었습니다. 근대적 에피스테메에서 생명에 대한 이해는 근본적인 변화를 겪은 것입니다.

> 생명은 재현을 통해 주어지고 분석되는 존재의 일반 법칙에서 벗어나는데, 이는 아마 서양 문화에서 역사상 처음일 것이다. 모든 사물의 다른 쪽에서, 심지어 존재할 수 있는 사물들 너머에서 생명은 모든 사물을 출현하게 하기 위해 모든 사물을 지탱하고 죽음의 폭력으로 모든 사물을 끊임없이 파괴하는 만큼, 움직임과 부동성, 시간과 공간, 은밀한 의지와 가시적인 표시가 대립하듯이 존재와 대립하는 근본적인 힘이 된다. 생명은 모든 실재의 뿌리이고, 살아 있지 않은 것과 생기 없는 자연은 그저 다시 사라진 생명에 지나지 않으며, 무조건적인 존재는 생명의 비존재이다. 실제로 생명은 존재와 동시에 비존재의 핵이고, 그래서 19세기의 사유에서 생명은 근본적인 가치를 갖는다.[16]

이와 같은 고전주의 에피스테메에서 근대적 에피스테메로의 전환은 생물학, 문헌학, 정치경제학 등 이전과 다른 새로운 학문의 영역 속에서 다양하게 발생합니다. 그러나 학문에서 근본적인 변화는 '인문과학'이라는 학문의 지위와 관련됩니다. 인문과학은 '살아가고, 말하고 생산하는' 인간을 다룹니다. 이런 점에서 인문과학은 사회학, 심리학, 문헌학, 정치경제학을 포함할 뿐만 아니라 생물학이나 경제학, 수학과 과학과도 연관을 맺습니다. 인문과학은 이 다양한 관계 속에 흩어져 있

---

16 『말과 사물』, 386

기 때문에 위치를 정할 수 없고 불안정하며, 심지어 위험하기도 합니다. 고유한 영역과 경계를 무너뜨리고 그것을 인문과학이라는 이 불안정한 장으로 포섭하기 때문입니다. 수학과 같은 연역적 과학, 경제학이나 언어학과 같은 경험적 과학, 그리고 철학적 반성 등은 언제나 이 인문과학의 "불순함"[17]에 오염될 수 있습니다. 문학, 미술, 철학, 역사, 정치를 아우르며 전개되는 예술에 대한 우리의 논의도 그런 점에서는 '불순'하고 '불안한' 인문과학의 영역에 속해 있다고 말씀드릴 수 있습니다.

이상에서 푸코의 에피스테메 이론을 살펴본 것은 푸코가 시대의 변화를 인식의 단절로 보는 관점이 회화의 정체성과 역사를 보는 관점에 그대로 적용되기 때문입니다. 이러한 에피스테메의 단절에서 마그리트의 회화와 관련해 주목해야 할 시기는 고전주의 시기입니다. 마그리트의 회화는 고전주의적 재현의 원리들을 비틀고 뒤집음으로써 새로운 회화적 인식의 장을 열어주었기 때문입니다. 이제 마그리트의 저 파이프 그림을 이야기할 준비는 어느 정도 된 셈입니다. 하지만 그전에 고전주의적 재현의 불가능성을 보여주는 디에고 벨라스케스 1599~1660의 「시녀들」을 잠깐 살펴볼까 합니다.

17 『말과 사물』, 476.

「시녀들」, 고전적 재현의 불가능성에 대해

벨라스케스의 「시녀들Las Meninas」에 대한 푸코의 분석은 보르헤스의 인용과 더불어 『말과 사물』에서 가장 상징적인 대목입니다. 그는 여기서 그림의 시선과 재현에 대한 중층적 분석을 통해 고전주의 시기를 특징짓는 재현의 시선과 완전한 재현의 불가능성에 대해 이야기하고 있습니다.

전통적인 도상에서 회화는 하나의 완결된 세계를 구축하고, 자신의 외부를 마치 존재하지 않는 것처럼 표현합니다. 우리는 하나의 그림을 볼 때 그 그림의 밖에는 무엇이 존재하는지는 묻지 않습니다. 작품을 본다는 것은 캔버스 위에 그려진 하나의 자기 충족적 세계를 본다는 것이며, 그 세계의 외부는 존재하지 않는다는 전제에 암묵적으로 동의하는 것을 의미합니다. 그러나 벨라스케스의 작품 속에서 이러한 동의는 어기없이 깨집니다. 그림 자체가 화면의 외부를 그림 속으로 끊임없이 소환하기 때문입니다.

벨라스케스의 「시녀들」은 3개의 공간적 층위를 가지고 있습니다. 가시적인 것과 비가시적인 것의 관계, 재현과 주체의 관계가 복합적으로 구성되는 공간입니다. 우선 화면의 중심에 자리 잡은 왕녀 마르가리타와 그의 주위에서 시중을 들고 있는 시녀들, 커다란 캔버스를 앞에 두고 작업을 하고 있는 화가가 자리 잡은 공간이 있습니다. 그리고 그들의 시선이 향하는 공간, 즉 현재 이 그림을 보고 있는 관객이 서 있는 공간이 있습니다. 그리고 관객이 불청객처럼 차지하고 있는 위치의 진짜 주인인, 화가가 그리는 모델이 왕과 왕비임을 드러내는 화면 뒤쪽

거울의 공간이 있습니다.

화면의 가운데를 차지하는 화가와 왕녀, 그리고 시녀들은 표면적으로는 이 회화의 주제가 됩니다. 화면에는 벨라스케스 자신도 그려져 있습니다. 캔버스 뒤의 화가는 바로 그의 모습입니다. 이 그림을 처음 보는 사람들은 당연히 가운데에 그려진 시녀들에 둘러싸인 왕녀에게 눈이 갈 것입니다. 그런데 이 중심인물에 머무른 관객의 시선은 화가 및 왕녀의 시선과 교차될 수밖에 없습니다. 그림 속 화가와 왕녀가 화면의 정면을 응시하고 있기 때문입니다. 재밌는 것은 화가가 무엇을 그리는지 관객은 알 수 없다는 점입니다. 동시에 캔버스 앞에서 슬쩍 고개를 젖히고 모델을 보고 있는 화가 자신도 자신의 그림과 모델을 동시에 볼 수는 없습니다. 그림을 그릴 때 화가의 모습은 다시 캔버스 뒤로 사라져 버릴 것입니다. 재현의 주체로서 그림을 그리고 있는 화가와 화면 속에서 그림을 그리는 화가로 그려진 상황은 양립 불가능합니다. 다시 말해 그리면서 동시에 그려질 수는 없는 노릇입니다. 이 양립불가능은 보는 자와 보이는 자의 위치가 끊임없이 교환됨을 보여줍니다.

그렇다면 화면 속의 화가는 누구를 보고 있는 것일까요? 그림 속 왕녀와 화가가 보고 있는 대상은 그림 속 화가가 현재 그리고 있는 큰 캔버스에 그려지고 있는 인물일 것입니다. 그러나 캔버스는 오직 뒷면만을 보여주고, 그 정체를 드러내지 않습니다. 화가의 시선이 향하는 대상을 보여주는 것은 이 캔버스가 아니라, 화면의 정면 뒤쪽에 있는 거울입니다. 여기에는 왕과 왕비가 그려져 있습니다. 즉 현재 그림 속 화가가 그리고 있고 왕녀의 시선이 머무는 대상은 바로 이 왕과 왕비입니다. 원래대로라면 화면 밖에서 보이지 않을 왕과 왕비는 그림 속 거울이라는 교묘한 장치를 통해 화면 속으로 기입됩니다. 화가의 커다란 캔버스가 볼 수 있는 것을 보지 못하게 하는 비가시성의 형식이라면, 거울은 보이지 않는 것을 보게 하는 가시성의 형식입니다.

하지만 그림 속 누구도 이 거울 속의 형상에 대해서는 신경 쓰지 않습니다. 화가가 보고 있는 왕과 왕비는 거울을 통해 가시적인 대상이 되지만, 정작 화가의 시선이 향하는 곳은 그림에는 결코 보이지 않는 비가시적 공간입니다. 가시적인 것이 비가시적인 것으로 여겨지고, 화가의 시선을 통해 비가시적인 것은 자신의 존재를 증명합니다. 동시에 이 거울 속 이미지는 각각의 시선에 결여되어 있는 것을 보충해 줍니다. 즉 화가의 시선에서는 그가 그리는 모델을, 왕과 왕비의 시선에서는 보이지 않는 캔버스 정면의 초상을, 관객의 입장에서는 자신이 차지하고 있는 공간의 실재적 중심을 보여줍니다. 흥미로운 그림이 아닐 수 없습니다.

그러나 거울 속 왕과 왕비의 형상은 희미하고 비현실적입니다. 이 그림, 즉 재현 전제를 가능하게 하는 왕과 왕비는 재현에 질서를 부여하는 존재이면서 점점 희미해져가는 존재이기도 합니다. 재현을 가능하게 하는 존재라고 말한 것은 이들이 단순히 왕과 왕비이기 때문이 아닙니다. 그려지는 모델의 시선, 장면을 바라보는 관객의 시선, 그리고 그림을 그리고 있는 화가의 시선이 이 왕과 왕비의 공간을 중심으로 포개지기 때문입니다.

이처럼 그림 속 공간은 완결되고 독립된 공간이 아니라 상호침투하는 불완전성의 공간입니다. 벨라스케스의 그림은 외부의 세계를 재현하는 것이 아니라, '재현의 순간을 재현하는 회화'라고 말할 수 있습니다. 그리고 이 재현의 내용 속에는 결코 재현의 주체는 포함되지 않습니다. 가시적인 것은 비가시적 주체가 제거된 재현을 통해서만 표현됩니다. 따라서 이 재현의 재현을 통해 드러나는 것은 재현의 완전함이 아니라 모든 것을 완벽하게 재현해낼 수 없는 재현의 한계입니다. 재현 자체는 재현이 불가능한 것을 상정해야만 가능하기 때문입니다. 벨라스케스의 이 그림은 고전주의적 재현의 본질을 보여줍니다.

> 벨라스케스의 이 그림에는 아마도 고전주의적 재현의 재현 같은 것, 그리고 고전주의적 재현에 의해 열리는 공간의 정의가 들어 있을 것이다. 실제로 재현은 여기에서 자체의 모든 요소, 자체의 이미지들, 가령 재현이 제공되는 시선들, 재현에 의해 가시적이게 되는 얼굴들, 재현을 탄생시키는 몸짓들로 스스로를 재현하고자 한다. 그러나 재현이 모으고 동시에 펼쳐 놓는 이 분산으로 인해, 어쩔 수 없이 본질적인 공백이 뚜렷이 드러난다. 즉 재현에 근거에 제공하는 것, 달리 말하자면 재현과 닮은 사람, 그리고 재현이 닮음으로만 비치는 사람이 사방에서 자취를 감춘다. 이 주체 자체, 즉 동일 존재는 사라졌다. 그리고 재현은 얽매어 있던 이 이해방식으로부터 마침내 풀려나 순수 재현으로 주어질 수 있다.[18]

이러한 재현의 한계는 자연스럽게 재현 자체에 대한 문제제기를 자신의 정체성으로 삼은 현대회화에 대한 논의로 이어지게 됩니다. 푸코가 마그리트의 그림을 통해 말하고자 하는 것이 바로 이 '재현'의 문제

---

18 『말과 사물』, 43.

240

입니다. 마그리트의 '재현'에 대한 새로운 문제제기는 에피스테메를 통한 시대적 단절이라는 푸코의 문제의식을 예술의 역사라는 맥락에서 보다 확장합니다.

근대 회화의 원칙을 파괴한 클레와 칸딘스키

『이것은 파이프가 아니다』에서 마그리트의 회화적 의미를 논하기 위해 푸코는 우선 근대회화의 두 가지 원칙을 제시합니다. 특이한 점은 푸코가 근대회화에서 현대회화로의 변화를 이야기하면서 '언어'의 문제를 함께 고려한다는 점입니다. 현대회화를 보는 전통적인 시각은 재현에서 비재현으로의 전환이라는 관점에서 '대상 – 이미지'의 양자관계만을 다루어 왔습니다. 그러나 푸코에게 세계를 재현하는 수단은 이미지만 있는 것이 아닙니다. 『말과 사물』에서 언어와 대상인식 간의 관계를 다룬 그에게는 어쩌면 당연한 일일지도 모르겠습니다. 마그리트의 「이미지의 배반」에서도 우리를 곤란하게 했던 것은 단순히 이미지와 그 재현의 문제뿐만이 아니라, 언어 기호의 삽입 — 차라리 난입이라고 부르고 싶기도 하지만 — 에 의한 이미지의 재현과 언어적 지시 사이의 균열의 문제이기도 했습니다. 이러한 맥락에서 푸코는 현대회화의 등장을 '대상 – 이미지 – 언어'의 삼자관계를 통해 다룹니다.

푸코가 제시한 15세기 이후 20세기까지 근대회화의 첫 번째 원칙은 "조형적 재현(유사를 함축한다)과 언어적 지시(그것을 배제한다) 사이의 분리"[19]입니다. 즉 이미지와 텍스트의 분리입니다. 이 분리는 단지 회화 속에 텍스트를 써 넣지 않는 것과 같은 양식상의 특징을 말하는 것은 아닙니다. 텍스트와 이미지, 이 둘은 대상과 관계 맺는 방식의 차이, 다시 말해 세계를 재현하는 방식에 있어 근본적 차이가 있습니다. 이미지는 유사성을 기반으로 만들어집니다. 그것이 인물을 그린 초상이건 풍경을 그린 풍경화이건 관계없이 우리가 그림을 보고 그것의 원래 지시대상을 알 수 있는 것은 이미지가 유사성에 기반하여 그려지기 때문입니다. 이와 달리 언어는 차이를 통해 역할을 수행합니다. 언어는 그것이 가리키는 대상과의 차이에서 지시가능성을 가집니다. 우리가 그린 사과 그림은 사과와의 닮음, 유사성을 전제로 하지만, 우리가 말할 때 사용하는 '사과'라는 기호에는 지시대상과 직접적인 유사성이 존재하지 않습니다. 이러한 차이 위에서 언어는 대상을 분류하고, 목록들을 나열하고, 세계를 재현할 수 있는 것입니다.

푸코는 이렇게 말합니다. "우리는 유사를 통해 보며, 차이를 통해 말한다." 따라서 "두 개의 체계는 교차되거나 용해되지 않는다." 두 체계는 각자 다른 논리를 가지고 있기 때문에, 하나가 다른 하나를 종속시키지 않는 이상 이 둘이 동시에 주인공으로 등장하는 경우는 없습니다. 텍스트가 이미지를 규제하거나 이미지가 텍스트를 규제하는 방식으로 종속관계는 언제나 존재합니다. 만약 어떤 텍스트가 이미지의 주석 역할을 하는 경우에는, 언어 기호란 "그 이미지가 한꺼번에 모아놓고 있는 형태들을 말들을 통해서 하나하나 풀어놓는 것에 불과"하게

---

19 『이것은 파이프가 아니다』, 51.

됩니다. 조금은 모호하게 들릴 수도 있지만, 간단히 회화의 '제목'을 생각해보시면 대번에 이해가 될 것입니다. 고흐의 작품 「해바라기」에서 '해바라기'라는 텍스트는 그림이미지를 그저 말로 다시 한번 반복해준 것에 불과합니다. 여기서 텍스트의 의미는 단지 이미지의 의미를 전달하는 다른 방식일 뿐, 그 자체로 의미를 가지고 있다고 볼 수는 없습니다. 그것도 이미지의 풍부한 의미내용에는 한참 못 미치지요.

반면 그림이 텍스트에 의해 지배되는 경우도 있습니다. 푸코는 이럴 경우 그림이미지는 "텍스트의 모든 뜻을 조형적으로 실현시키는 역할을 하면서 텍스트에 의해 지배"된다고 말합니다. 이 경우 그림은 단지 텍스트가 말하고자 하는 것을 이미지로 옮겨 반복할 뿐입니다. 그것은 텍스트에 새로운 의미를 덧붙이는 것이 아니라, 텍스트를 단순화하고 받아들이기 쉬운 것으로 만듭니다. 성서의 이야기에 바탕을 둔 종교화를 생각해 보시기 바랍니다. 이 경우 중요한 것은 성서의 내용이지 그림 자체의 표현이 아닙니다. 성서가 말하지 않은 내용까지 표현한 그림이라면 오히려 문세가 될 수도 있을 것입니다.

이러한 이미지와 언어의 구분을 부정하고, 이 둘을 교차시키는 작업을 한 화가가 파울 클레1879~1940입니다. 클레는 텍스트를 쓰는 것이 아니라 그립니다. 전통적 회화에서 결코 등장하지 않았던 방식으로 텍스트를 이미지화함으로써, 텍스트이자 이미지인 대상을 회화 속에 구축합니다. 말하기와 보여주기는 교차되고 섞이면서 하나의 평면, 단일한 체계 속에서 드러납니다. 이 속에서 이미지와 담론 사이의 지배와 복종 관계는 교란됩니다.

언제나 하나의 질서가 형태에서 담론으로 혹은 담론에서 형태로 가면서 그것들을 위계화한다. 바로 이 원칙의 절대성을 클레는 부숴버린 것인데, 형상들의 중첩과 기호들의 구문을 불확실하고 가역적이며 유동적인 공간(즉 책면이자 동시에 화폭이고, 평면이자 동시에 부피이며, 바둑판처럼 그어진 공책의 선이자 동시에 토지 지적부이고, 역사이자 동시에 지도인 공간) 안에서 나타나게끔 함으로써 그렇게 했다. 배, 집, 인물 들은 인지가능한 형태들이며 동시에 서체의 요소들이다. 그것들은 길 혹은 운하이면서 동시에 읽어야 할 줄인 것들 위에 놓여서 앞으로 나아간다. 숲은 나무들은 음악의 오선지 위에 펼쳐진다. 그리고 시선은 마치 사물들 사이에서 길을 잃은 듯이 보이는 말들을 만나는데, 그 말들이 그에게 갈 길을 지시해주고, 그가 지금 지나가고 있는 중의 풍경에 이름을 부여해준다.[20]

푸코는 클레의 특정 작품의 제목을 거론하지는 않습니다. 그러나 문자와 이미지를 결합하는 독특한 회화적 시도를 하였던 클레의 작품들 곳곳에서 이러한 푸코의 설명을 어렵지 않게 이해할 수 있습니다. 예를 들어 푸른색과 녹색, 옅은 핑크가 화면 전체를 통해 온화한 울림을 이루고 있는 「둘카마라(달콤쏩쓸한) 섬Insula dulcamara」(1938)이라는 작품 역시 이러한 문자와 이미지의 겹침을 잘 보여줍니다. 원래의 제목이 「칼립소의 섬」이었다는 점을 떠올려보면, 우리는 이 그림에서 가운데를 가로지르며 유연하게 뻗은 검은색 선을 일종의 해안선이라고 생각할 수도 있습니다. 그리고 화면 위쪽, 다시 말해 바다 위에 한 척의

20 「이것은 파이프가 아니다」, 52f.

배는 오디세우스의 배처럼 보입니다. 섬 안쪽으로 사람과 같은 형태도 보이고, 식물과 열매인 듯한 것도 보입니다. 그러나 동시에 이 검은색 선들은 일종의 기호, 문자로 볼 수도 있습니다. 왼쪽 아래에서 파울 클레의 이름을 읽을 수 있다고 말하는 학자도 있습니다. 이처럼 파울 클레는 이미지와 텍스트 사이의 차이, 규칙, 위계들을 무시하면서 이 둘을 중첩시켜 고전적 회화의 원칙을 넘어섰습니다.

근대 회화의 두 번째 원칙은 이미지와 그 이미지가 지시하는 대상(재현대상) 사이의 등가성입니다. 다시 말해 우리는 그림 속에 그려진 것이 재현된 어떤 대상이라는 점을 일말의 의심도 없이 자명한 것으로 받아들여 왔습니다. 3차원의 세계를 2차원의 평면 위에 가상적으로 구성하는 것, 그것이 회화의 오래된 의미였기 때문입니다. 이 과정에서 유사는 재현적 관계를 확언시켜 주는 것으로 이해됩니다. "하나의 형상이 어떤 것(혹은 어떤 다른 형상)과 닮으면 그것으로 충분하게, 회화의 게임 속으로 「당신이 보는 것은 바로 이것이다」라는 분명한, 진부한, 수천 번 되풀이된 그러나 거의 언제나 말이 없는 언표가 끼어들"[21]게 됩니다. 캔버스 위에 그려진 형상은 그것이 닮아있는 형상을 직접적으로 가리킵니다. 캔버스 위에 그려진 것이 단지 두텁고 거칠게 칠해진 푸른색의 물감이라고 말할 수 있게 된 것은 현대에 이르러서입니다. 만약 근대 화가의 그림에 대해 그런 말을 했다면, 아마 그것은 그 화가에게는 최대한의 모욕이 되었을 것입니다.

바실리 칸딘스키1866~1944는 이미지와 재현대상 사이의 등가성을 파

---

21 『이것은 파이프가 아니다』, 54.

괴합니다. 이 파괴는 등가성을 이루는 한 축을 아예 그림에서 쫓아내는 극단적인 방식으로 이루어집니다. 이미지는 존재하지만 재현대상은 존재하지 않는 추상회화는 이미지가 외부의 대상이 아닌 자신을 가리키도록 하는, 현대회화의 '자기지시성'이라는 특징을 낳습니다. 이제 회화가 표현하는 것은 풍경이나 정물, 인물이나 신화 따위가 아닙니다. 회화를 구성하는 선과 색의 조형성이라는, 회화의 가장 근본적이면서 대체불가능한 본질을 추구하는 것. 그것이 회화의 목표가 됩니다.

　본질적인 것은 유사와 확언을 떼어놓을 수가 없다는 것이다. 이 원칙으로부터의 단절을 우리는 칸딘스키의 서명 아래 놓을 수 있다. 우선, 칸딘스키는 이 선들과 색채들을 더욱 더 고집스럽게 확인함으로써 유사와 재현 관계를 동시에 지워버린다. 그는 그것들이 교회라는 물체, 다리라는 물체, 혹은 활을 든 기병 — 사람일 뿐 그 이상도 이하도 아닌 「사물들」이라고 말했다. 다음, 그의 확인은 어떤 유사에도 기대지 않으며, 누가 「이게 무엇이오」라고 물어보면 「즉흥improvisation」이라든지 「구성composition」이라든지 그것을 만든 몸짓과 관련해서만, 혹은 「붉은 형태」, 「삼각형들」, 「오렌지색 보랏빛」처럼 거기 있는 것과 관련해서만, 혹은 「결정적 장미」, 「저 높은 곳을 향하여」, 「노란 중간」, 「장밋빛 보상」 등의 내적 긴장이나 관계에 의해서만 대답할 수 있는, 그런 날것 그대로의 확인이다.[22]

22 「이것은 파이프가 아니다」, 55.

이처럼 푸코는 20세기에 이르러 클레와 칸딘스키가 근대회화의 기본적 원칙들을 각각 서로 다른 두 방향에서 의심하고 마침내 부정했다고 설명합니다. 근대회화의 두 가지 원칙, 그리고 그것을 깬 클레와 칸딘스키. 그런데 푸코가 논의하고자 하는 마그리트는 클레와도 칸딘스키와도 달라 보입니다. 그는 칸딘스키처럼 재현을 완전히 떠나지 않습니다. 그의 그림 속에서 우리는 여전히 사과, 사람, 모자, 하늘, 바다, 나무 등의 대상을 볼 수 있기 때문입니다. 동시에 클레와도 다릅니다. 마그리트의 그림에서도 문자와 이미지가 함께 등장하지만, 문자와 이미지가 서로 호응하고 차이를 통해 서로의 의미를 증폭시키는 것이 아니라, 서로가 서로를 부정하면서 유사와 재현의 논리에 전면적인 뒤틀림을 주기 때문입니다. 이제 그 이야기를 해보려 합니다.

마그리트, 흐트러진 칼리그람

푸코는 마그리트의 그림을 하나의 칼리그람calligramme이라고 말합니다. 칼리그람이라는 것은 문자를 형상과 결합한 것입니다. 문자로 그린 그림, 시각화된 문자라고도 말할 수 있을 것입니다. 이 기법 자체는 서구에서도 오래된 전통입니다. 그러나 기욤 아폴리네르1880~1918는 '칼리그람'이라는 용어를 직접 만들고, 『칼리그람』이라는 시집을 통해 이것을 유머러스하게 구사했습니다.

푸코는 칼리그람이 3중의 역할을 한다고 말합니다. 먼저, 알파벳을 보완하는 역할을 합니다. 알파벳이란 표음문자이고 따라서 그것이 표현하는 것은 대상 자체와는 아무런 유사성이 없습니다. 칼리그람의 이미지는 바로 이 알파벳에서 결핍되어 있는 대상의 이미지를 보충해 줍

기욤 아폴리네르의 칼리그람.
「비수에 찔린 비둘기와 분수
La colombe poignardée et le jet d'eau」

시의 전문은 다음과 같다:
비수에 찔린 다정스런 형상들 꽃핀 사랑하는 입술들 미아 마레이 이예트, 로리 애니 그리고 그대 마리 너희들은 어디에 있는가 오 아가씨들이여 그러나 눈물짓고 기도하는 분수 곁에서 저 비둘기는 넋을 잃고 있다 // 옛날의 모든 추억이/ 오 전쟁터로 떠난 내 친구들이여/ 창공을 향해 솟아오르고/그대들의 시선이 잠자는 물속으로/ 우울하게 사라진다/ 브라코와 막스 자콥/ 새벽 같은 잿빛 눈의 드랭/ 그들은 어디에 있는가? 레날 빌리 달리즈는 어디 있는가?/ 그 이름들이 우울하게 울린다./ 교회 안에서 발자욱 소리가 울리듯/ 참전한 크렘니츠는 어디 있는가/ 아마 그들은 이미 죽었을 것이다 내 영혼은 추억으로 가득하다/ 분수가 내 고통 위로 눈물짓는다/ 북쪽 전쟁터로 떠난 이들이 지금 싸우고 있다/ 땅거미가 내린다 오 핏빛 바다여/ 월계수 장미 전쟁의 꽃이 철철 피흘리는 동산.
기욤 아폴리네르, 『알코올』 이규현 옮김, 솔, 1995.

니다. 둘째, 칼리그람은 수사학의 도움을 받지 않고 사물을 포착합니다. 그러나 여기에는 조심해야 할 것이 있습니다. 칼리그람은 동어반복이라는 것입니다. 텍스트가 말하는 것을 이미지로 또 한번 형상화하기 때문입니다. 수사학은 단순한 동어반복이 아니라 일종의 과잉입니다. 같은 대상을 반복하지만 다른 방식으로 말합니다. 그러므로 수사학은 대상의 의미를 풍요롭게 하는 방식입니다. 반면 칼리그람은 대상의 풍요로움을 지향하는 것이 아니라, 대상을 정확히 포착하는 것에 무게중심이 있습니다. 셋째, 칼리그람은 텍스트와 형상을 서로 접근시킵니다. 즉 칼리그람은 대상의 형태를 그리는 선 안에 문자들을 배열합니다. 때로 칼리그람에서 문자들은 이미지를 위해 다양한 형태를 띱니다.

이러한 특징들을 통해 우리는 칼리그람이 텍스트 자체에 대한 외재적 반성이며, 텍스트와 이미지 사이의 분리, 구분, 격리, 간극을 극복하기 위한 시도임을 알 수 있습니다. 이 시도는 유쾌합니다. 언제나 유머를 동반하기 때문입니다.

칼리그람은 우리의 알파벳 문명의 가장 오래된 대립들, 그러니까 보여주기와 이름 붙이기, 그리기와 말하기, 복제하기와 분절하기, 모방하기와 의미하기, 바라보기와 읽기라는 대립들을 놀이로 지워버리려고 든다.[23]

23 『이것은 파이프가 아니다』, 35.

푸코는 마그리트의 그림을 텍스트와 이미지의 놀이라는 점에서 일종의 칼리그람이라고 말합니다. 그러나 마그리트의 칼리그람은 "은밀하게 만들었다가 조심스럽게 흐트러뜨린"[24] 칼리그람입니다. 칼리그람이 놀이를 통해 텍스트와 이미지의 간극을 넘어서려고 했다면, 마그리트는 칼리그람을 만들고 이것을 원래대로 돌리는 방식을 통해, 이미지와 문자 사이의 전통적 관계를 총체적인 곤란에 빠뜨립니다.

칼리그람이 이미지와 텍스트를 하나로 표현할 수 있는 것은, 다시 말해 아폴리네르가 비둘기에 관한 시를 비둘기의 형상으로 표현할 수 있었던 것은 실은 문자와 이미지가 이렇게 합쳐지면서도 서로를 배제하기 때문입니다. 우리는 문자를 읽는 것과 이미지를 보는 것을 동시에 수행할 수 없습니다. 아폴리네르의 칼리그람 시를 읽을 때 우리는 형상은 더이상 보지 못합니다. 그 형상을 채우고 있는 글자를 보아야 하기 때문입니다. 반대로 우리가 형상, 즉 분수와 비둘기, 내리는 비, 에펠탑을 볼 때 우리는 문자를 문자가 아니라 조형적 선으로 볼 수밖에 없습니다. 그러므로 이 둘은 실은 하나로 겹쳐져 있으면서도 여전히 서로를 배제하면서 분리된 채 존재하는 것과 같습니다.

그런데 마그리트의 그림에서 문자와 그림은 거리를 두고 존재하고 있습니다. "이것은 파이프가 아니다"라는 문장은 그것 자체로 어떤 조형적 닮음을 가지고 있지는 않습니다. 아폴리네르의 칼리그람에서 보는 것처럼 문장은 파이프의 형태를 취하지 않습니다. 게다가 너무나도 뻔한 대상, 즉 그려진 '파이프'라는 대상을 직접적으로 부정함으로써,

---

24 『이것은 파이프가 아니다』, 33.

텍스트는 전통적인 그림 설명의 자리에 놓여 있는 것처럼 보이면서도 자신의 역할을 부정하는 방식으로 존재합니다. 게다가 이 텍스트는 사실은 텍스트처럼 보이는 이미지입니다. 그것은 마그리트가 저 텍스트를 그림을 그리는 도구와 같은 방식으로, 그림을 그렸던 손으로 똑같은 화폭 안에 그려넣었기 때문입니다. 그러므로 이것은 완결된 그림의 바깥에 따로 붙여진 '제목'과 같은 것도 아닙니다. 그것은 텍스트이면서 동시에 이미 그림의 일부이고, 같은 화폭에 그려진 파이프를 언어/텍스트로 반복하는 동시에 부정함으로써 우리를 당황스럽게 합니다. 즉 이 '텍스트'가 '그려짐'으로써 우리는 갑작스럽게 이미지와 텍스트, 그리고 대상 사이에서 어떤 혼란을 느끼게 됩니다.

여기서 푸코는 한 걸음 더 나아가 이 둘 사이의 관계, 이미지와 텍스트의 관계를 이어주는 하나의 고리를 통해 논의를 더 심화합니다. 즉 푸코는 이미지와 텍스트가 서로 합쳐진 자리에서 각자의 자리로 돌아가는 과정에서 우리를 혼란하게 한 것이라고 보았습니다. 그러나 이 두 위치, 이미지의 위치와 텍스트의 위치를 연결하는 말이 있습니다. 바로 '이것은'이라는 말입니다. 그러므로 '이것은 파이프가 아니다'라는 말은 세 가지 서로 다른 의미로 읽을 수 있습니다.

① 이것(파이프를 그린 그림)은 파이프(하나의 개념이자 단어로서)가 아니다.
② 이것(이라는 언표)은 파이프(그림으로 그려진 바로 그 파이프)가 아니다.
③ 이것(파이프 그림과 텍스트 전체)은 파이프(말과 이미지에 동시에 속해 있는 어떤 혼합된 요소로서)가 아니다.

이렇게 마그리트의 파이프 그림을 열린 칼리그람으로 읽어내면, '말과 형태 사이의 지시, 명명, 묘사, 분류의 모든 관계'는 더이상 복구 불가능한 것이 됩니다. 그림과 텍스트는 다른 보통의 칼리그람에서처럼 서로가 서로를 보완하면서 공통의 공간에 존재할 가능성을 잃게 됩니다. 문장은 그림으로 도약하지 못하고, 그림은 문장의 빈틈을 채우지 못합니다. '이것은 파이프가 아니다'라는 문장은 원래 그림에 이름을 붙여 주어야 하는 자신의 전통적인 역할을 하지 못하고, 그러한 문장을 형상화했던 '파이프'의 이미지 역시 이제 자신의 재현을 부정당함으로써 더이상 고전적인 이미지의 역할을 하지 못하게 됩니다. 여기에서 푸코는 "어느 곳에도, 파이프는 없다"[25]라고 말할 수밖에 없습니다.

마그리트가 보낸 두 개의 그림에서 첫 번째 그림을 이렇게 읽으면 두 번째 그림의 의미는 더욱 명확해집니다. 그것은 파이프 그림과 그것을 그림으로 그려 설명하는 전통적인 도상을 보여줍니다. 허공에 자리한 이미지를 파이프라고 누군가 말해보아야 돌아오는 대답은 다음과 같을 것입니다. "이것은 파이프가 아니라 파이프의 그림이다, 이것은 파이프가 아니라 이것은 파이프이다라고 말하는 문장이다, '이것은 파이프가 아니다'라고 말하는 문장은 파이프가 아니다, '이것은 파이프가 아니다'라는 문장에서 '이것'은 파이프가 아니다: 이 화폭, 이 씌어진 문장, 이 파이프 그림, 이 모든 것은 파이프가 아니다."[26]

이미지에 의한 전통적 재현의 확실성, 언어적 지시의 명증성은 이제

---

25 『이것은 파이프가 아니다』, 47.
26 『이것은 파이프가 아니다』, 48.

더이상 어디에서도 찾을 수 없습니다. 남은 것은 부정의 목소리와 함께 흩어진 이미지와 텍스트의 파편들입니다.

유사를 넘어서는 상사

마그리트의 칼리그람은 유사類似와 상사相似 사이의 어떤 긴장관계를 보여줍니다. 전통적인 회화는 상사성에 유사성을 부여하는 시도입니다. 그러나 마그리트는 "유사에서 상사를 분리해내고, 후자를 전자와 반대로 작용하게" 하려고 합니다.

유사ressemblance는 중세 프랑스어 resembler에서 유래한 것입니다. 강조 접두사인 re와 '보이다, ~과 비슷하다. ~ 같다'라는 뜻의 sembler가 합쳐진 것으로, sembler는 '그대로 베끼다'라는 뜻의 라틴어 simulare를 어원으로 합니다. 반면 상사similitude는 '공통적인 특성을 가지다'라는 의미로 역시 비슷한 어원을 가지고 있습니다. 라틴어 similis가 어원으로 이는 '함께'라는 의미의 고대 라틴어 semol에서 유래한 것입니다.

이러한 어원을 통해서도 우리는 유사와 상사의 차이점을 구분할 수 있습니다. 유사는 어떤 대상을 닮은 것을 말합니다. 모방한 것, 흉내낸 것, 재현하는 것, 모사하는 것 등등. 유사에서는 닮음의 대상으로서 원본의 지위가 보장됩니다. 반면 상사는 서로 닮은 것 사이의 관계를 가리키는 말입니다. 여기에서 위계를 찾는 것은 불가능합니다.

마그리트의 그림은 분명히 클레와 칸딘스키와는 다른 그림으로 보입니다. 그의 그림은 클레의 그림처럼 텍스트와 이미지가 근접하지도 않으며, 칸딘스키처럼 대상 없는 추상적 회화도 아니기 때문입니다. 그림의 이미지가 분명히 식별가능하다는 점에서, 그리고 그 이미지들이 지시하는 대상이 무엇인지에 대해 우리가 별다른 의심을 하지 않는다는 점에서 오히려 마그리트의 이미지들은 근대회화와 유사해 보입니다. 그러나 마그리트는 그저 '유사'나 '재현'을 표현하는 화가는 아닙니다. 오히려 그는 유사나 재현이 보여주던 세계, 하나의 가상을 '유사'나 '재현'의 원리를 통해 분열시킵니다.

이 때문에 마그리트는 초현실주의 화가로 불리지만, 그의 초현실주의는 현실에 존재하지 않는 대상을 그린다는 점에 있지 않습니다. 그의 초현실주의가 리얼리티를 넘어서는 것은 어떤 질서의 붕괴를 통해서입니다. 그리고 질서의 붕괴는 비현실적 대상을 통해 이루어지는 것이 아니라 일상적 사물들이 익숙한 배열에서 벗어날 때 생겨납니다. 그런 점에서 마그리트의 그림에서 볼 수 있는 대상이 우리의 눈에 기괴하고 낯선 이미지들이 아님에도 불구하고, 그 이미지의 낯선 질서는 우리를 궁금하게도 불편하게도 합니다.

그의 유사는 대상과 회화의 닮음이 아니라 대상과 대상, 회화 속 이미지와 이미지의 닮음이 됩니다. 이 사물과 사물의 닮음, 그것은 곧 상사입니다. 그의 회화 속에서 대상들은 이러한 상사를 보여줍니다. 이를테면 나뭇잎은 새를, 새를 나뭇잎을 닮아 있습니다. 범선은 바다를 닮아 있고, 구두는 발을 닮아 있습니다. 우리는 바다가 범선이 된 것인지, 범선이 바다가 된 것인지, 아니면 구두가 발을 닮은 것인지, 발이 구두를 닮은 것인지를 구분할 수 없습니다. 그것은 더이상 유사가 아니라 사물들 사이의 서로 닮음으로 이야기되어야 할 '상사'가 됩니다.

내가 보기엔, 마그리트는 유사類似, ressemblance에서 상사相似, similitude를 분리해내고, 후자를 전자와 반대로 작용하게 하는 것 같다. 유사에게는 '주인'이 있다. 근원이 되는 요소가 그것으로서, 그로부터 출발하여 연속적으로 복제가 가능하게 되는데, 그 사본들은 근원으로부터 멀어질수록 점점 약화됨으로써, 그 근원 요소를 중심으로 질서가 세워지고 위계화된다. 유사하다는 것은 지시하고 분류하는 제1의 창조물을 전제로 한다. 반면 비슷한 것은 시작도 끝도 없고, 어느 방향으로도 나아갈 수 있으며, 어떤 서열에도 복종하지 않으면서, 조금씩 조금씩 달라지면서 퍼져나가는 계열선을 따라 전개된다. 유사는 재현에 쓰이며, 재현은 유사를 지배한다. 상사는 되풀이에 쓰이며, 되풀이는 상사의 길을 따라 달린다. 유사는 전범에 따라 정돈되면서, 또한 그 전범을 다시 이끌고 가 인정시켜야 하는 책임을 떠맡는다. 상사는 비슷한 것으로부터 비슷한 것으로의 한없고 가역적인 관계로서의 모의를 순환시킨다.[27]

유사와 상사에 대한 이 설명을 통해 현대회화에서의 유사, 더 나아가 재현의 부정이 단지 회화의 혁신이 아니라, 고전시대를 구성하는 사물의 질서, 즉 고전주의 에피스테메에 대한 도전임을 알게 됩니다. 마크리트의 1966년 작 「데칼코마니」는 이러한 유사와 상사의 관계 사

---

27 『이것은 파이프가 아니다』, 72.

이에 놓인 예술적 긴장을 잘 보여줍니다. 화면의 3분의 2를 차지하는 붉은 커튼의 한 가운데에, 화면 왼쪽에 있는 사람의 윤곽선에 정확히 따라 오려낸 것처럼 보이는 열린 공간이 있습니다. 이 열린 공간에는 하늘, 물, 모래사장이 펼쳐져 있습니다. 이 사람은 원래 커튼 앞에 있다가 옮겨간 것일까요? 아니면 이 화가가 커튼을 벗어나서 보는 풍경이 그려진 것이라고 말해야 할까요? 아니면 원래 화가 앞에 있었던 풍경이 그가 커튼을 열어젖힘으로써 우리의 시야에 나타난 것일까요? 중요한 것은 어딜 보더라도 우리는 이제 전통적인 유사성의 재현은 발견할 수 없다는 것입니다.

이 「데칼코마니」덕분에 우리는 유사에 대한 상사의 우월성을 알게 되었다. 유사는 눈에 보이는 것을 인정하게 하지만, 상사는 알아볼 수 있는 대상, 친숙한 실루엣이 감추는, 못 보게 하는, 보이지 않게 하는 것을 보게 한다. ('육체-커튼'이라고 유사적 재현은 말한다. 반면, 「데칼코마니」의 상사성이 말하는 것은 다음과 같은 것이다: '오른편에 있는 것은 왼편에 있다. 왼편에 있는 것은 오른편에 있다, 여기서 숨겨져 있는 것이 저기서 눈에 보인다, 오려진 것이 양각되어 있다, 붙은 것이 멀리까지 확장된다'). 유사는 단일한, 언제나 똑같은 단언을 내포한다: 이것, 저것 또 저것, 저것은 이런 것이다, 라는 식이다. 상사는 상이한 확언들을 배가시킨다. 그 확언들은 함께 춤춘다. 서로 기대면서, 서로의 위에 넘어지면서.[28]

---

28 『이것은 파이프가 아니다』, 76.

이제 "이것은 파이프가 아니다"라는 부정적 언명은 차라리 긍정이 됩니다. 그것은 유사를 부정함으로서, 상사의 그물망 속에서의 긍정을 획득하기 때문입니다. 이 긍정은 "재현적 단언과의 낡은 공모"[29]에서 벗어나 화면에 그려진 것이 오직 그 자신일 뿐이며, 그것이 그림 밖의 어떤 지시대상도 가리키지 않는 단지 놀이일 뿐이라고 말하는 긍정입니다. 유사를 벗어난 무한한 상사는 끊임없이 자신을 재생산하면서 영원한 차이의 놀이를 행합니다. 푸코는 책을 다음과 같은 문장으로 끝냅니다.

언젠가 이미지 그 자체와 그것이 달고 있는 이름이 함께, 길다란 계열선을 따라 무한히 이동하는 상사에 의해, 탈—동일화하는 날이 올 것이다. 캠벨, 캠벨, 캠벨, 캠벨.[30]

---

29 『이것은 파이프가 아니다』, 83.
30 『이것은 파이프가 아니다』, 89.

07

자크 랑시에르 — 귀스타브 플로베르

해방된 낱말들이 실현하는
문학의 민주주의

66

"문학의 정치"라는 표현은
문학이 시간들과 공간들, 말과 소음,
가시적인 것과 비가시적인 것 등의
구획 안에 문학으로서 개입하는 것을 의미한다.[1]

1 자크 랑시에르, 『문학의 정치』, 유재홍 옮김, 인간사랑, 2011, 12쪽. 이하 책제목과 쪽수
   만 병기한다.

예술의 정치란 무엇인가

예술과 사회, 예술과 정치의 관계에 대한 질문은 예술과 진리의 관계에 관해 묻는 것만큼이나 근본적인 질문입니다. 예술의 정체성과 본질 혹은 그 한계를 규정하는 질문이기 때문입니다. 근대 이후 음악, 회화, 조각 등의 다양한 활동들이 예술이란 이름 아래 묶이면서 다른 사회적 활동과는 구분되는 독특한 것으로 취급되었습니다. 다른 사회적 활동이나 그 결과물들이 유용성이나 목적을 전제로 하는 것과는 달리, 예술은 철저히 자기 충족적인 활동으로 여겨졌기 때문입니다. 공예와 예술이 분리된 것도 바로 이 유용성에 대한 입장의 차이에서 기인합니다. 공예는 유용성을 포기하지 않았지요.

이러한 예술의 정체성 확립의 과정에서 예술과 사회는 자연스럽게 분리되었습니다. 이것이 예술의 자율성 및 그 심미적 차원을 유지하기 위한 가장 중요한 계기로 여겨졌습니다. 그러나 예술이 이러한 분리 속에 언제나 안전하게 머물렀던 것은 아닙니다. 예술의 독자적인 영역을 확보하고자 고군분투했던 한 무리의 예술가들 맞은편에는 그러한 분리를 과감히 부정하고, 사회를 위한 적극적 발언을 시도하는 예술가들이 또한 있었기 때문입니다. 이러한 입장의 차이는 수많은 미학적 논쟁을 낳았습니다. 이를테면 낭만주의인가, 리얼리즘인가, 순수문학인가, 참여문학인가, 미학적 예술인가, 정치적 예술인가 하는 우리에게도 익숙한 논쟁들입니다.

자크 랑시에르 역시 미학과 정치의 문제를 직접적으로 다루고 있다는 점에서는 이러한 논의의 연장선상에서 거론될 수 있는 철학자입니

자크 랑시에르

Jacques Rancière
1940~

프랑스의 철학자.

철학자로서의 경력은 루이 알튀세(Louis Althusser)로부터 시작
됩니다. 그의 지도하에 마르크스 연구서 『자본을 읽자(Lire le
Capital)』(1965)의 공저자로 참여하였습니다. 그러나 68혁명 당
시 알튀세의 태도에 실망한 후 결별하고, 이후 『알튀세의 교훈
La lecon d'Althusser』(1974)를 통해 학문적으로 알튀세를 비판
합니다. 역사가 및 철학자들과 함께 「논리적 반란(Les Révoltes
logiques)」이라는 잡지를 창간합니다.

노동자 해방 및 19세기 유토피아주의자들에 관심을 가진 그는 편
지, 시, 연대기, 신문, 자서전 등의 다양한 문헌자료연구를 기초로
『프롤레타리아의 밤』(1981)을 출간했습니다. 그는 다양한 작업들
을 통해 철학이 진리의 독점을 통해 배제의 담론으로 작동하고
있다는 비판적 시각을 견지합니다. 기존의 철학이나 사회학적 담
론에 대한 비판적 읽기와 더불어 영화, 미술, 문학, 음악 등의 다
양한 예술들에 대한 사유를 통해 진정한 지적 해방의 길을 찾는
작업을 계속해서 이어가고 있습니다. 1969년부터 파리8대학 철
학교수가 되어 2000년까지 재직했으며, 지금은 명예교수로 있습
니다.

대표적 저서로는 『프롤레타리아의 밤』(1981), 『무지한 스승』
(1987), 『불화』(1995), 『감성의 분할』(2000) 등이 있습니다.

다. 그러나 랑시에르는 기존의 논쟁과는 전혀 다른 관점을 도입합니다. 예술의 정치 혹은 정치성을 논의할 때 랑시에르는 예술의 자율성과 참여 사이의 양자택일을 묻지 않습니다. 그에게 이것은 제대로 된 질문도 아니며, 당연히 제대로 된 대답을 이끌어낼 수 있는 질문도 아닙니다. 모순은 흔히 이해하듯이 예술을 위한 예술과 정치적 예술 사이에 있는 것이 아니라, 보다 깊은 곳에 있습니다. 즉 예술은 예술인 동시에 비예술(정치)이기도 하다는 점, 그러므로 예술의 자율성과 타율성은 더 이상 대립하지 않는다는 점에 이 모순의 핵심이 놓여 있는 것입니다. 예술의 정치는 예술작품의 내용이 사회참여적인 성격을 가지고 있는가, 작가가 현실 비판적 관점에서 정치적 문제를 직접적으로 다루고 있는가 등으로 결정되는 것은 아닙니다. 예술이 정치라는 것은 한 작품이 다루는 직접적 내용이나 의도를 이야기하는 것이 아니라, 그 예술이 실천적으로 정치일 수 있는가를 묻는 것이기 때문입니다.

랑시에르는 철학을 하나의 '개입'으로 이해합니다. 개입이란 특정한 정치적 견해를 자신의 입상으로 채택하고 다른 관점을 비판하는 행위를 말하는 것이 아닙니다. 랑시에르에게 철학의 개입이란 특정한 사유방식과 개념들의 논쟁적 성격을 다시 보여주는 것을 말합니다. 이를테면 '미학'이라는 용어는 지극히 중립적으로 들리지만 예술이나 미를 이해하는 특정한 사유방식이라는 점에서 이미 논쟁적인 성격을 가지고 있습니다. 그것이 논쟁적인 이유는 그러한 개념이 스스로를 중립적인 것인 것처럼 제시할 때 숨겨져 있는 전제들이 일정한 질서 위에서 성립된 것이기 때문입니다. 이 질서는 분할partage의 논리를 가집니다. 즉 시간과 공간, 자리들과 정체성들, 말과 소음, 가시적인 것과 비가시적인 것 등을 분할하고, 이러한 분할 위에서 정치적 위계질서를 부여합니다. 이러한 위계질서는 결국 누가 공동의 무대에 오를 수 있는가의 문제와 관련됩니다. 무엇이 말이고 무엇이 외침이 될까요? 누군가의 말은 말이 되고, 누군가의 말은 소음이 됩니다.

랑시에르가 말하는 개입이란 이러한 '분할'을 가시화하고, 분할을 문제 삼는 무대를 구성하는 일입니다. 그런데 이 분할은 무엇보다 감성의 문제와 관련되어 있습니다. 분할이란 결국 어떤 것이 보이고 들리게 할 것인가의 문제이기 때문입니다. 이러한 맥락에서 정치의 문제는 감성/미학의 문제이고 철학의 문제이기도 한 셈입니다.

치안과 정치

랑시에르가 예술의 정치를 말할 수 있는 것은 그가 새로운 방식으로 '정치'의 개념을 정의하기 때문입니다. 정치논문들을 묶은 『정치적인 것의 가장자리에서』[2]에서 랑시에르는 '정치'와 '치안'을 구분합니다. 그의 새로운 개념 하에서는 우리가 흔히 정치라고 부르는 것은 단지 치안일 뿐, 진정한 의미에서 정치라고 불릴 수 있는 것이 아닙니다.

치안la police과 정치la politique의 차이는 무엇일까요? 치안은 공동체를 결집하고, 동의를 조직하며, 자리들과 기능들을 위계적으로 분배하

2 자크 랑시에르, 『정치적인 것의 가장자리에서』, 양창렬 옮김, 길, 2008. 이하 책제목과 쪽수만 병기한다.

는 것을 의미합니다. 이것은 합의Consensus에 기초한 체계입니다. 랑시에르는 "합의가 실제로 의미하는 것은 사람들 사이의 일치가 아니라 의미와 의미의 일치이다. 즉 사물들을 제시하는 감각 체제와 사물들의 의미의 해석양식 사이의 일치이다. 우리를 지배하는 합의는 그것이 시각기계인 한에서 권력기계이다."[3]라고 말합니다.

이를테면, 하버마스식의 서로 다른 이익 사이의 합리적 논쟁은 정치가 아닙니다. 그것은 랑시에르에게 있어서는 치안적 질서의 한 모습입니다. 오늘날 의회 민주주의 체제 안에서 벌어지는 정당들의 대립에 대해서도 마찬가지 설명이 가능합니다. 이들이 의회 안에서 벌이는 대립은 선거제도, 입법 과정, 국회의원의 권리와 의무 등 기존질서에 대한 합의 하에서 이루어집니다. 마치 토론 전에 토론의 규칙을 주지시키고 그 규칙을 어길 시 사회자가 제재를 하는 것처럼, 정치적으로 대립하는 정당들 사이의 논쟁들도 합의의 무대 위에서 벌어지는 사건입니다. 치안이란 이처럼 공동체의 질서를 유지하는 행위를 가리킵니다.

그러니 정치는 평등의 과정으로 이러한 위계에 대항해, 평등 전제를 입증하려는 실천들의 놀이로 이루어집니다. 랑시에르는 이 놀이를 '해방'이라고 부릅니다.[4] 정치는 기존의 체계가 계속해서 자신을 유지하기 위한 질서유지 행위가 아니라, 오히려 기존의 체제와 불화하는 지점에서 나타나는 것입니다. 따라서 정치는 합의가 아닌 불화Dissensus에 기초하고 있습니다. 그리고 '정치적인 것le politique'은 정치la politique

---

3 자크 랑시에르, 『합의의 시대를 평론하다』, 주형일 옮김, 인간사랑, 2010, 16쪽. 이하 책 제목과 쪽수만 병기한다.
4 『합의의 시대를 평론하다』, 133.

와 치안la police이라는 이질적인 두 요소가 충돌하는 장소이며, 이 둘이 맺어지는 형태들의 체계입니다.

> 정치란 공동체를 지도하는 기술이 아니라, 불일치하는 인간 행동 형태이며 인간 집단의 결집과 명령을 작동시키는 규칙들에 대한 예외이다. 민주주의는 통치 형태도, 사회적 삶의 방식도 아니며, 정치적 주체들이 존재하기 위해 거치는 주체화 양식이다. …… 정치적인 것은 치안과 정치라는 두 원리가 충돌하는 장소이며, 하나가 다른 하나와 맺어지는 형태들의 체계다.[5]

차이/차별의 논리를 배제하고 평등을 지향하는 것, 하지만 그 평등의 상태를 불화의 논리로 증명하는 과정을 통해 하나의 공동체를 구성하는 것, 그것이 랑시에르가 말하는 정치의 의미입니다. 그가 정치와 치안을 이와 같이 구분하는 이유는 형식적 민주주의가 삭제해 버린 정치의 실현을 다시금 되살리고, 정치의 필연적 가능조건으로서 민주주의와 평등의 이념을 다시금 사유하기 위해서입니다. 사회주의의 붕괴이후 전 세계를 지배하는 유일한 사회조직 원리로 받아들여지는 현재의 자유민주주의는 "의회주의 체제 = 자유시장 = 개인의 자유"[6]라는 등식 아래 합의의 공동체 혹은 이에 근거한 전문가 정부의 합리적 행위로 귀결됩니다. 그러나 이 합의는 이름 없는 자들, 다시 말해 '몫 없는 자들'의 배제를 통해 이루어집니다. 아니 오히려 이러한 치안의 논

---

5 『합의의 시대를 평론하다』, 17.
6 『합의의 시대를 평론하다』, 23.

리가 언제나 몫 없는 자들, 곧 타자들을 만들어낸다고 말할 수 있을 것입니다. 치안의 논리는 감성적 인식의 객관적 동일시를 전제한다는 점에서 권력의 지배장치입니다.

랑시에르는 프랑스의 사회주의자이자 혁명가였던 블랑키1805~1881에 대해 행해진 소송을 통해 정치와 치안의 대립을 설명합니다. 직업을 묻는 검사장에게 블랑키는 "프롤레타리아!"라고 말합니다. "그것은 직업이 아닙니다."라고 반박하는 검사장에게 블랑키는 "프롤레타리아는 정치적 권리를 박탈당한 우리 인민 대다수의 직업입니다."라고 응수합니다.[7] 이 둘 사이에 오고간 대화는 정치와 치안의 대립을 명확히 보여줍니다. 검사장의 논리는 치안의 논리입니다. 그에게 프롤레타리아는 사회적 체계 속에서 자리를 부여받은 하나의 직업이 아니고, 따라서 존재하지 않습니다. 반면 블랑키는 존재하지 않는 자에게 어떠한 이름을 부여하고 그들이 우리 사회에서 셈해지지 않는 상태로 엄연히 존재함을 드러내고 있는 것입니다.

> 정치의 관점에서 보면, 블랑키가 옳았다. 프롤레타리아는 사회학적으로 지정할 수 있는 한 사회집단의 이름이 아니기 때문이다. 그것은 셈-바깥을 가리키는 이름, 내쫓긴 자의 이름인 것이다. 라틴어로 proletarii는 단지 다음의 것을 의미한다. 번식하는 자들, 이름 없이 살고, 그 이름을 남기지도 않으며, 도시국가의 상징적 구성 속에서 하나의 부분으로 셈해지지 않는, 그저 살고 번식하는 자들.[8]

---

7 『정치적인 것의 가장자리에서』, 140.
8 『정치적인 것의 가장자리에서』, 140.

라틴어 proletarii는 아이, 자식이라는 뜻을 가진 proles에서 파생된 단어입니다. 아이를 낳는 것으로만 공동체에 봉사하는 자들, 그 외에는 어떤 몫도 가지지 않는 자들. 랑시에르는 여기서 프롤레타리아를 셈해지지 않는 '아무나n'importe qui'로 칭하는데, 정치란 이 '아무나'라고 불리는 이들이 평등을 입증하는 과정입니다. 이 평등의 입증과정은 제외된 자들, "대지의 저주받은 자들"[9], 특수한 것으로서 비−부분이 전체로서, 보편성을 획득하는 과정입니다. 결국 정치적인 것이란 보편적인 것과 특수한 것 사이의 이 단락을 사유하는 것입니다. 이러한 평등의 정치가 민주주의의 근본적 의미입니다.

랑시에르는 이러한 민주주의의 정치적 의미를 민주주의에 대한 격렬한 반대자였던 플라톤을 통해 사유합니다. 플라톤은 민주주의는 아르케arche를 갖지 않으며 척도도 없다고 말합니다. 즉 데모스demos라고 불리는 이들은 원초적 무질서와 오산을 증언합니다. 이들은 통치하는 archein 자들이 아니라 지배하는kratein 자들입니다. 다시 말해 자신에게 부여된 자리를 떠나 사회적 체제에 혼동을 가하는 이들이 바로 데모스인 셈입니다. 플라톤은 이들의 행위는 지속성이 없으며, 오직 '제멋대로 하는 자유'로 인한 혼란을 초래할 뿐이라고 비판합니다. "이런 인간은 하루는 아울로스 소리에 취할 것이고, 다음날은 살을 뺄 것이며, 하루는 신체를 단련하고, 다음날은 게으름을 피울 것이며, 하루는 정치를 하고, 다음날은 철학을 할 것이며, 어느 순간엔 전쟁에 종사하고, 또 어느 순간엔 돈 버는 일을 할 것입니다."[10]

9 『정치적인 것의 가장자리에서』, 141.
10 『정치적인 것의 가장자리에서』, 104. 플라톤에 대한 랑시에르의 이 설명은 다음 구절에

플라톤은 이처럼 무질서를 사회에서 제거하려 했으나, 오히려 이 무질서는 공동체에 존재하는 모든 인간들이 스스로 목소리를 내는 과정으로, 사회 체제가 자신에게 부여한 지배적 위계를 거부하는 해방의 행위에 다름 아닙니다. 예술가가 추방되어야 한다고 말하는 플라톤은 이들이 다른 일, 즉 정치적 의사결정의 과정에 참여할 시간이 없다고 말합니다. 치안의 원리에 의해 이루어지는 공동체적 질서는 구성원들이 마땅히 있어야 할 시공간을 규정합니다. 민주주의는 노동자를 이중적 존재로 만듭니다. 그들은 노동을 하는 자이면서, 바이올린을 연주하는 자이고, 정치를 하는 인간이기 때문입니다. '자신의' 장소, 그들이 '있어야 할' 장소로부터 빠져나온 노동자들은 공적 토론의 공간에서, 토의하는 시민으로 있을 수 있는 '시간'이 필요합니다.

치안의 질서는 이러한 장소의 이탈, 시간의 분할을 허용하지 않습니다. 플라톤은 정치무대와 예술무대를 제거함으로써 이 지배적 위계를 하나의 입법 아래 강요하고자 했으나, 정치무대와 예술무대는 바로 자신에게 주어진 사회적 위계를 거부하고, 다른 존재, 보편적 존재가 되는 무대인 것입니다. 랑시에르에게 있어 민주주의는 그러므로 이 평등의 과정과 다르지 않습니다. 그에게 민주주의는 "출생의 법과 부의 법의 폐지, 개인들과 국민들이 어떤 장소에 있도록 만드는 순수한 우연성의 확언, 이 단 하나의 우연성을 기반으로 공통의 세계를 건설하려는 시도"[11]를 말합니다.

대한 것이다. 플라톤, 『국가』, VIII, 561c6-d7.
11 『정치적인 것의 가장자리에서』, 31쪽.

평등의 실천으로서 민주주의

정치적 해방의 과정이란 어떤 말을 하는 존재와 다른 말을 하는 존재 사이의 평등을 입증하는 것입니다. 랑시에르는 유일한 정치적 보편은 '평등'이라고 말합니다. 평등은 정치를 생각할 수 있기 위한 유일한 필요조건입니다. 정치란 지배를 거부하는 불화/해방의 과정을 통해, 평등을 입증하는 과정입니다. 평등은 불일치라는 특수한 형태로 실행될 때만 정치를 초래하게 되는 것입니다.[12] 그러므로 평등은 요구되어야 하는 것이고 마땅히 요구될 수 있는 것이지만, 단순히 의사소통이 가능한 동등한 상태를 지적하는 것도 아닙니다. 두 명의 대화상대자가 서로의 말을 이해할 수 있다는 단순한 사태에서는 정치적인 것이 존재하지 않습니다. 항상 존재하는 것은 어떤 위계요 치안이며, 이러한 치안의 논리를 파괴하는 시도로서의 정치가 평등에 근거한다는 점에서만 평등은 유일한 정치적 보편이 됩니다.

이처럼 평등의 논리에 의해, 정치적 주체가 된다는 것은 수동적으로 치안의 통치를 그대로 따르는 것이 아니라, 스스로를 하나의 능동적 주체로서 형성해야 한다는 의미입니다. 그러나 여기서 중요한 것은 정치적 주체화의 논리가 단순히 하나의 정체성을 긍정한다는 의미는 아니라는 점입니다. 랑시에르에게 정치적 주체화는 실정적positive 개념이라기보다 부정적 개념에 가깝습니다. 정체성의 자리는 언제나 공백

---

12 자크 랑시에르, 『감성의 분할』, 오윤성 옮김, 비(도서출판b), 2008, 72. 이하 책제목과 쪽수만 병기한다.

으로 비워져야 합니다. 랑시에르에게 정치적 실천이란 "나는 노동자이다. 노동자는 이러저러한 사람이다."라고 말하는 것이 아니라, "나는 노동자가 아니라, 인간이다."라고 말하는 것입니다. 치안의 논리를 거부하는 것도 그를 통해 비결정적 자기 정체성이 하나의 결정적 정체성으로 규정됨으로써 사회적 위계 속에 포섭되기 때문입니다.

정치가 평등을 입증하는 실천이라는 말은 차이를 전제하고 평등을 목표로 하는 정치적 실천 행위들이 가진 근본적인 오류를 잘 보여줍니다. 랑시에르는 피에르 부르디외1930~2002 식의 취향의 차이와 그 차이를 내재화하는 아비투스Habitus에 대해 말하는 것은 오히려 차이를 재생산할 뿐이라면 강하게 비판합니다. 부르디외는 차이를 비판하면서 역설적으로 그 차이를 부정할 수 없는 '사실'로서 제시합니다. 하지만 랑시에르에게 그러한 '사실'이란 치안의 '논리'에 지나지 않습니다. 수많은 정치적 실천들은 평등을 하나의 목표이자 지향점으로 설정하고, 차이/차별에서 출발해 목표에 이르고자 합니다. 그러나 랑시에르는 평등이란 하나의 선제이지 목표가 아니라고 말합니다. 다시 말해 차이에서 출발해서 평등에 이르는 길로 나아가는 정치적 실천이란 그러한 차이를 줄일 수는 있어도 결코 평등에는 이르지 못한다고 주장합니다. 정치적 실천이란 이미 우리는 평등하다라고 말하는 것이지, 지금은 다르지만 평등해질 수 있다 혹은 평등해지고자 한다라고 말하는 것이 아닙니다.

평등의 관점에서 출발하고, 그것을 긍정하며, 그것의 전제로부터 작업을 하여 그것이 산출할 수 있는 모든 것을 보고, 자유와 평등으로부터 주어진 모든 것을 극대화하는 것이 열쇠다. 반대로 불신에서 출발한

자, 불평등에서 출발하여 그것을 축소할 것을 제안하는 자는 불평등을 위계화하고, 우선권들을 위계화하며, 지적 능력을 위계화하고 불평등을 무한정 재생산한다.[13]

정치의 무대

 정치의 무대란 보편적 인간으로서의 자신을 주체화하는 장소입니다. 이는 공통의 영역이자 평등의 영역이며, 바로 미학이 밝혀내는 인간의 감성적 영역입니다. 미적 판단의 자리는 인민의 삶을 스스로 감성화하는esthétiser 자리이며, 이것은 기존의 감성적 분할의 위계, 치안적 질서를 거부함으로써 정치적인 것이 됩니다.
 정치/미학의 무대에서 우리가 발견하는 것은 언제나 불화이며 충돌입니다. 정치와 미학이 배타적인 관계가 아닌 이유는 바로 이러한 치안의 논리가 감성적 분할의 어떤 체제를 전제하기 때문이고, 이에 대항하는 정치적 해방의 과정이란 곧 이 감성적 분할을 거부하는 새로운 감성의 도래를 요구하기 때문입니다. 랑시에르가 미학과 정치의 문제를 논의하면서 칸트를 다시 읽는 이유가 바로 여기에 있습니다. 감각적인 것을 분배한다는 것은, 칸트의 『순수이성비판』의 감성론에서 보는 것처

---

13 『정치적인 것의 가장자리에서』, 118ff.

럼 우리의 감성적 경험이 가능한 선험적 체계를 규정하는 행위입니다. 이때의 체계는 공통적인 것에 참여하는 것과 관련되어 있습니다.

> 감성의 분할은 그가 행하는 것에 따라서, 이 활동이 행해지는 시간과 공간에 따라서 누가 공통적인 것에 참여할 수 있는지를 보여준다. 어떠어떠한 '점유'를 가지는 것은 공통적인 것에의 능력들 또는 무능력들을 그렇게 규정한다. 그것은 공통의 말 등을 부여받아, 공통 공간에서 보이는 것 또는 보이지 않는 것을 규정한다.[14]

감각적인 것의 분배는 우리가 타자와 관계 맺고, 그들과 대화하는 무대, 이 공통의 무대에서 누가 말하고 누가 보이는가의 문제를 결정하는 행위입니다. 이 공통의 문제라는 관점에서는 칸트의 취미판단의 영역에 대한 판단도 이전과 달라집니다. 각자의 주관적 판단의 영역이지만, 언제나 타인에게 보편적으로 인정받을 것을 요구하는/전제하는 판단이기도 합니다. 이 속에서 타자와 동일자의 관계는 단순한 동의나 합의도, 지배와 피지배 관계도 아닌 새로운 관계를 맺게 됩니다. 이 새로운 사회적 관계 속에서 취미판단이란 한 사회를 구성하고 있는 구성원들이 지닌 궁극적인 평등과도 일치합니다.

칸트는 취미판단이 하나의 사회적 관계 속에서만 존재하는 것이라고 말합니다. 이러한 입장은 『판단력 비판』 외의 다양한 문헌에서도 발견할 수 있습니다. "사회가 존재하지 않는다면 이런 보편적 유효성도 쓸

---

14 『감성의 분할』, 14.

모가 없으므로, 또한 아름다움의 모든 매력도 사라질 것이다. 마찬가지로 홀로 있는 상태에서는 아름다움을 향한 어떤 성향도 생기지 않을 것이다."(『반성』, 686.) "그러므로 홀로 있을 때 감성의 비율(균형)은 아무런 즐거움도 가져다 줄 수 없다. 그러나 우리가 속해 있는 사회 안에서는 이 즐거움이 가능한데, 왜냐하면 다른 사람들이 이를 통해 우리에게 고마워할 무엇이 있기 때문이다."(『반성』, 653.)[15]

누군가가 어떤 것에 대해 그것에서의 만족이 그 자신에게서 일체의 관심과 상관이 없다는 것을 의식하는 그것을 그는, 그것은 누구에게나 만족할 근거를 함유하고 있음에 틀림없다고 판정할 수밖에는 없기 때문이다. 왜냐하면, 그 만족함은 주관의 여느 경향성에 (또 어떤 다른 숙려된 관심에) 기초하고 있는 것이 아니고, 판단자는 그가 대상에게 바치는 만족함에 대하여 온전히 자유롭다고 느끼고 있으므로, 그는 그의 주관만이 매여 있는 어떤 사적 조건도 그 만족의 근거로 볼 수가 없으며, 또 그는 그래서 그 만족함을 그가 다른 모든 사람들에게서도 전제할 수 있는 것에 기초되어 있는 것이라고 간주할 수밖에 없고, 따라서 그는 누구에게나 비슷한 만족함을 기대할 근거를 가지고 있다고 믿을 수밖에 없기 때문이다.[16]

15 Immanuel Kant, 『반성(Reflexionen)』, *Gesammelte Schriften(Die Akademie-Ausgabe) Band XIV, XV*, Königlich Preußische Akademie der Wissenschaften, Berlin, 1908, 하선규, 「칸트 미학의 형성과정」, 『미학』, vol 26, 한국미학회, 1999, 158쪽에서 재인용.
16 임마누엘 칸트, 『판단력 비판』, 백종현 옮김, 아카넷, 2009, 203.

이 인용문에서 칸트는 취미판단이라는 것이 판단자의 사적 조건에서 자유롭기 때문에, 즉 일체의 욕구능력과 관계된 흡족으로서의 관심과 분리된 것인 한에서, 보편성에 대한 충분한 근거를 가지고 기대할 수 있다고 말합니다. 이와 같이 한 개인의 취미판단이 한 대상의 미의 인식에 대해 보편적 동의를 요구할 수 있는 근거는 취미판단의 무관심성으로부터 기인하지만, 대상에 대한 무관심적인 판단이 쾌를 가져다줄 수 있는 것은 다시 이 보편적 전달가능성을 전제함으로서 가능하게 됩니다. 다시 말해 취미판단을 통한 쾌는 단순히 상상력과 지성의 조화로운 놀이라는 인간의 인식작용에서 도출되는 것이라기보다, 이러한 상상력과 지성의 조화로운 놀이라는 것이 모든 사람들에게 보편적으로 전달가능하다는 가능성에서 도출된다고 보아야 합니다.

칸트는 따라서 "자기의 마음 상태를 인식능력과 관련해서나마, 전달할 수 있음이 쾌감을 수반한다."라고 말하고 있는 것입니다. 다만 이 전달 가능성은 언제나 가능성으로 사유되어야지, 결코 그것이 하나의 엄밀한 명령이어서는 곤란합니다. 결국 취미판단은 어떤 취미판단이 모든 이에게 당연한 것으로 요구될 수 있다는 관점에서 보편성의 요구인 동시에, 이러한 취미판단에는 어떤 것이라도 가능하다는 입장에서는 다양성과 개별성의 표지이기도 합니다. 개별적 존재자들의 엄연한 차이와 보편적 일치에 대한 기대가 이 취미판단의 영역에는 동시에 존재하는 것입니다.

랑시에르가 칸트의 취미판단을 통해 보편적 존재로서의 인간의 평등을 사유하는 것은 이러한 관점에서입니다. 인간의 평등은 법적 지위로 보장되는 것이 아니라 자신의 사적 조건을 초월해 인간 보편의 차원에서 미적 판단을 내릴 수 있다는 점에 근거하고 있습니다. 이 요구는 개별적 인간이 한 공동체의 구성원이 되기 위한 선험적 조건입니다. 그러나 여기서 우리는 칸트와 랑시에르의 차이를 다시 확인할 수 있습니다. 칸트는 미적 판단의 보편성에 하나의 합의를 부여하지 않았지만, 그것이 어떤 종류의 초월을 통해 가능한 것임을 말했습니다. 하지만 랑시에르에게 있어서 이러한 보편성의 요구는 초월의 요구가 아니라, 긴장과 불화에 대한 요구입니다. 따라서 랑시에르에게서 다음과 같이 서로 모순되는 것과 같은 두 주장이 가능해지는 것입니다.

> 원리상 타인이 알아듣지 못할 것이며, 공통의 언어는 존재하지 않는다고 말하는 자는 자기 자신의 권리를 인정하도록 만들 수 있는 토대마저 잃어버린다. 반대로 마치 타인이 언제나 자신의 담론을 알아들을 수 있는 듯 행동하는 자는 비단 담론의 구도에서만 그런 것이 아니라 자기 자신의 역량을 증대시키는 것이다.[17]

> 평등의 문장을 반복하는 것은 이 침입을 반복하는 것이다. 그렇기 때문에 그것이 여는 공통 감각/의미le sens commun의 공간은 합의의 공간이 아니다. 민주주의는 그 단어의 이중의 의미에서 나눔의 공동체이다. 논쟁을 통해서만 서로 말할 수 있는 같은 세계에 속함, 그리고 싸움을 통해서만 이룰 수 있는 결집. 공통감각/의미의 공준은 언제나 위반적이다.[18]

---

17 『정치적인 것의 가장자리에서』, 115.
18 『정치적인 것의 가장자리에서』, 115.

결국 자신의 사적 조건에 대한 거부는 오직 그에 대한 이해로부터 출발합니다. 따라서 랑시에르의 정치적 불화의 과정에서 사적 조건은 완전히 해소되지 않고, 보편/특수의 관계로 불화 속에 내재합니다. 칸트는 미적 판단과 감성이 인식/욕구 능력과의 관계에서 가지는 긴장을 보여주면서도 하나의 치안의 논리와 감성적 인식의 논리를 구분하고, 이 감성적 인식의 보편성을 인간 전체의 삶으로 확대하지 않습니다. 예를 들어 그는 인간은 그 사상에 있어서는 한없이 자유로운 주체가 되어야 하지만, 공적 영역에 속한 존재로서는 자신에게 주어진 임무를 한 치의 착오 없이 수행해야 된다고 말합니다. 하지만 삶과 미학이 동시에 어떤 감성적 분할을 전제한다는 입장에서는 이러한 구분 자체가 무의미합니다.

랑시에르가 칸트보다 프리드리히 폰 실러1759~1805를 통해 진정한 "삶의 감성적 혁명"을 말하는 이유가 여기에 있습니다. 실러의 미학은 프랑스 혁명이 직접적으로 구현하지 못한 평등을 "미학교육"에 의해 가능한 것으로 시도하려는 철학적 사유입니다. 이것은 새로운 존재 영역, 즉 자유로운 유희와 가상의 영역을 구성하는 사유 활동과 감각적 수용성이 분리되지 않고, 하나의 현실이 되는 상태를 가리킵니다. 이것은 일종의 중립적 상태이자 이중적 해제의 상태입니다. 즉 이러한 미적 상태를 통해 인간은 욕구와 도덕의 지배 모두에서 자유로운 인간이 되며, 자유로운 정치공동체 안에서의 삶이 가능해집니다. "미학교육"이 지향하는 것은 바로 이 감각세계의 특유한 거주 양식인 셈입니다.[19]

---

19 『감성의 분할』, 35~6.

마음이 물리적·도덕적으로 강제를 받지 않고, 그러면서도 동시에 둘 모두의 방식으로 활동하는 이 중간 정조Stimmung, 분위기를 자유로운 정조라 불러도 되겠지요. 감각적 규정의 상태를 물리적 상태, 이성적 규정의 상태를 논리적·도덕적 상태라고 부른다면, 현실적이면서 활동적인 이 같은 규정 가능성의 상태를 미적 상태라 불러야 할 것입니다.[20]

플로베르, 문학의 민주주의

정치가 비가시적이었던 기존의 감성 분배질서를 새롭게 무대 위에 올려놓음으로써 이를 가시화하고 문제 삼는 행위라면, 문학 역시 마찬가지로 새로운 감성의 질서를 구축하는 것을 통해 자신만의 정치적 개입을 할 것입니다. 그런데 우리는 문학의 정치가 작가의 정치와는 엄연히 다른 것임을 짚고 넘어가야 할 필요가 있습니다. 문학의 정치란 작가가 정치적, 사회적 투쟁을 직접적으로 실천한다는 것을 의미하지 않습니다. 작가가 자신의 작품을 통해 정치적 이념이나 특정한 정체성을 표방함에 있지도 않습니다. 우리는 작가와 문학을 구분해야 합니다.

문학의 정치란 문학이 그 자체로 직접적인 정치적 행위를 수행한다는 의미입니다. 문학의 정치란 문학 자체의 운동이며 효과이기 때문입

---

20 프리드리히 폰 실러, 『미학 편지 - 인간의 미적 교육에 관한 실러의 미학 이론』, 안인희 옮김, 휴먼아트, 2012, 157.

니다. 문학의 정치적 행위는 특정한 경험의 영역들을 구성하는 활동에 있습니다. 귀스타브 플로베르는 작가와 문학이 수행하는 정치의 차이를 명확히 보여주는 작가입니다. 플로베르는 작가의 정치라는 차원에서는 민주주의를 거부하고 귀족주의를 노골적으로 옹호하는 태도를 보여줍니다. 장 폴 사르트르1905~1980는 이러한 관점에서 플로베르를 비판합니다. 그러나 랑시에르에게 플로베르는 문학의 정치, 곧 문학에서의 민주주의가 과연 무엇인지를 보여주는 작가입니다. 플로베르에 대한 이 양극단의 평가를 통해 우리는 랑시에르가 '문학의 정치'라고 부르는 것이 무엇인지를 비로소 알게 됩니다. 사르트르는 『문학이란 무엇인가』를 통해 플로베르에 대해 다음과 같이 비판합니다.

> 플로베르는 인간과 사물에서 벗어나기 위해서 글을 썼다. 그의 문장은 대상을 포위하고 사로잡고 꼼짝 못 하게 하고 그 허리를 꺾어놓고 삼켜버리고 스스로 돌로 변하고 또 대상도 돌로 변화시켜 버린다. 그것은 눈멀고 귀먹고 혈색이 없는 분상이다. 생명의 숨결 한점 없고 문장과 문장 사이에는 깊은 침묵이 가로놓인다. 문장마다 영원히 허무 속으로 빠져들고, 그것이 사로잡은 대상도 그 무한한 추락 속으로 끌려들어간다. 그리고 일단 묘사되는 모든 현실은 목록에서 지워지고, 작가는 다른 현실로 넘어간다.[21]

---

21 장 폴 사르트르, 『문학이란 무엇인가』, 성명환 옮김, 민음사, 2009, 178.

귀스타브
플로베르

Gustave Flaubert
1821~1880

프랑스의 소설가.

문학적 사실주의의 선구자이며, 동시에 문체와 스타일 추구에 있어 완벽을 기한 소설가이기도 합니다.

프랑스 북부 노르망디의 루앙에서 태어나, 병원장인 아버지 덕에 유복한 유년기를 보냈습니다. 파리에서 법학을 배웠으나 흥미를 가지지 못하고, 파리를 떠나 루앙 근처 크루아셋에서 글쓰기에 전념하며 여생을 보냈습니다. 데뷔 소설 『보바리 부인』(1857)은 내용과 문학적 형식 모두에서 사회적으로 큰 반향을 일으킨 작품입니다. 정부가 부도덕하다는 혐의로 소송을 제기했지만 무산되었습니다. 이후 『살람보』를 거쳐 무려 7년간 집필한 『감정교육』을 출간합니다.

조르주 상드(1804~1876), 에밀 졸라(1840~1902), 이반 투르게네프(1818~1883) 등과 교류했습니다. 에밀 졸라와 같은 동시대 작가들과 비교해서 작품의 수가 매우 적은데, 이는 그가 작품 하나, 출간물 하나에 들이는 시간이 매우 길기 때문입니다. 모호함을 극도로 경멸했고, 문체를 통한 미적 완성도의 추구에서는 누구보다도 탁월한 작가였습니다.

평생을 독신으로 지냈고, 아이도 가지지 않았습니다. 1880년, 58세의 나이로 크루아셋에서 생을 마쳤습니다.

주요 작품은 『보바리 부인』(1857), 『감정교육』(1869), 『부바르와 페퀴세』(1881) 등이 있습니다.

사르트르는 플로베르의 문학이 "귀족주의"라고 잘라 말합니다. 그는 플로베르의 자연주의 소설이 결정론적 태도를 통해 삶을 질식시키고, 인간, 행위, 가족, 사회를 해체한다고 말합니다. 따라서 그것은 문학을 통한 귀족들의 놀이이고, 오직 '순간' 속에서 삶을 소모하는 죽음의 유희와 다르지 않다고 보았습니다. 순간 속에서 사라지는 것은 인간의 시간입니다. 노동의 시간, 역사의 시간은 플로베르의 작품 속에서 자신의 자리를 찾을 수 없습니다. 이로써 '귀족주의'의 귀결은 문학/언어에서 정치적 토론과 사회적 투쟁의 소멸입니다. 사르트르는 플로베르가 산문적 언어가 가지는 민주주의적 힘을 부정하는 작가라고 비판합니다. 그는 자신의 이러한 평가가 플로베르에게 가해진 부당한 평가가 아니라고 말하면서, 플로베르의 서간집에서 인용한 글들을 함께 싣고 있습니다. 그것들은 다음과 같은 것들입니다.

한편에서는 신新카톨릭 사상이, 다른 한편에서는 사회주의가 프랑스를 바보의 나라로 만들었나. 보는 것이 부염시태와 노동자의 도시락 사이에서 움직이고 있습니다. (1868)

나는 파리 코뮌의 패거리에 대해서 아무런 미움도 느끼지 않습니다. 미친 개들을 미워할 수는 없으니까 말입니다. (1871)

나는 민주주의를, 적어도 프랑스에서 이해되고 있는 바와 같은 민주주의를 증오합니다. 그것은 정의 대신에 은총을 선양하고 법을 부정합니다. 한마디로 해서 반사회적이죠.

민중은 영원한 미성년자입니다. 그리고 그것은 수數이며 덩어리이며 일정한 틀이 없기 때문에 항상 최하위에 있을 것입니다.

만일 프랑스가 요컨대 군중에 의해서 지배되지 않고 유력자들의 권력하에 있다면 과연 이런 꼴이 되었으리라고 생각하십니까? 만일 하층 계급을 계몽하려고 하지 않고 상류 계급을 교육하는 데 전념했던들……. (1870년 8월 3일, 수요일)[22]

위의 몇몇 문장만 보아도 플로베르가 당대 프랑스 민중과 민주주의를 혐오하고 있으며, 사회가 능력 있는 소수에 의해 통치되어야 한다는 시대착오적이고 귀족주의적인 믿음을 고수하고 있음을 알 수 있습니다. 그러나 이러한 비판은 문학 대 정치라는 낡은 대립의 지평 위에서만 가능합니다. 사르트르가 이야기하는 민주주의 혹은 문학을 통한 사회적 투쟁이라는 것은 작가의 투쟁이지 예술작품의 투쟁은 아닙니다. 예술작품 안에서 특정한 정치적 이념과 정체성을 표현하고, 그것을 오해의 여지가 없도록 수용자에게 전달하는 것, 사르트르가 지향하는 이러한 문학의 '참여'의 관점에서 보면 플로베르의 소설 속에는 오직 반동적인 것만이 있을 뿐입니다. 그러나 이러한 해석, 직접적인 메시지를 통해 드러나는 예술의 정치 안에서 예술은 결국 소멸되고 예술이 가지는 정치적 역량도 마찬가지 운명을 겪게 됩니다.

랑시에르는 플로베르의 작품이 귀족주의의 정반대에 있다고 이야기

---

22 앞의 책, 216f.

합니다. 플로베르는 부르주아 시민사회에 대한 비판을 공공연하게 말하고 다녔습니다. 작품이라고 예외는 아닙니다. 『보바리 부인』 또는 『감정교육』 등의 작품이 플로베르의 귀족 정치적인 입장을 보여주는 것은 명백합니다. 그런데 그의 귀족주의적이고 순응주의적인 정치적 입장에도 불구하고 랑시에르는 그의 작품이 '민주주의적'이라고 말합니다. 작가의 정치적 입장은 귀족주의적일지 몰라도, 작품 자체는 민주적이기 때문입니다.

플로베르의 언어에서는 문체를 통해 문학이 절대화된다고 랑시에르는 말합니다. 문학을 절대화한다는 것은 무엇을 의미하는 것일까요. 그의 소설에서는 한 농부의 딸에 의해 범해진 불륜이 위인들의 영웅적 행동들만큼이나 흥미로운 주제가 됩니다. "어떤 메시지를 문학에 부여하는 것에 대한 그의 거부 자체가 민주주의적 평등에 대한 하나의 증거"[23]가 됩니다. 따라서 문체란 곧 사물을 보는 절대적 방식이 됩니다. 플로베르의 문학 안에서는 표현되는 모든 주제가 동등하고, 어떠한 표현도 문학 안에서 사용가능할 때 결국 문학의 차이를 만드는 것은 문체이기 때문입니다. 문체에 대한 집착이란 민주주의의 원칙인 평등이 문학적 공식으로 변형된 것입니다. 플로베르의 작품 속에서의 평등은 재현의 모든 위계들을 타파하고, 정통성 없는 공동체인 독자들의 공동체를 설립하게 합니다. 자신이 재현해야 할 대상에 대해서도, 그것을 어떠한 양식으로 표현해야 할지에 대해서도 더이상 규정되지 않습니다.

---

23 『감성의 분할』, 16f.

플로베르는 모든 낱말들을 동일한 가치로 만들었으며, 같은 방식으로 고귀한 사람과 비속한 사람, 서술과 묘사, 무대의 전면과 후면, 종국에는 인간들과 사물들 간의 모든 위계를 파기했다. 틀림없이 그는 민주주의자와 보수주의자를 동일하게 경멸하면서 모든 정치적 참여를 떨쳐버렸다. 작가는 무엇을 증명하고 싶다는 생각으로부터 자유로워야 했다.[24]

플로베르의 문학에서 발견되는 언어는 사물들의 신체에 쓰여진 말이자 사물들의 진리를 표현하는 말입니다. 동시에 이는 의미작용과는 무관한 말입니다. 즉 아직 메시지가 되지 못한 말, 메시지가 사라진 곳에서 비로소 들리는 말입니다. 메시지가 사라진 곳에서, 말을 잃어버린 곳에서, 수없는 존재들의 목소리가 비로소 들리기 시작합니다. 문학과 민주주의는 이렇게 문체 속에서, 소설의 말하기 방식 속에서 필연적 관계를 맺습니다. 단적으로 말하자면 문학에 있어서 고상한 주제도, 저속한 주제도 없다는 것, 그것이야말로 문학이 민주주의적 실천이라고 부를 수 있는 이유입니다. 민주주의는 "표현과 그 내용 사이의 관계로부터 규정된 모든 논리와 단절"[25]합니다.

사회적 조건들이 평등화되는 것이 문학의 민주주의가 아닙니다. 문학의 민주주의는 말의 민주주의입니다. 이런 맥락에서는 플로베르가 문학에 있어 정치·사회적 토론의 장을 제거했다고 비난한 사르트르의 생각, 문학에 있어서 다루어져야 할 훌륭한 주제가 있다는 주장, 그

24 『문학의 정치』, 19f.
25 『문학의 정치』, 25.

리고 문학을 통해 정치, 사회의 문제가 직접적으로 다루어져야 한다는 생각이야말로 귀족주의적인 것입니다. 왜냐하면 플로베르에게 모든 낱말들은 평등하기 때문입니다. "인민들과 공화국에 대한 플로베르의 감정이 어떤 것이었든 간에 그의 산문은 민주주의를 신봉했고, 더 나아가 민주주의의 화신이었다."[26] 문학이란 특별한 언어를 사용하는 데 있는 것이 아닙니다. 문학이란 낱말들과 사물들이 결합하는 새로운 방식입니다. 그리고 낱말과 사물들이 평등하게 결합할 때 문학의 민주주의가 비로소 나타납니다.

엠마 보바리의 처형

문학의 민주주의와 관련하여 랑시에르는 흥미로운 질문을 던집니다. "왜 엠마 보바리는 죽임을 당했는가?"라는 질문입니다. 독자들은 아마 의아해할 것입니다. 엠마 보바리는 자살을 한 것이지 누군가에게 죽임을 당한 것이 아니기 때문입니다. 보바리는 외도를 하면서 애인에게 줄 선물을 사거나 자신을 꾸미거나 하는 일에 돈을 쓰면서 빚이 점점 불어났고, 결국 이를 감당하지 못하고 스스로 목숨을 끊었습니다. 그러니 누군가에 의해 죽임을 당한 것은 아닙니다. 랑시에르는 당연히

---

26 『문학의 정치』, 20.

플롯에 대해 이야기하고 있는 것이 아닙니다. 플로베르라는 작가가 엠마 보바리라는 등장인물을 죽인, 아니 엠마 보바리가 작품 속에서 죽을 수밖에 없는 이유를 묻는 것입니다.

소도시 루앙을 떠들썩하게 만든 불륜을 저지른 한 여인의 자살은 플로베르가 선택가능한 주제들 중 하나였을 뿐입니다. 게다가 플로베르에게는 이 사건을 소설 속에서 다룸으로써 사회적이고 도덕적 교훈을 전달하고 싶었던 의도가 있었던 것도 전혀 아닙니다. 남성적 지배구조에 대한 사회적 비판도 관심사는 아니었습니다. 그렇다면 "엠마의 죽음과 순수 문학의 관심 사이에 어떤 관계가 존재할 수 있는지"가 결국 문제입니다. 엠마 보바리의 죽음이 순수문학과 어떤 관계를 맺고 있을까요? 이러한 논의를 위해 우리는 그녀가 죽어야만 하는 이런저런 이유를 생각해볼 수 있습니다.

첫째, 그녀는 꿈꾸어서는 안 되는 삶을 욕망한 죄를 범했습니다. 즉 문학과 삶을 혼동한 죄로 벌을 받은 것이라고 생각할 수 있습니다. 그녀는 문학 속에서 동경하던 것을 자신의 삶 속에서 이루고자 했습니다. 그녀의 죽음을 문학과 삶 사이의 심연이 불러온 파국으로 보는 이러한 견해는 소설의 출간 당시부터 이야기되어온 것입니다. 엠마 보바리는 어린 시절 수녀원에서 읽었던 소설들에 등장하는 삶을 꿈꾸었으나, 시골 의사 샤를과의 따분한 결혼생활을 하게 됩니다. 플로베르는 『보바리 부인』에서 이것을 이렇게 묘사했습니다.

그 내용은 한결같이 사랑, 사랑하는 남녀, 쓸쓸한 정자에서 기절하는 박해받은 귀부인, 역참마다 살해당하는 마부들, 페이지마다 지쳐 쓰러지는 말들, 어두운 숲, 마음의 혼란, 맹세, 흐느낌, 눈물과 키스, 달빛 속에 떠 있는 조각배, 숲속의 밤꾀꼬리, 사자처럼 용맹하고 어린 양처럼 부드럽고 더할 수 없는 미덕의 소유자로서 언제나 말쑥하게 차려입고 물동이처럼 눈물을 펑펑 쏟는 신사분들뿐이었다.[27]

이렇게 잠시 그의 심장에 부싯돌을 문질러보았지만 불꽃이 일지 않는 것을 보자, 원래 자기가 직접 경험하지 않은 것이면 아무것도 믿지 못하는 그녀였기에 샤를르의 정열에는 이제 더 이상 남다른 것이라곤 없다고 간단히 믿어버렸다. 심정의 토로라는 것도 규칙적이 되어버렸다. 그는 일정한 시간이면 그녀에게 키스를 했다. 그것은 단조로운 만찬이 끝나면 나오게 되어 있는 디저트처럼 여러 가지 습관들 중 하나였다.[28]

이 간극이 그녀에게 외도라는 모험을 하게 했고, 결국 이 최초의 환상은 자살로 마무리됩니다. 이것은 자연스런 귀결인 것처럼 보입니다. 그러나 그녀는 문학과 삶을 혼동하는 인물이 아닙니다. 이를테면 그녀는 문학 속에서 서정석으로 묘사된 자연이 현실이 아님을 아는 인물입니다.

만약 그녀가 시장 거리의 상점 뒷방에서 어린 시절을 보냈다면 아마도 이때 그녀는 흔히 작가들의 붓끝을 통해서야 비로소 우리들에게 전해지게 마련인 대자연의 서정적 밀물에 마음을 활짝 열어놓았을 것이다.

27 귀스타브 플로베르, 『마담보바리』, 김화영 옮김, 민음사, 2000, 58. 이하 책제목과 쪽수만 병기한다.
28 『마담보바리』, 69.

그러나 그녀는 전원을 너무나 잘 알고 있었다. 가축들의 울음소리도 소 젖짜기도 가래질도 알고 있었다.[29]

그녀가 삶과 문학을 구분하지 못했기 때문에 결국 죽을 수밖에 없었다는 것은 적절한 설명은 아닙니다. 그녀는 문학 속 등장인물의 삶을 동경하기는 했지만, 충분히 그것을 삶과 구분할 수 있었기 때문입니다.

둘째, 엠마 보바리는 무절제한 욕망을 추구했던 인물로, 사회를 혼란하게 만들었기 때문에 죽음을 맞이했다고 설명할 수도 있습니다. 보수주의자들은 이러한 한계 없는 욕망, 자극을 향한 끊임없는 추구를 이른바 "민주주의"라고 지칭했습니다. 혁명을 통해 왕정주의, 귀족체제, 종교 등이 신중하게 배치했던 개인과 집단의 안정된 자리는 붕괴되었습니다. 프랑스 대혁명의 정치적 변화, 산업혁명의 경제적 변화, 그리고 마침내 새로운 매체들이 가지고 온 대중문화라는 향락 속에서 모든 사람들은 끊임없이 새로운 욕망과 자극을 찾아 방황하게 되었습니다. "현대 사회는 사회적 신체 전체를 학대하는 목표도 휴식도 없는 소요를 각자가 내면화한 것에 지나지 않는 자극을 찾아 모두가 쉼 없이 소용돌이 속으로 끌려들어 가는 자유롭고 동등한 개체들의 뒤섞임에 불과한 것이었다."[30]

보수주의자의 공격은 총칼과 권력에 의한 탄압만이 아니었습니다. 그들은 민주주의의 정치적 의미를 변질시키고, 그것을 타락한 사회적 힘으로 평가절하했습니다. 이런 평가 속에서 엠마 보바리는 "민주주의

---

29 『마담보바리』, 57f.
30 『문학의 정치』, 92.

적 욕구의 화신"입니다. 그녀는 이상적인 로맨스와 육체적 쾌락 모두
를 원하는 인물입니다. 게다가 엠마는 욕망의 대상들을 교환가능한 것
으로 동일시했습니다. 그녀에게는 가구를 사는 것과 외도의 상대인 레
옹에 대한 사랑의 욕구를 억제하는 것이 교환가능한 것이었습니다. 만
약 하층민들이 그저 그들의 가난을 벗어나 부자가 되길 원한다면 문제
가 되지 않았을 것입니다. 인간이 누릴 수 있는 모든 쾌락을 향한 무한
긍정. 이것이 그녀가 처형당해야 하는 이유일 수도 있습니다. 그러나
사람들은 이런 이유로 엠마 보바리를 처형하고자 하지 않습니다. 만약
이것이 이유라면 처형의 대상은 플로베르여야 하기 때문입니다.

> 작가가 선언하는 모든 주제들 간의 등가성은 등장인물이 추구하는 모
> 든 대상들 간의 등가성과 부합한다. 작가는 자신의 고유한 문체를 선
> 택하여 등장인물에게 자극을 야기하는 대상들을 전술한다. 혈안이 되
> 어 모든 것을 향유하고자 하는 인물의 흥분과 자신의 인물들의 소행들
> 과 몸짓들에 내해 어떤 판난노 하지 않는 저자의 무감각은 동전의 양
> 면과 같다. 이것은 동일한 질환의 두 형태이며, 이 질환의 이름은 민주
> 주의이다.[31]

이것이 전통주의자의 평결입니다. 사람들이 원하는 것은 엠마를 창조
한 플로베르의 심판이었습니다. 그러므로 엠마가 '민주주의적' 욕망의
화신으로 당대의 사회적 혼란의 징표처럼 여겨지더라도 여전히 작품에

---

31 『문학의 정치』, 98.

서 그녀가 처형을 당할 수밖에 없는 이유는 충분히 설명되지 않습니다.

그렇다면 엠마가 사형선고를 받아야 하는 이유는 무엇일까요? 그것도 자신의 창조자인 작가에게. 다시 말해 작가는 왜 엠마와 같은 인물을 창조하고, 그녀를 죽인 것일까요? 랑시에르는 이렇게 묻습니다. 앞서의 설명에서 엠마는 민주주의의 화신인 것처럼 여겨집니다. 엠마의 비극은 예술과 삶을 혼동하는 것에서 기인하지 않습니다. 그것을 이해하기 위해서 우리는 예술과 삶이 갖는 특별한 관계를 이야기해야 합니다. 그리고 플로베르에게 이 관계는 작가가 작품에 대해 가지는 관계와 작품 속 등장인물이 문학에 의해 창조된 세계에 대해 가지는 관계 사이의 긴장 속에 놓입니다.

플로베르는 문학의 일반적인 분류나 평가와는 모순되는 의아스러운 위치를 점하고 있습니다. 그는 사실주의의 가장 훌륭한 모범으로 여겨지는 동시에 예술을 위한 예술의 옹호자의 지위를 차지하고 있습니다. 전자는 흔히 사회비판 메시지를 강하게 드러내는 문학으로 여겨지며, 후자는 형식적 미를 추구하는 작품들을 가리키는 말로 쓰입니다. 그런데 플로베르는 이 두 영역 모두에 존재하는 작가입니다. 이것은 그가 추구하는 예술의 순수성으로 인해 가능한 것입니다.

플로베르가 작품 속에서 추구하는 예술의 순수성은 주제 자체의 고상함과 저속함이 더이상 작품에서 중요시되지 않는다는 것을 의미합니다. 그의 작품에서는 일상적 삶에 속하는 것과 예술에 속하는 것을 분리할 수 없습니다. 이것은 시적인 것과 사회적인 것, 일상적 삶이나 행동이 미적 태도와 구분되지 않는다는 것을 의미합니다. 그렇기 때문에 그는 사실주의 작가이면서 예술을 위한 예술의 옹호자가 될 수 있었던 것입니다.

문학의 치유

플로베르에 의해 비로소 새로운 예술의 가능성이 열렸다고 할 수 있습니다. 이제 예술이 될 수 있는 특별한 대상도, 특별한 주제도 없습니다. 예술(시)과 일상/일상어(산문)의 구분이 무의미해집니다. 이것을 '일상적 삶의 심미화'라고 이름 붙일 수 있습니다. 문제는 여기에 있습니다. 플로베르는 무엇보다 예술의 문제를 예술 자체의 이름으로 고민한 작가입니다. 다시 말해 그에게는 예술의 고유한 영역과 가치를 지켜내고, 그것이 다른 어떤 것과도 구분되는 자리를 확보하는 것이 중요했습니다. 사회적 주제나 메시지를 통해 작품이 변질되고 오염되어서는 안 되며, 대중의 환호에 영합하여 형식적 수준을 타락시키는 것도 용납되지 않습니다. 문제는 작품 속에서 모든 것을 미적으로 대하는 순간, 이러한 예술의 고유한 영역 자체가 붕괴되어 버린다는 데 있습니다.

플로베르에게 중요한 것은 오직 예술에 관련된 것입니다. 예술이 이제 예술 아닌 것과 구분될 수 없다면, 예술의 미래는 어떻게 될까요? 플로베르에게 문제는 그의 순수한 문학에 대한 태도가 예술의 미구분이라는 사태를 낳았다는 점입니다. 『보바리 부인』은 이러한 미구분에 저항하는 플로베르의 방어수단입니다. 이를 위해 작가는 자신과 구분되는 인물을 작품 속에서 창조한 것입니다. 엠마는 반예술가로서 구현된 플로베르의 반대자인 셈입니다.

작가는 자신과 상반된 인물을, 반예술가로서의 인물을 구축해야 한다. 예술과 비예술의 미구분을 취급하는 옳은 방식, 즉 이 미구분을 취급하는 예술적 방식은 단지 책 속에서만, 책으로서의 책 속에서만 이 미구분을 설정하는 것이다. 예술과 비예술의 미구분을 취급하는 그릇된 방식, 즉 등장인물의 방식은 미구분을 현실적 삶 속에서 적용하는 것이다. 등장인물의 도정과 예술가의 도정은 바로 이렇게 갈라진다. 엠마의 "긍정적" 정신은 바로 그런 식으로 성립된다.[32]

엠마는 문학 속에서 지적 관조를 넘어서는 무엇을 바랍니다. 그것은 문학과 예술을 통한 실질적인 자극입니다. "그녀는 사물들로부터 반드시 뭔가 개인적인 이득을 얻어내야 했으며 즉각적으로 감정적 만족을 주지 않는 것은 무엇이건 쓸데없는 것으로 취부했다." 즉 엠마는 예술을 현실적 삶 속에 대입시키려는 유혹을 가진 불량한 예술가이자 거짓 예술가입니다. 따라서 그녀에게 사형을 선고하는 것은 엠마의 외도에 대해 분노한 보통의 대중들도 아니고, 민주주의를 비난하면서 그것을 욕망의 무한긍정이라고 설명하는 보수주의자들도 아닙니다. 플로베르 그 자신이, 엠마의 창조자이면서, 재판관이며, 사형집행인입니다. 그녀의 죄는 다름 아니라 문학에 반한 죄입니다. 일상과 문학의 경계를 지우면서 결국은 문학 자체를 지우려는 사악한 시도로부터 문학을 보존하기 위해 그녀는 플로베르의 손에 의해 직접 처형된 것입니다.

그러나 "플로베르는 바로 '탐미주의'에 맞선 예술 전쟁의 선구자이다. 예술가가 자신의 인물들을 징벌하는 것만으로는 이 전쟁을 승리로 이끌기에 충분조건이 되지 못한다."[33] 그에게 필요한 것은 예술과 삶

---

32 『문학의 정치』, 99.
33 『문학의 정치』, 105.

의 올바른 관계, 미구분의 방식이어야 합니다. 따라서 그는 예술과 비예술의 동등성을 바라보는 방식을 구분합니다. 하나는 예술가의 방식이고, 나머지 하나는 등장인물의 방식입니다. 전자가 올바른 방식이라면 후자는 그릇된 방식입니다. 즉 미시사건들을 통해 비인격적이고 감각적인 삶의 망을 짜는 것이 전자의 방식이라면, 이러한 미시사건들을 욕망의 주체와 결합하는 방식은 후자의 방식입니다.

엠마의 죄는 모든 것을 등가적으로 취급하고, 그것을 통해 감각의 만족을 취하려고 했다는 점입니다. 엠마에게는 이 세상의 모든 것이 차이 없이 동일합니다. 그녀는 세계를 민주주의적으로 대합니다. 문제는 그러한 민주주의 하에서 절대적인 주체로서 자신의 욕망에 대한 무한한 긍정이 있다는 것입니다. 그녀에게는 이 세상 모든 것이 미적 쾌의 대상이 됩니다. 일상의 미학화, 이것이 바로 엠마의 죄인 것입니다.

교실 안의 따뜻한 분위기를 벗어나는 일이 결코 없이, 구리 십자가가 날린 넘수를 지닌 창백한 얼굴의 그 여자들 속에 파묻혀 지내면서 그녀는 제단의 향냄새, 시원한 성수반과 촛불의 불빛에서 발산되는 신비로운 권태 속에서 기분좋은 졸음을 맛보고 있었다. 미사의 순서를 제대로 따라가는 것보다 그녀는 책 속에서 하늘색 테두리 안에 그려진 그림들을 들여다보면서 병든 어린 양, 모진 화살을 맞은 주님의 성스러운 심장, 십자가를 지고 걸어가다가 쓰러진 가엾은 예수상을 감상하는 것이 좋았다. …… 고해성사 때면, 그녀는 사소한 죄들을 지어내가지고 조금이라도 더 오랫동안 어둠 속에 무릎을 꿇고 두 손을 한데 모은 채 얼굴을 창살에 바싹 붙이고서 신부님이 나직하게 속삭이는 소리를 듣고 있으려 했다. 약혼자, 남편, 하느님의 애인, 영원한 결혼 등의 비유가 설교 속에 되풀이되어 나오면 그녀의 가슴속 저 밑바닥에서 뜻하지 않는 감미로움이 솟구쳐 오르곤 했다.[34]

그는 비록 그녀와 헤어져 있었지만 그녀를 아주 떠난 것은 아니었다. 그는 저만큼에 있었다. 집 안의 담벽이 그의 그림자를 간직하고 있는 것만 같았다. 그가 밟고 걸었던 그 양탄자, 그가 앉았던 그 빈 의자에서 눈을 뗄 수가 없었다. 강물은 변함없이 흐르면서 미끄러운 강둑을 따라 잔물결을 천천히 흘려보내고 있었다. 언제나 변함없는 물결의 속삭임 소리에 귀를 맡긴 채 이끼 낀 잔돌들을 밟으며 그들은 몇 번이나 그곳을 산책했었다. 얼마나 상쾌한 햇빛을 받았던가! 뜰 깊숙한 나무 그늘에서 단둘이서 얼마나 흐뭇한 오후를 보냈던가! 레옹은 모자도 쓰지 않은 채 마른 나무 토막으로 만든 둥근 의자에 앉아 소리 높이 책을 읽었다. 목장에서 불어오는 서늘한 바람에 책장과 덩굴시렁 위의 한련꽃이 파르르 떨리곤 했다 …… 아아, 그런데 그는 가버렸다.[35]

저녁 어둠이 깔리고 있었다. 옆으로 비낀 햇빛이 나뭇가지 사이로 비쳐들어 그녀는 눈이 부셨다. 그녀 주위의 여기저기, 나뭇잎들 속에, 혹은 땅 위에, 마치 벌새떼가 날아오르면서 깃털을 흩뿌려놓은 것처럼 빛의 반점들이 떨리고 있었다. 사방이 고요했다. 감미로운 그 무엇이 나무들에서 새어나오는 것 같았다. 그녀는 자신의 심장이 다시 뛰기 시작하고

---

34 『마담보바리』, 57.
35 『마담보바리』, 181.

피가 몸 속에서 젖의 강물처럼 순환하는 것을 느끼고 있었다.[36]

그녀는 낡은 행동의 시학 앞에 놓여있습니다. 즉 그녀는 "주어와 술어, 사물과 속성, 목적을 겨냥하고 수단을 강구하는 의지의 세계"에 존재하고 있습니다. 엠마는 사물과 개체가 현실적 속성을 지닌다고 믿으며 그 소유를 열망합니다. 모든 것을 감각적 쾌락의 대상으로 취급하며 그것을 주체의 의지 아래 복속시키는 것은, 결국 삶과 세계가 가진 무한한 힘을 위협하는 것입니다. 랑시에르는 이러한 의지를 통한 삶의 위협에 대한 경고를 오노레 드 발자크1799~1850의 『신비로운 도톨 가죽』의 늙은 골동품 상인의 입을 빌어 이야기합니다.

인간은 그의 현존의 원천을 고갈시키는 본능적으로 완성된 두 행위로 소진된다. "원하다"와 "할 수 있다", 이 두 동사는 죽음의 두 원인이 취하는 모든 형태를 표현한다. …… 원하다는 우리를 불태우고, 할 수 있다는 우리를 파괴한다. 그러나 "이해한다"는 우리의 연약한 유기조직을 지속적으로 고요한 상태로 있게 한다.[37]

플로베르에 의한 엠마의 살해가 정당화될 수 있을까요? 엠마의 살해는 작가가 자신에 대한 정치적, 사회적 공격을 방어하기 위한 것이 아닙니다. 그리고 예술과 일상적 삶의 경계를 분명히 구분하려는 목적도 아닙니다. 플로베르에게 문학의 문제는 진실입니다. 그리고 결과적으

36 『마담보바리』, 234.
37 『문학의 정치』, 118.

로 문학이란 "소비해야 할 재화, 도달해야 할 목표, 정복해야 할 사람들 따위와 같은 욕망 대상들을 구축하기 위해 모든 낱말과 이미지로부터 스스로를 포착하려는 삶의 맹목적인 충동"[38]을 치료하기 위해 삶을 해석하고 삶에 대한 지식을 추구합니다. 그것은 주체의 욕망과 의지의 무한추구라는 병적 상태로부터 인간을 치료하기 위한 치료행위입니다. 문학은 낱말들의 역능力能을 통해 인간을 치료합니다. 주제가 아무래도 상관없다면 결국 예술의 차이는 문체에 의해서 가능할 뿐입니다. 문체는 등장인물의 방식과는 다릅니다. 다시 말해 모든 것을 그저 미적으로 형상화하는 태도, 진부한 것을 우아하고 세련된 것으로 바꾸는 기교로는 우리는 병든 삶으로부터 회복을 꾀할 수 없습니다.

랑시에르는 문체를 "사물을 보는 절대적 방식"[39]이라고 말합니다. 이는 "모든 이야기, 모든 기능, 모든 개인적 감정, 사물들에 귀속되는 모든 속성에서 풀려나온 감각들의 순수한 조화의 향유를 절실히 느끼는 것"이며, "우리가 개인적 목표를 추구하는 인격적인 주체가 더이상 아닐 때 사물들을 보고 느끼는" 방식입니다. 이 절대적 시선 앞에서 사물들은 "유용한 또는 욕망하는 대상들로 취급하게 했던 모든 관계들에서 해방"됩니다. 이것이 문체를 통한 문학의 치료입니다. 문학을 통해 사물들은 자신의 견고한 상태를 벗어나게 되며, 그 역능을 자유롭게 발산하게 됩니다. 생명의 무한한 표현이자 역능의 발산이야말로 민주주의의 참된 의미입니다. 동시에 그것은 문학의 정치 곧 미학 체제에 고유한 정치입니다.

---

38 『문학의 정치』, 119.
39 『문학의 정치』, 104.

08

장 보드리야르 — 앤디 워홀

기호의 무한증식이 만들어내는
시뮬라크르의 세계

“

워홀은 실제로 무가치하다.

그는 무가치와 무의미를 하나의 사건으로 만들며,

이 사건을 이미지의 숙명적 전략으로 바꾸어 놓는다.[1]

1 장 보드리야르, 『예술의 음모』, 배영달 옮김, 백의, 2000, 76. 이하 책제목과 쪽수만 병기
   한다.

지도와 영토

그 왕국에서 지도술은 너무도 완벽한 수준에 이르러 한 도의 지도는
한 시 전체를 담고 있었고, 한 왕국의 지도는 한 도 전체를 담고 있었
다. 시간이 지나면서 그 거대한 지도들조차 만족감을 주지 못했고, 지
도학교들은 왕국과 똑같은 크기에 완전히 왕국과 일치하는 왕국지도
하나를 만들었다. 지도 연구에 덜 중독되어 있던 다음 세대들은 그 널
따란 지도가 쓸모없다고 생각했고, 약간은 불경스럽게도 그 지도를 태
양과 겨울의 자비에 내맡겨버렸다. 동물들과 거지들이 득실거리고 있
는 지도의 폐허들은 남서부의 사막에서 허물어져 가고 있다. 나라 전
체에 그것 외에 지도술에 관련한 다른 유물은 없다.

수아레스 미란다, 「진실된 남자들의 여행」, 제4권 45장[2]

장 보드리야르는 『시뮬라크르』의 첫 도입부를 보르헤스의 인용으로
시작합니다. 여기서 문제가 되는 것은 영토와 지도 사이의 관계, 즉 원
본과 이미지 사이의 관계입니다. 원본을 모사한 이미지에 불과했던 지
도는 점점 더 원본에 가까워지고자 합니다. 이미지가 원본에 가까워질
수록 이미지와 원본의 차이 역시 줄어듭니다. 지도는 점점 커져서 마
침내 왕국의 크기와 일치되고 맙니다. 지도와 영토는 이렇게 서로의
차이를 부정하면서 가까워집니다. 여기에 아이러니가 있습니다. 영토

---

2   호르헤 루이스 보르헤스, 「과학에 대한 열정」, 『칼잡이들의 이야기: 보르헤스 전집 4』, 황
    병하 옮김, 민음사, 1997, p. 67.

장 보드리야르

Jean Baudrillard
1929~2007

프랑스의 철학자.

랭스의 소작농 집안에서 태어난 그는 집안에서 처음으로 대학을 나온 사람입니다. 학계에서의 명성이 대중에게 간접적으로 전달되는 다른 철학자들과는 달리 그는 대중문화에 직접적인 영향을 미치며 명성을 누린 철학자이기도 합니다.

시뮬라크르(simulacre)에 대한 그의 논의는 「매트릭스」(1999)와 같은 블록버스터 영화에게 영향을 주기도 했습니다. 소비문화와 가상현실뿐 아니라 인종과 성별, 문학과 예술, 9·11 테러에 이르기까지 현대사회의 다양한 분야와 주제를 다루었고, 이로 인해 많은 논쟁을 일으켰습니다. 특히 1991년 걸프전 발발 후 걸프전이 "발생하지 않았다"고 한 발언은 많은 논란과 오해를 불러일으키기도 했습니다.

그의 이론은 포스트모더니즘을 대표하며, 문화이론, 미디어, 예술, 사회학 등에 영향을 주었습니다. 50권 이상의 책을 저술했으며 사진작가이기도 합니다.

주요 저서로는 『소비의 사회』(1970), 『기호의 정치경제학 비판을 위하여』(1972), 『시뮬라크르와 시뮬라시옹』(1981), 『걸프전은 일어나지 않았다』(1991) 등이 있습니다.

와 구분되지 않는 지도는 지도로서 무가치한 것이 되고 맙니다. 결국 지도는 버려지고 폐허가 됩니다. 폐허가 되어 썩은 고기처럼 부패한 지도, 실제와 구분되지 않고 마침내 흙으로 돌아가는 지도는 시뮬라크르의 폐허를 보여줍니다.

　시뮬라크르, 시뮬라시옹, 초실재 등의 개념은 보드리야르가 현대사회를 설명하기 위해서 사용하는 개념입니다. 그러나 이 개념은 철학의 역사만큼이나 오래된 개념이기도 합니다. 시뮬라크르simulacre라는 개념은 플라톤이 실재와 가상을 구분하기 위해 사용한 개념이기 때문입니다. 그는 시뮬라크르를 복사물의 복사물이라는 의미로 사용했습니다. 시뮬라시옹Simulation은 이러한 시뮬라크르를 만들어내는 작업을 가리킵니다. 플라톤에게 시뮬라크르란 오류, 환상, 공상, 환각 등으로 이해됩니다. 복사물은 원본과의 유사성이 인정되는 것이지만, 시뮬라크르는 복사물의 복사물로서 원본과의 유사성이 인정되지 않는 그림자이며 일송의 환상phantasma일 뿐입니다.[3]

　플라톤은 『국가』 10권에서 이러한 이중적 모방이라는 개념을 통해 예술의 존재론적 지위를 규정하고, 이를 폴리스에서 추방할 근거로 삼았습니다. 이른바 '예술가 추방론'이라고 불리는 논변입니다. 플라톤은 여기서 침대의 제작을 통해 이를 설명합니다. 그는 침대와 관련된 제작의 세 단계를 이야기합니다. 그리고 이 각각의 단계는 신, 침대제작자(장인), 화가와 관련되어 있습니다.

　여기 침대가 하나 있습니다. 실제로 우리 눈앞에 존재하는 침대를

3　질 들뢰즈, 『의미의 논리』, 이정우 옮김, 한길사, 1999, 411.

직접 만드는 것은 분명 장인입니다. 그러나 침대를 만들 때 그는 이미 침대의 완전한 형상을 자기 안에 가지고 있습니다. 그는 이런저런 종류의 다양한 침대를 만들 수 있지만, '침대인 것 자체'는 그 자신이 만든 것이 아닙니다. 그리고 '침대인 것 자체', 다시 말해 침대의 본질적 형상은 둘도 아니고 여럿도 아닙니다. 오직 하나, 신이 만들어낸 단 하나가 있을 뿐입니다. 본질적 침대란 여러 개가 있을 수 없기 때문입니다. 이를테면 여러분의 집에 침대가 있을 것입니다. 그 침대들은 모습이나 재료에 있어 서로 제각각으로 결코 동일하지 않습니다. 그러나 우리는 그러한 차이들에도 불구하고 그것을 모두 '침대'라고 말합니다. 어떻게 그럴 수 있을까요? 그 모두에 공통적으로 존재하는 '침대인 것 자체' / '침대임'의 성질이 존재하기 때문입니다. 이것이 바로 침대의 '이데아'입니다. 신은 이처럼 이데아로서의 사물의 본질을 만듭니다. 그리고 장인은 바로 이 이데아를 모방함으로써 우리 눈앞에 존재하는 침대를 제작하는 자인 셈입니다.

플라톤이 문제 삼는 것은 이 다음입니다. 예술가는 장인이 만든 것을 모방하여 작품을 창작합니다. 플라톤은 이러한 예술가의 행위를 '모방의 모방'이라고 보았습니다. 예술가는 신의 이데아를 모방한 장인의 제작품을 다시 모방하기 때문입니다. 그러므로 예술가는 '본성상 신과 진리로부터 세 번째인 자'입니다. 그리고 그렇기 때문에 그는 진리로부터 가장 멀리 떨어진 자이면서, 사람들을 거짓으로 속이는 자인 것입니다.

모방술은 진실된 것에서 어쩌면 멀리 떨어져 있으며, 또한 이 때문에 모든 걸 만들어 내게도 되는 것 같으니, 그야 모방술이 각각의 것의 작은 부분을 건드릴 뿐인 데다, 이나마도 영상인 탓이지. 이를테면 화가는 구두 만드는 사람과 목수 그리고 다른 장인들을 우리에게 그려는 주지만, 이 기술들 가운데 어느 하나에 대해서도 정통하지 못하다고 우리는 말하네. 하나, 그럼에도 불구하고, 그 화가가 훌륭할 것 같으면, 목수를 그린 다음 멀리서 보여 주어, 진짜 목수인 것처럼 여기게 함으로써 아이들이나 생각 없는 사람들이 속아 넘어가게 하네.[4]

이처럼 플라톤은 실재에 도덕적·존재론적 가치를 부여하면서, 시뮬라크르를 제거되어야 할 것으로 비판합니다. 그는 "모방술은 변변찮은 것과 어울리어 변변찮은 것들을 낳는 변변찮은 것"[5]이라는 비난도 서슴지 않습니다. 예술가들을 추방해야 한다고 말한 것도 예술가들이 이러한 시뮬라크르의 생산자로서 폴리스에 해를 끼치는 존재이기 때문입니다. 그들은 "진실에서 아주 멀리 떨어져 있는 영상들을 제작함으로써 개개인의 혼 안에 나쁜 '통치 체제'를 생기게"[6]하는 자들이기 때문입니다.

그러나 보드리야르는 시뮬라크르를 통해 플라톤식으로 원본/실재를 회복하고자 하는 것이 아닙니다. 원본을 모방하고 그에 가까워지고자 하는 시뮬라크르 이후, 시뮬라크르의 폐허 이후, 그는 원본 없는 시뮬라크르에 대해 이야기합니다. 현대사회에서 이미 원본 자체가 실종되었다는 판단 때문입니다. 다시 말해 보드리야르에게는 되돌아갈 원본

---

4 플라톤, 『국가·正體』, 박종현, 서광사, 1997, 618f.
5 앞의 책, 630.
6 앞의 책, 634.

이 없습니다. 그에게 세계는 이미 시뮬라크르의 세계이며, 우리는 그 속에서 살아갑니다. 영토가 사라지고 스스로 영토가 되고자 하는 지도가 등장하는 새로운 시뮬라크르야말로 원본 없는 시뮬라크르가 무엇인가를 잘 보여줍니다.

보드리야르에 의하면 시뮬라크르는 네 단계의 이미지를 거칩니다. 실재의 반영으로서의 이미지, 변질된 실재로서의 이미지, 실재의 부재를 은폐하는 이미지, 실재와 무관한 순수 시뮬라크르로서의 이미지. 실재세계를 모방하던 이미지는 이러한 네 단계를 거치면서 실재와 거리가 멀어지고 점점 해체되어 마침내 실재와의 어떤 관계도 없이 오직 시뮬라크르만을 생산하고 교환하는 무한한 반복의 체계로 돌입하게 됩니다. 이 마지막 단계에서 추상은 지도, 복제, 거울, 혹은 개념으로서의 추상이 아닙니다. "오늘날의 시뮬라시옹은 원본도 사실성도 없는 실재, 즉 초/파생실재hyperréel를 모델들을 가지고 산출하는 작업"[7]이라고 그는 말합니다.

보드리야르는 이러한 시뮬라크르/시뮬라시옹 개념을 통해 현대 세계의 존재론적 위상에 대한 비판적 접근을 시도합니다. 이런 점에서 그는 시뮬라크르를 플라톤의 관점처럼 단순한 가상이 아니라, 가상이면서 실재로 파악합니다.

---

7 장 보드리야르, 『시뮬라크르와 시뮬라시옹(Simulacres et Simulation)』(1981), 하태환 옮김, 민음사, 2001, 12. 이하 책제목과 쪽수만 병기한다.

시뮬라크르의 질서

오늘날 세계의 이미지는 더이상 원본의 충실한 재현이나 복제가 아닙니다. 그러나 시뮬라크르는 현대사회에 돌연 등장한 것이 아니라, 역사적으로 언제나 사람들의 상상을 자극하고 세계인식을 주도해 왔습니다. 보드리야르는 시뮬라크르가 실재와 가지는 거리를 통해 시뮬라크르의 질서를 세 가지로 구분합니다. 첫 번째는 유토피아의 시뮬라크르, 두 번째는 공상과학의 시뮬라크르, 세 번째는 모델들의 시뮬라크르입니다.

유토피아의 시뮬라크르에서 실재와 상상의 거리는 극대화됩니다. 유토피아는 현실 세계에서는 결코 존재할 수 없는 이상화되고, 조화로우며, 낙관적인 세계로 그려집니다. 그것은 현실을 초월하여 존재하는 세계이며, 자연과의 신성한 합일 속에서 존재하는 세계이자, '신의 이미지'에 따라 존재하는 세계입니다. 인간은 유토피아를 신이 인간을 위해 마련한 조화로운 세계로서 상상합니다. 우리는 그러한 유토피아를 상실한 자로, 그것은 인간이 도달해야 할 유일한 목표입니다. 인간의 모든 상상력은 최종적으로는 이 유토피아를 그려내는 것으로 귀결된다고 해도 과언이 아닙니다. 지옥이란 유토피아의 전도된 이미지와 다르지 않습니다. 그런데 이 유토피아에 대한 상상은 현실과 가장 극단적인 거리를 가지면서도, 현실의 모방을 통해 만들어진 세계입니다. 현실적으로 존재할 수 없지만, 가능한 세계로서 상상되는 세계이기도 합니다. 이 상상은 언제까지나 현실을 모방함으로써 이루어지는 상상입니다.

두 번째 시뮬라크르는 공상과학의 시뮬라크르입니다. 유토피아의 시뮬라크르가 과거에 존재했던 것으로 상상되는 것과 반대로 공상과학의 시뮬라크르는 미래에 도래할 것으로 상상되는 시뮬라크르입니다. 여기서 미래는 "에너지와 힘 위에, 기계에 의한 물질화 위에, 그리고 모든 생산 시스템 위에"[8] 건설됩니다. 이런 관점에서 토마스 모어 1478~1535의 『유토피아』는 보드리야르의 용어에 따르면, 유토피아의 시뮬라크르가 아니라 공상과학의 시뮬라크르에 보다 가깝습니다. 과학으로 이루어진 이상화된 세계를 그려내고 있기 때문입니다. 그러나 공상과학은 막연한 희망만을 이야기하는 것은 아닙니다. 때로 근대 유토피아의 어둠을 구현합니다. 디스토피아는 곧 공상과학의 시뮬라크르의 어둠입니다. 실재와 상상의 거리가 무한히 먼 유토피아적 시뮬라크르와 달리 공상과학의 시뮬라크르에서는 실재와 상상의 거리가 줄어듭니다. 그것은 공상과학이 실재 세계를 과도하게 투영한 것이지, 실재의 세계와 질적인 차이를 가지는 것이 아니기 때문입니다. 우주의 탐험 이야기는 19, 20세기의 탐험과 식민지화라는 세계의 구체적 모습을 반복합니다. 로봇이 지배하는 세계는 러다이트 운동의 기계 파괴를 미래라는 공간에 투영한 것이 됩니다.

　이러한 공상과학의 세계가 끝나고 난 다음의 세계가 바로 오늘날의 세계입니다. 여기서 실재와 상상의 거리는 이제 완전히 사라집니다. "정보, 모델, 정보통신학적 게임 위에 세워진 시뮬라시옹의 세계"[9]라고 보드리야르는 말합니다. 이 세계가 바로 앞에서 말한 초/파생실재

8　『시뮬라크르와 시뮬라시옹』, 98.
9　『시뮬라크르와 시뮬라시옹』, 199.

의 세계입니다. 이 시뮬라크르들은 이상화된 초월세계를 구성하는 유토피아적 시뮬라크르도 아니고, 세계를 모방하면서 반복하는 공상과학의 시뮬라크르도 아닙니다. 우리의 상상은 유토피아의 시뮬라크르처럼 초월적 이상을 구성하지도, 공상과학처럼 생산의 실재 세계의 미래를 투영하지도 않습니다. 유토피아적 환상과 미래세계를 실재에 대항하는 상상으로 구성하는 것과는 달리, 이제 이 새로운 시뮬라크르의 시대에는 실재 그 자체가 상상이 됩니다. 이 원본 없는 시뮬라크르의 세계 속에서 실재 그 자체가 유토피아가 되는 것입니다. 어디에서 존재할 수 없다는 원래의 뜻에 가장 충실한 유토피아입니다.

지구상의 정복 이후에 온 우주공간의 정복은 인간의 공간을 비현실화하거나, 시뮬라시옹의 파생실재 속으로 다시 확장된다. 최근의 달착륙선과 함께, 궤도 위로, 말하자면 우주의 힘에로 올려진 이 두 칸방/부엌/샤워상이 증기이다. 우주적인 가치의 서열로 옮겨진, 우주공간 속에서 대체된 지구 거주지의 일상성 자체, 우주공간의 초월성 속으로 실재의 위성화, 이것은 형이상학의 종말이고 환상의 종말이며, 공상과학의 종말이고 파생실재성 시기의 시작이다.[10]

지구상의 정복 이후에 우주로 쏘아올린 우주선 안에 존재하는 것은 결국 두 칸짜리 방과 부엌, 샤워장입니다. 가장 평범한 삶의 풍경이 가장 낯선 공간인 우주 한복판에 존재하는 것. 바로 지구 위에서의

---

10 『시뮬라크르와 시뮬라시옹』, 201f.

일상적 삶이야말로 가장 유토피아적인 것이 된다는 것입니다. 이 말은 이러한 일상이 우리 세계에서 이미 상실된 대상이며, 진정 상상 속에서만 존재한다는 의미입니다. 우리가 꿈꾸는 것은 이제 유토피아와 무한한 미래가 아니라 지극히 현실적인 것이 되었으며, 이 현실은 '모델'로서 우리에게 존재하는 현실입니다. 동시에 이제 우리가 더이상 다른 세계를 상상할 수 없게 되었다는 이야기이기도 합니다. 오늘날의 공상과학은 미래 세계를 상상하는 것이 아니라, 과거를 부활시키는 역할을 합니다. 보드리야르는 필립 딕1928~1982의 소설 「시뮬라크르들」을 언급합니다. 이 소설에서 구현된 것은 미래 세계가 아니라, 3차원 입체 영상으로 만들어진 미국 남북전쟁이라는 절망적 과거의 환각입니다.

원본 없는 시뮬라크르의 세계에서 시뮬라크르는 끊임없이 시뮬라크르를 복제하고 무한히 확장됩니다. "영토는 더이상 지도를 선행하거나, 지도가 소멸된 이후까지 존속하지 않는다. 이제는 지도가 영토에 선행하고 — 시뮬라크르의 자전précesson des simulacres — 심지어 영토를 만들어"[11] 냅니다. 이러한 원본의 상실, 세계와 사물의 사실성을 최초로 제거한 것은 무엇보다도 자본입니다. 실제적 사물인 상품들끼리의 교환인 물물교환이 기호에 불과한 화폐와의 교환으로 바뀐 세계, 그것이 자본주의의 세계입니다. 부의 반영이자 기호에 불과했던 자본이 스스로를 주인으로 내세운 세계, 실재와 가상의 위상이 역전된 세계, 인간과 인간의 관계가 상품과 화폐의 교환으로 변한 물신성의 세

---

11 『시뮬라크르와 시뮬라시옹』, 12.

계, 이것이 곧 시뮬라크르의 세계가 됩니다. 사용가치는 사라지고, 교환가치만이 횡행합니다. 화폐가 금화나 은화였을 때까지만 해도 화폐와 부는 고유의 실질적 가치를 가진 것이었습니다. 그러나 교역의 규모가 커지고 금과 은이 감당할 수 있는 한계를 넘어서면 금은과 같은 실질적 가치를 가진 실질화폐가 아니라 명목화폐의 시대가 시작된 것입니다. 이 세계 속에서는 사용가치는 사라지고 교환가치만이 등가의 체계 속에 존재하게 됩니다.

지금 우리는 이 명목화폐를 넘어 암호화폐의 등장까지도 목도하고 있습니다. 세계는 이제 기호와 정보 속에 존재합니다. 그것들은 '가상' 화폐라고 불리지만, 실제의 경제를 움직이게 하고 사람들의 삶을 좌우합니다. 이제 그것을 더이상 '가상'이라고 부를 수 없게 되어버렸습니다. '가상'이 곧 '실재'라는 것. 그것이 보드리야르가 말하는 시뮬라크르의 세계입니다.

보드리야르는 현대사회를 기호의 상징적 교환체계로서의 소비사회로 규정합니다. 이러한 세계는 원본 없는 복제, 지시대상의 상실 등으로 특징지어집니다. 재현은 기호와 실재의 등가의 원칙에서 출발하지만, 시뮬라시옹은 기호에 대한 근본적 부정입니다. 이제 시뮬라크르는 참과 거짓, 실재와 상상 사이의 차이 자체를 위협하고, 기호는 더이상 기호가 아니라 사물 그 자체처럼 여겨집니다. 그리고 이 모든 것은 끊임없이 반복되고 재생산됩니다.

모든 것은 시뮬라시옹으로서 재출현할 운명이다. 풍경은 사진으로서, 여자들은 성적 시나리오로서, 사상은 글쓰기로서, 테러리즘은 유행과 미디어로서, 사건들은 텔레비전으로서. 사물들은 이런 이상한 운명에 의해서 존재할 뿐인 듯하다. 당신은 의심해 본다: 세계 자체가 어떤 다른 세계에서 광고 카피로서 봉사하기 위해 여기 존재할 뿐인 것은 아닌가.[12]

실재의 부재를 감추기

여기에서 우리는 영화 「매트릭스」를 통해 익숙해진 질문으로 가상과 실재의 문제를 생각해볼 수 있을 것입니다. 이제는 고전이 된 이 영화는 '현실/가상'이라는 세계의 존재론적 지위에 대한 질문을 제기합니다. 모피어스가 앤더슨을 만나 제시하는 선택지, 빨간 약을 먹을 것인가, 파란 약을 먹을 것인가 사이의 선택지는 진실을 알 것인가, 모르는 척 넘어갈 것인가를 묻는 인식론적 질문인 동시에, 내가 존재한다면 나는 어디에서 존재하는가를 묻는 존재론적 질문이기도 합니다. 내가 존재하는, 존재해야만 하는 공간은 과연 어디일까요?

그런데 우리는 「매트릭스」에서 제기되는 실재와 가상의 문제와 보드리야르의 말하는 '시뮬라크르' 사이의 어떤 차이를 발견할 수 있습니다. 즉 「매트릭스」에서 가상과 실재는 서로 다른 존재론적 지위를 가집니다. 가상의 세계, 즉 매트릭스 안의 세계는 진짜 세계가 아닙니다.

12 장 보드리야르, 유진 리처즈, 「아메리카」, 주은우 옮김, 산책자, 2009, 79.

그것은 로봇들이 인간을 착취하기 위해서 만들어낸 거짓 세계이며, 이 세계 속에서 '앤더슨'이라는 정체성은 다만 매트릭스 안에서 존재하는 것일 뿐 실재라는 존재론적 지위를 가지지 못합니다. 그러나 보드리야르의 '시뮬라크르'는 가상과 실재의 세계가 더이상 구분되지 않는다는 데 핵심이 있습니다.

「매트릭스」의 작가가 보드리야르의 '시뮬라크르' 개념으로부터 많은 영감을 받았다는 것은 잘 알려져 있습니다. 실제로 영화 속에 그의 책이 등장하기도 하고, 주연배우인 키아누 리브스는 이 책을 영화 촬영 내내 들고 다니며 읽었다고도 합니다. 그러나 '매트릭스'와 '시뮬라크르'는 엄연한 차이가 있습니다.

보드리야르가 시뮬라크르의 개념을 통해 말하고자 하는 것은 가상의 세계와 실재의 세계를 명확히 구분하고, 가상의 세계로부터 실재를 회복해야 한다는 것이 아닙니다. 이 세계 전체가 가상의 세계이며, 이 가상의 세계 뒤편에 있는 실재의 세계란 없다는 것, 그러므로 우리가 실재와 가상을 구분할 때 정말로 구분되는 것은 실재와 가상이 아니라, 가상과 그 가상에 대한 가상이라는 사실입니다. 보드리야르는 이러한 실재의 소멸을 숨기는 시뮬라크르의 상징을 '디즈니랜드'라고 이야기합니다. 디즈니랜드는 아이들의 상상 속의 공간을 재현한 유토피아적 세계이기 이전에, 우리의 세계가 이미 실재의 공간이 아니라는 사실을 숨기기 위한 장치로서 고안된 것이라고 말합니다.

> 디즈니랜드는 '실제의' 나라, '실제의' 미국 전체가 디즈니랜드라는 사실을 감추기 위하여 거기 있다. (마치 감옥이 사회 전체가 그 평범한 어디서고 감방이라는 사실을 감추기 위하여 거기 있는 것과 약간은 유

사하게). 디즈니랜드는 다른 세상을 사실이라고 믿게 하기 위하여 상상적 세계로 제시된다. 그런데 사실은 그를 감싸고 있는 로스앤젤리스 전체와 미국도 더이상 실재가 아니고 파생실재와 시뮬라시옹 질서에 속한다.[13]

중요한 것은 디즈니랜드가 가짜 세계라는 점을 깨닫는 것이 아닙니다. 우리가 사는 이 세계가 참된 실재의 세계가 아니라는 것을 눈치채는 일입니다. 참된 실재의 세계가 아니라는 말은 그것이 기호의 제국이라는 의미이기도 합니다. 우리가 디즈니랜드를 통해 현실의 공간을 사실의 공간이라고 믿게 되는 것은, 우리의 인식이 거짓/진실의 이항적 구조를 가지고 있기 때문입니다. 진실과 거짓, 원본과 복제, 실재와 이미지. 그러나 오늘날 실제로 이 구조를 이루고 있는 것은 이미지와 이미지, 거짓과 거짓, 복제와 복제라는 동어반복적 구조입니다.

이것은 단순히 진실을 감추는 것과는 다릅니다. 감춘다는 것은 가진 것을 갖지 않은 척하는 것입니다. 그러나 시뮬라크르는 갖지 않은 것을 가진 척하는 것입니다. 디즈니랜드라는 꿈과 환상의 세계는 '환상/사실'이라는 이항적 구조 속에서 현실을 환상과 대비되는 것으로 보게 합니다. 그러나 우리가 살아가는 현실 역시 '꿈/환상'으로 이루어진 세계에 불과합니다. 어른의 세계와 아이의 세계가 각기 품고 있는 꿈과 환상은 구체적 내용이 다를 뿐, 존재론적 의미는 다르지 않습니다. 애초에 어떤 동화도 아이들에 의해 쓰여진 것이 아닙니다.

---

13 『시뮬라크르와 시뮬라시옹』, 39ff.

보드리야르는 '워터게이트 사건' 역시 이러한 관점에서 디즈니랜드와 똑같은 시나리오를 가진다고 말합니다. 그것은 현실 자체에 어떤 사실성도 없다는 점을 감추기 위한 상상적 효과를 생산하는 장치입니다. '선/악', '도덕/부도덕', '정의/불의'의 대립은 현실의 정치가 이미 불의의 체계라는 사실을 숨깁니다.

> 이를테면 옛날에는 사람들이 스캔들을 감추려고 노력하였다. 그러나 오늘날은 그건 스캔들이 아니라는 것을 감추려고 애를 쓴다. 워터게이트는 스캔들이 아니다.[14]

워터게이트는 '스캔들이 아니다'라고 보드리야르는 말합니다. 그렇다면 무엇이 스캔들일까요? 진짜 스캔들은 자본주의가 부도덕하고, 잔혹하고, 잔인하다는 점이라는 사실, 그것이라고 말합니다. 정의롭고 도덕적인 정치, 법과 규칙을 엄격히 준수하면서 사회가 인정하는 정당한 방법으로 자신의 정치적 이념을 실현하려는 정치, 권력에 대한 탐욕이나 개인의 사리사욕에 지배당하지 않는 정치의 반대편에 워터게이트가, 닉슨이 있는 것이 아닙니다. 닉슨의 반대편에 존재할 것이라고 상상하는 정당하고 정의로운 정치는 텅 빈 자리와 다르지 않습니다. 이 텅 빈 자리를 실재라고 생각하는 환상을 만들어내는 것, 이것이 시뮬라크르의 효과이며 역할입니다.

오늘날 민주주의는 통계학적인 관점에서 기능하고 있을 뿐, 대중에

---

14 『시뮬라크르와 시뮬라시옹』, 44f.

의한 대중의 통치라는 이념과는 점점 더 멀어지고 있습니다. 담론의 민주주의는 취약해지고, 참여의 동력은 인터넷에서 휘발되는 언어적 발산으로 소진됩니다. 그러나 '워터게이트 사건'은 그러한 '현실'의 민주주의가 워터게이트 사건으로 침해당했다고 착각하게 만듭니다. 애초에 '현실의 민주주의' 따위는 어디에도 없었는데 말입니다.

이런 식으로 우리는 주식시장에서의 주가조작 사건을 생각해볼 수 있습니다. 자본주의적 질서를 교란시켰다는 죄목으로 주가조작 사건을 처벌할 때, 실상 그것이 가지는 상상적 효과는 무엇인가요? 그것은 그러한 죄가 발생하지 않는 주식시장이라는, 건전한 자본주의적 이념에 충실한 세계, 정당한 세계가 있다는 환상을 유지시키는 데 있습니다.

> 사람들은 이 도덕과 경제의 등가라는 계약사상을 자본에 돌린다. 그러나 자본은 이 계약사상에는 전연 관심이 없다. 자본은 괴물 같은 기업이다. 원칙도 없으며, 오직 한 가지, 그게 전부다. 자본에 규칙을 강제하면서 자본을 통제하려고 하는 것은 바로 '계몽된' 사상이다.[15]

이 계몽된 사상, 자본이 사회계약의 기본원칙을 충실히 이행하고 사회 전체에 대한 의무 아래에서 행동하는 것, 오늘날의 경제체제를 이렇게 파악하는 것이야말로 하나의 거대한 환상이며 시뮬라크르에 지나지 않습니다. 보드리야르는 이러한 이념이 바로 좌파의 이념이며, 그런 관점에서 좌파야말로 세계의 부조리를 지속시키는 일종의 시뮬

---

15 『시뮬라크르와 시뮬라시옹』, 45.

라시옹의 역할을 충실히 수행하고 있다고 봅니다. 디즈니랜드가 현실의 공간을 실재의 공간으로 착각하게 만드는 것과 마찬가지의 작용을 하는 것입니다. 실재의 자본주의를 지탱하는 것은 보다 더 많은 자본이라는 자본의 무한욕망이며, 이를 위해서 자본은 어떠한 수단과 방법을 가리지 않습니다. 자본주의의 기업이 합리적인 사회계약의 원리를 충실히 이행할 것이라고 생각하는 것만큼 순진한 생각은 없습니다. 자본은 경제적 합리성의 기준에 따라 고발해야 하는 스캔들이 아니라, "상징적 규칙에 따라 응수해야 하는 도전"[16]이라고 말하는 이유가 여기에 있습니다.

시뮬라크르를 모방하는 시뮬라크르들

시뮬라크르의 가상 효과. 문제는 이것이 단순한 '체하기'와도 다르다는 사실입니다. 보드리야르의 말대로 "병의 시뮬라크르를 만드는 사람은 정말로 어떤 병의 징후들을 만들어내야" 하기 때문입니다. 현대의 세계는 이런 점에서 하나의 징후, 증상입니다. 병에 걸리지 않았음에도 마치 병에 걸린 것과 동일한 증상을 만들어 보이기 때문입니다. 마찬가지로 영화는 현실을 더이상 모방하지 않습니다. 그것은 새로운 현

---

16 『시뮬라크르와 시뮬라시옹』, 46.

실을 만들어냅니다. "코폴라는 마치 미국인들이 전쟁을 하던 식으로 영화를 만든다."[17]라고 보드리야르는 말합니다. 시뮬라크르 제작자들은 '진짜' 징후들을 생산한다고 말하는 것과 같은 맥락입니다.

만약 어떤 사람이 미친 사람 행세를 아주 잘하는 것은 그가 정말로 미친 사람이기 때문입니다. 미친 사람인가 아닌가 하는 문제는 그가 어떤 행동을 하는가를 통해 알 수 있을 뿐입니다. 시뮬라크르의 논의에서 미친 척하는 사람과 미친 사람과의 차이는 사라집니다. 결국 차이가 무한히 확장되는 공상과학적 세계의 상상과 달리, 오늘날의 현실 세계는 끊임없이 같은 것을 반복해내면서 차이를 무화시킵니다. 보드리야르는 이를 '내파/함열Implosion'이라는 말로 표현합니다. 내파란 차이가 소멸됨으로써 동일자들이 무한히 증식하는 것을 의미합니다. 디즈니랜드는 바로 이 내파의 상징적 공간입니다. 보드리야르가 말하는 기호의 세계는 상상력의 무한 복제로 이루어지는 세계입니다.

권력의 실재가 사라졌음에도 불구하고 권력이 계속해서 생산되어야 하기 때문에 마치 권력이 존재하는 것처럼 여기는 것과 같이, 신이 사라진 시대에도 여전히 신에 대한 숭배는 존재합니다. 여기서 인간의 행위를 지배하는 것은 공급과 수요의 논리입니다. 사람들이 신을 믿는다고 말할 때, 그 의미 핵심은 신이라는 대상이 아니라 믿는다는 행위에 있습니다. 신의 죽음 이후에 종교가 탄생한 것은 이와 같은 이유 때문일 것입니다. 권력에 대한 사회적 수요가 있기 때문에 권력은 언제나 소환되는 것입니다.

---

17 『시뮬라크르와 시뮬라시옹』, 113.

실재와 가상 사이의 이 아이러니한 성격은 성상파괴자들에게도 그대로 발견됩니다. 성상숭배자와 성상파괴자 가운데 성상이라는 이미지에 그 정확한 가치를 부여한 사람은 오히려 성상파괴자들입니다. 성상숭배자들은 이미지와 신을 동일시했던 것이 아닙니다. 그들은 이미지와 신의 차이를 정확하게 파악했기에 차분한 마음으로 성상을 숭배할 수 있었던 것입니다. 그러나 성상파괴자들은 이미지와 신의 차이를 보지 못했고, 이미지가 곧 신이 될 수 있음을 눈치챘습니다. 그러므로 사람들이 우상을 섬기는 것이 다만 이미지로서의 신, 가짜 신을 섬기는 것이 아니라 진짜 신을 섬기는 것이라고 본 것입니다. 그러므로 우상을 섬기는 행위 자체는 엄격히 금지되어야 했습니다. 그들은 시뮬라크르의 실재성을 본 것입니다.

이미지에서 신의 그림자만을 보았고 정교한 선으로 그려진 이미지로서의 신을 공경하는 것으로 만족하던 성상숭배자들과는 반대로, 이미지를 경멸하고 부정한다고 비난받은 성상파괴주의자들은 이미지에다가 그 정확한 가치를 부여한 자들이다.[18]

---

18 『시뮬라크르와 시뮬라시옹』, 23f.

예술의 종언

예술을 자신의 철학적 논의의 중요한 부분으로 다룬 여타의 철학자들과 달리, 보드리야르가 특별히 자신만의 체계적인 예술론을 펼쳐 보였다거나, 작품론, 예술가론을 이야기한 것은 아닙니다. 그럼에도 불구하고 우리가 보드리야르를 통해 앤디워홀이라는 예술가를 보려는 이유는 『시뮬라크르와 시뮬라시옹』, 『소비의 사회』, 『기호의 정치경제학 비판을 위하여』 등의 저서를 통해 보드리야르가 계속해서 관심을 가졌던 기호와 이미지의 문제가 예술의 문제와 떼어놓을 수 없기 때문입니다. 앞서 플라톤을 통해 이야기했듯이 '시뮬라크르'의 문제는 무엇보다 예술의 지위 문제와 관련되어 있습니다. 보드리야르는 직접적으로 예술에 대해 언급하지 않았을 때도 언제나 예술에 대해 말해왔다고도 할 수 있습니다. 특히 그의 관심은 특정한 예술에 관한 미학적 논의가 아니라 이미지와 예술의 인류학적 · 사회적 · 정치적 관점에서의 분석에 있습니다.

보드리야르에게서 예술은 '기호'의 차원에서 논의됩니다. 20세기 현대 예술은 사물화, 상품화되는 과정에서 이미 스스로의 미학적 가치를 자기부정했습니다. 보드리야르는 이러한 변화를 예술이 결국 기호화되는 과정이라고 보고, 『기호의 정치경제학 비판』, 『소비사회』 등의 저서를 통해 다양하게 분석해 왔습니다. 예술의 기호화 아래에서 예술의 고유한 가치는 더이상 자신의 특별함을 주장하지 못하게 됩니다.

보드리야르가 진단하는 현대 예술의 상황이란 무가치, 무의미, 무관심 등으로 요약됩니다. 예술의 역사를 20세기 이전과 이후로 구분하는 가장 큰 사건은 아마도 마르셀 뒤샹1887~1968의 레디메이드 작품의 등장이라고 할 수 있을 것입니다. 뒤샹은 공장에서 생산된 변기에 가상의 인물의 서명을 남김으로써 공산품을 하나의 작품으로 만들었습니다. 이때 작가는 작품을 창조하지 않고, 생산된 상품을 예술로 변모시키는 작업을 했을 뿐입니다. 이 변화는 현대 예술의 개념을 새롭게 창조하는 변화이자, 동시에 전통적인 예술을 소멸시키는 작업이기도 했습니다. 이제 작가는 작품의 창조자가 아니라 다만 존재하는 사물에 새로운 기의를 부여하는 자가 되었습니다.[19] 이제 세계에 존재하는 모든 것이 예술작품이 될 수 있습니다. 변기가 예술이 된 세상에 무엇인들 예술이 되지 못하겠습니까.

모든 것이 예술이 될 수 있다는 말은 예술과 예술 아닌 것을 구분 지었던 전통적인 경계가 붕괴되었다는 것을 의미합니다. 이제 더이상 대상의 고유한, 내재적 속성을 통해서는 예술작품의 존재를 말할 수 없게 되었습니다. 동시에 작품에 이리한 속성을 부여하던 예술가의 역할 역시 무의미해졌습니다. 예술작품은 어떤 의미에서 작가의 내면적 세계의 외화이기도 한데, 레디메이드 작품 내부에 작가의 내면이 담겨 있다고 말하는 것은 이제 불가능하기 때문입니다. 레디메이드 사건은 그러므로 '주체성의 중단'입니다. 뒤샹은 대단한 행위를 한 것이 아닙니다. 하지만 그 작은 행위만으로 그는 모든 평범한 대상을 미적 대상으로 만들어냈습니다. 동시에 모든 미적 대상은 이제 평범한 것이 되어버렸습니다. 세계 전체가 미적으로 된다는 것은 이제 특수한 것으로

19 『예술의 음모』, 42.

서 미적 대상이 사라졌음을 의미합니다. 이것이 보드리야리가 말하는 "예술과 미학의 종언"[20]입니다. 예술이 더이상 없기 때문에 예술이 죽는 것이 아니라, 예술이 너무도 많기 때문에 예술이 죽는 것입니다.

이러한 때에 여전히 예술이 무언가 가치 있는 것이라고 말하는 것, 그것이 예술가의 주체성이 형상화된 정신적 산물이며 분명한 실재라고 말하는 것, 그것은 이제 착각일 수밖에 없습니다. 현실에 대해 자율성을 가지며, 자신만의 독자적인 존재론적 지위를 가지는 예술은 이제 현실에 존재하지 않습니다. 예술은 이제 무가치한 것이 되었습니다.

뒤샹 이후로 예술작품이란 정체성을 묻는 존재론적 질문에 대해 이제 누구도 명확한 답을 내리지 못하게 되었습니다. "평범함이 예술 속으로 사라지는 것과 예술이 평범한 속으로 사라지는 것."[21] 뒤샹의 도발적인 문제제기는 이렇게 20세기 예술의 의미를 완전히 변화시켰습니다. 보드리야르는 이것이 이른바 '예술의 음모'라고 말합니다.

상징적 교환체계로서의 예술

예술이 사라졌다는 것은 더이상 예술작품이 만들어지지 않는다는 뜻도 아닙니다. 예술에 종사하는 사람이 사라졌다는 것도 아닙니다. 오

---

20 『예술의 음모』, 42f.
21 『예술의 음모』, 34.

히려 우리는 그 어떤 때보다도 더 많은 예술과 예술가, 예술 관련 종사자들을 만날 수 있습니다. 일상에서 우리는 그 어떤 시대의 사람들보다 더 자주 전시회를 가고, 작품을 구입하며, 예술가에 대해 이야기합니다. 그런데 왜 보드리야르는 예술의 부흥이 아니라 예술의 종말을 말하는 것일까요?

그것은 예술이 더이상 과거와 같이 고유한 가치를 가지는 존재, 사회의 여타 부분과 독립적이고 자율적으로 존재하는 유일무이한 존재가 아니라는 인식에서 비롯됩니다. 보드리야르는 소비사회에서 모든 것이 기호의 생산과 연관된다고 말합니다. "소비는 향유의 기능이 아니라 생산의 기능이며, 따라서 물질의 생산과 마찬가지로 개인적 기능이 아니라 직접적으로 또 전면적으로 집단적인 기능"[22]이라고 말합니다. 즉 기호를 생산하는 작업으로서의 소비가 오늘날 사회의 전반을 지배하고 있다면, 예술도 예외일 수는 없습니다. 그리고 이러한 기호를 생산하는 소비사회에서 예술은 독특한 위치를 점유하고 있습니다.

서구의 중대한 기획은 세계를 중상주의화하는 것, 즉 모든 것을 상품의 운명에 맡기는 것이다. 오히려 그것은 세계를 미학화하는 것, 세계를 이미지화하는 것, 세계를 기호학적으로 조직하는 것이다. 우리가 상업의 유물론을 넘어서서 목격하는 것은, 광고와 미디어와 이미지를 통한 모든 것의 기호술이다.[23]

22   장 보드리야르, 『소비의 사회』, 이상률 옮김, 문예출판사, 1992, 101.
23   『예술의 음모』, 73f.

세계를 미학화하는 것은 곧 세계를 상업화하는 것이라는 인식은 오늘날 예술의 지위에 대한 비판인 동시에 현대사회를 시뮬라크르의 시대라고 보는 인식의 중심에 있습니다. 예술은 이제 고유한 미적 가치로 판단되지 않습니다. 서로 다른 수많은 예술들이 서로 모순되지 않고 동일한 문화 공간 속에 존재하는 것은 그들이 더이상 고유한 특성을 갖지 않기 때문입니다. 그 어떤 시대보다 예술이 각광받고 있는 시대에 예술들이 자신의 고유성을 상실한다는 사실보다 예술에게 더 역설적인 것은 없어 보입니다.

보드리야르는 한 걸음 더 나아가 우리가 이처럼 다양한 예술들을 동시에 받아들일 수 있는 것은 예술에 대해 가지는 근본적인 무관심 때문이라고 말합니다. 모든 곳에서 발생하고, 증식하면서, 모든 사물이 예술이 되는 세계에서는 예술이란 사회의 차별적 지위를 표현하는 상징적 기호의 역할을 수행합니다. 경제적인 측면에서 중요한 것은 이제 단순한 잉여가치의 축적이 아닙니다. "기호(문화)의 범주에서, 결정적인 것은 지출에 대한, 다시 말해서 약호의 독점에 입각하여 경제적 교환가치를 교환가치/기호로 변체시키는 활동의 제어이다."[24]

지배 계급은 언제나 — 자신들의 경제적 특권을 넘어서고 초월하고 희생시켜 경제적 특권을 기호에 대한 특권으로 변화시키려고 시도해 왔다(부르주아 자본주의 질서). 왜냐하면 그 나중의 단계가 지배의 완

---

24 장 보드리야르, 『기호의 정치경제학 비판』, 이규현 옮김, 문학과지성사, 1998, 123. 이하 책제목과 쪽수만 병기한다.

성된 단계이기 때문이다.[25]

　지배계급은 자본의 소유로 얻은 경제적 특권을 상징적 기호의 지배로 전환하고자 합니다. 그리고 예술은 이러한 상징적 기호의 지배와 조작을 위한 장소가 됩니다. 그렇다면 더이상 예술의 고유한 가치는 존재하지 않는 걸까요? 우울한 이야기이지만, 보드리야르는 그러한 가치는 이제 "어느 곳에도 나타나지 않는다. 그것은 부정되고 부재한다."[26]라고 말합니다. 허무주의적인 전망이 아닐 수 없습니다.

　오늘날 회화의 진정한 가치는 회화 내재적인 것이 아니라, 그것이 사회적으로 가지는 상징적 기호에 의해 매겨집니다. 이러한 상징적 기호로서 회화가 기능하기 위해 오늘날 회화가 필요로 하는 것은 희소성을 표시하는 작가의 서명입니다. 작가의 서명은 근대의 발명품입니다. 근대적 회화, 다시 말해 자본주의적 유통구조 속에서 회화가 상징적 기호의 역할을 떠맡기 이전에 예술가는 장인이었으며, 그들의 창조물은 희소성의 가치가 아니라 완성도라는 맥락에서 이해되었습니다. 표절이나 독창성과 같은 개념들이 회화의 가치와 관계되어 논의되지도 않았습니다.

　서명은 무엇을 알리는가? 그리는 행위, 그리는 주체. 그러나 서명은 이 주체를 물건의 핵심에 연결시키는 바, 그리는 행위 자체가 기호에 의해 지정된다. 서명은 작품을 물건의 세계로, 감지할 수 없을 만큼 슬

25 『기호의 정치경제학 비판』, 123.
26 『기호의 정치경제학 비판』, 129.

그머니, 하지만 근본적으로 편입시킨다. 그래서 화포는 이러한 서명인 이 찍혀서만 — 더 이상 작품으로서가 아니라 물건으로서 — 유일한 것이 된다.[27]

서명은 예술작품에 작가의 주체성을 부여하고, 이를 통해 독창성이라는 가치를 증명하는 것으로 여겨졌습니다. 그러나 보드리야르에게 있어 서명은 작품을 상품으로 만들기 위한 기호가 됩니다. 작품의 서명을 통해 부를 가진 지배계급은 자신이 소유한 작품이 유일무이하다는 사실을 증명할 수 있었으며, 이를 통해 자신이 소유한 부를 상징적 기호로 전환하는 데 성공합니다. 원시사회에서 물건의 가치는 상징적이고 연속적인 증여과정을 통해서 축적됩니다. 이는 사용가치와 별개로 사회의 구성원들이 맺고 있는 상징적 관계를 통해 점진적으로 이루어집니다. 오늘날의 그림이 그러한 역할을 맡고 있습니다. 쿨라나 포틀래치[28]와 같은 원시 사회의 상징적 교환체제는 이제 예술작품을 통해 가능해집니다. 그림은 이제 귀족계급의 '권리증서'가 되고, 상속인

---

27 『기호의 정치경제학 비판』, 106.
28 마르셀 모스(Marcel Mauss)는 『증여론』(1925)에서 원시사회에서 선물의 교환과 증여가 사회구조를 작동시킨다고 주장했다. '포틀래치'는 북아메리카 치누크 인디언의 풍습으로 이들은 서로 경쟁하듯이 선물을 준다. 더 많은 선물을 제공한 사람이 이 경쟁에서 승리하고 명예와 권위를 갖는다. '쿨라'는 남태평양 트로브리얀드 군도에서 행해지는 풍습으로 이때 선물은 섬 전체를 돌고 돈다. 즉 A가 B에게 선물하면, B는 이 답례를 A가 아니라 C에게 한다. 이렇게 선물은 섬 전체를 돌면서 A에게 돌아온다. 선물의 연쇄가 이루어지는 것이다. 이러한 풍습들은 선물을 주고받음으로서 사회구조를 유지하는 원시사회의 특징을 잘 보여준다.

에게 '상속'됩니다.[29]

이를 위해 필요한 장치가 또 하나 있습니다. 그것이 바로 박물관입니다. 우리는 박물관을 작품의 진정한 심미적 기능을 위한 장치로 생각해 왔습니다. 특정인들의 사적 소유를 사회적 소유로 전환하고, 그것이 가지는 부의 증서로서의 기능을 탈피시킨 후 대중에게 되돌려주는 과정이라고 여겨 왔습니다. 프랑스 혁명은 궁전을 미술관으로 변모시켰습니다. 이는 예술을 대중의 것으로 만들고 특권을 해체하는 작업으로 이해됩니다. 그러나 보드리야르는 이러한 과정이 다시금 부르주아들에게 작품 교환을 통한 상징적 기호의 생산을 가능하게 한 절차에 불과하다고 폄하합니다. 보드리야르는 이러한 박물관의 기능을 박물관의 '이중적 보증' 기능이라고 말합니다.

— 자본의 유통과 사적인 투기가 조직되려면 지불 준비금, 곧 프랑스 은행의 공적인 담보물이 필요하듯이, 그림의 교환/기호가 기능할 수 있으려면 박물관의 고정 예비품이 필요하다. 회화의 정치경제학에서 박물관은 은행의 구실을 한다.
— 박물관은 미술에 관한 투기의 유기적 보증으로 작용하는 데 그치지 않고, 회화의 보편성과 따라서 다른 모든 것들의 심미적 향유(앞에서 살펴보았듯이, 사회적으로 비본질적인 가치)를 보증하는 심급으로 작용한다.[30]

29 『기호의 정치경제학 비판』, 130.
30 『기호의 정치경제학 비판』, 131.

앤디 워홀

Andy Warhol
1928–1987

미국의 예술가, 팝아트의 선구자.

상업일러스트레이터로서 성공을 거두고 1950년대 후반부터 예술계의 주목을 받기 시작했습니다. 전통적 예술가가 천재성을 지닌 창조적인 은둔자로서 인식되었다면, 그는 대중의 관심을 받는 예술가이자 사업가였으며 그 자신이 브랜드이자 스캔들이었습니다. 한번씩 내뱉는 인상적인 인용구들이 대중의 관심을 끌고 영향력을 행사하는 재능이 있기도 했습니다. 1962년부터 맨해튼에 작업실이자 영화촬영소, 파티장인 팩토리(The Factory)라는 스튜디오를 운영했습니다. 당대 뉴욕의 예술계 인사, 보헤미안, 작가, 성인영화 배우, 드래그 퀸, 사교계 명사, 마약 중독자, 음악가, 자유사상가, 영화인, 예술 후원자 등 수많은 사람들이 모여서 파티를 즐기고, 워홀의 영화에 출연했으며, 작업을 도왔습니다. 한마디로 팩토리는 '팝아트의 살롱'이었죠.

1980년대에는 키스 해링(1958~1990), 장 미셸 바스키아(1960~1988) 등 젊은 예술가들과 더불어 1960년대 이래 처음으로 캔버스 회화작업을 하기도 했습니다. 1987년 2월 뉴욕에서 58세의 나이에 심장 부정맥으로 사망했습니다.

그의 실크스크린 작품은 팝아트의 상징입니다. 특히 코카콜라, 캠벨 수프, 마를린 먼로, 엘비스 프레슬리, 존 F. 케네디 등 미국의 대중문화 아이콘들을 작품에 반복해 사용했죠. 이러한 이미지들은 대량생산된 상품에 잠식된 현대인들의 반복된 삶을 상징하고, 기존의 이미지를 재생산하는 작업을 통해 전통적인 예술이 구현했던 독창성과 창조의 개념을 전도시킵니다.

대표작으로는 실크스크린 페인팅 「캠벨 스프 깡통」(1962), 「마를린 먼로」(1962), 8시간짜리 흑백 무성영화 「엠파이어」(1964) 등이 있습니다.

여기서 보드리야르는 어떤 음모를 제기합니다. 예술의 음모는 곧 시대착오의 예술이기도 합니다. 이미지의 조작 뒤에서 예술은 사상의 보호를 받습니다. 고유한 가치가 없이 무가치한 작품은 오히려 그 무가치함으로 인해 한층 더 가치있는 예술작품이 됩니다. 이제 예술은 다른 여타의 사회적 담론 속에서 상징교환 체계로서의 예술에 불과합니다.

예술은 상징적 계약처럼 사라졌는데, 이 상징적 계약을 통하여 예술은 우리가 문화의 이름으로 알고 있는 미적 가치의 무조건적 생산(끝없는 기호의 증식과, 과거와 현재의 형태들의 순환 사용)과 구별된다. 이제는 더 이상 근본적인 규칙도, 판단 기준도, 쾌락의 기준도 없다. 오늘날 미적 영역 속에는 자기 것을 인정하려는 신도 없다.[31]

앤디 워홀, 현대적 시뮬라크르의 정점

우리는 이제 드디어 앤디 워홀에 대해 이야기할 수 있게 되었습니다. 보드리야르의 시뮬라크르에 대한 모든 논의의 정점이자 첨단으로서 앤디 워홀은 시뮬라크르를 직접 실천한 예술가입니다. 이제서야 앤디 워홀의 이름을 꺼내게 되었지만, 실은 우리는 내내 앤디 워홀을 이

---

31 『예술의 음모』, 71~72.

런저런 방식으로 이야기했습니다. 그는 평범한 것을 유명하게 만들고, 이미지를 현실에 삽입함으로 원본 없는 시뮬라크르를 조작하는 "재능 있는 위대한 시뮬레이터"[32]였습니다.

> 워홀은 실제로 무가치하다(그가 이미지의 한가운데로 무를 다시 끌어 들인다는 점에서는). 그는 무가치와 무의미를 하나의 사건으로 만들 며, 이 사건을 이미지의 숙명적 전략으로 바꾸어 놓는다. 다른 것들은 무가치의 상업적 전략만을 지닐 뿐이다. 그것들은 자기 자신의 무가치 뒤에, 그리고 예술 — 사실 예술은 가치로서의 이 무가치를 고상하게 이용하려고 애쓴다 — 에 대한 담론의 전이 뒤에 숨는다.
> …… 앤디 워홀의 캠벨 수프 깡통이 지닌 유일한 특권은 더 이상 아름 다움과 추함, 실재와 비실재, 초월성이나 내재성의 문제를 제기할 필 요가 없다는 것이다.[33]

보드리야르는 워홀을 '무가치'하다고 말합니다. 그러나 이것은 비난 이 아닙니다. 현대에서 예술을 그 고유한 가치에서 보고자 하는 것이 야말로 시대착오이며 현실을 유토피아로 위장하려는 것이기 때문입 니다. 보드리야르가 워홀에 주목하는 이유는 그가 이 무가치한 예술 을 통해서 아방가르드를 가장 극단까지 밀어붙인 인물이라는 데 있습 니다. 보드리야르는 그 스스로가 워홀의 팝아트와 하이퍼리얼리즘이 야말로 예술에 있어 자신을 열광시킨 유일한 것이라고 말합니다. 그는

---

32 『예술의 음모』, 58.
33 『예술의 음모』, 76.

예술과 삶의 경계를 허물어뜨리고, 예술 속에서 가상의 형태로 보존되던 오래된 유토피아를 철저히 부정했습니다. 일체의 사회적 조작에 맞서 자율성을 유지하는 장소이자 인간성이 가장 높은 가치로 보존되는 휴머니즘의 마지막 보루로서의 예술, 이 예술의 유토피아는 워홀에게는 철저히 냉소의 대상일 뿐입니다. 시뮬라크르가 진실의 부재를 감추는 장치라면 오늘날의 예술이야말로 진실의 부재를 가장 교묘하게 감추는 장치입니다.

부르주아들은 예술작품을 자신들의 지배적 지위를 드러내는 상징적 기호로 전유하면서도, 여전히 예술작품에 고유의 가치를 부여하면서 기호의 지배를 은폐했습니다. 앤디 워홀이 보여주는 것은 이제 더이상 그러한 예술의 전유가 불가능하다는 사실입니다. 그것은 시뮬라크르이기도 하면서, 시뮬라크르의 정체를 폭로하는 장치입니다. 예술가들의 최종적 과업이란 잔혹한 현실 속에서 유토피아를 보존하는 것이라면, 워홀은 그러한 예술가들의 과업을 정면으로 부정하면서, 예술과 자본주의를 경계 짓는 어떠한 구분도 자신의 역할을 충실히 수행할 수 없다는 것을 보여줍니다.

앤디 워홀은 그 어떤 예술가보다 미학을 극단화시킨 인물입니다. 그는 뒤샹 이후 현대 미술의 정체성으로 보드리야르가 파악한 것, 즉 예술작품이 더이상 미적 특성을 가지지 않는 교환대상으로서의 상품에 불과하다는 것을 폭로하고, 이를 극단까지 밀고 나갑니다. 그에게는 어떤 식으로든 예술의 자율성과 독창성, 고유성을 보존하려는 의도가 없습니다. 그는 그러한 가치가 소멸되었음을 폭로하고, 그 속에서 자신의 놀이를 위한 장소를 마련합니다. 자신의 작업실을 '공장factory'이라고 부르는 그는 아예 예술가의 존재를 완전히 전멸시키려는 것처럼 보입니다. 창조적 행위는 더이상 자리 잡을 곳이 없습니다. 보드리야르는 그러한 워홀을 '현대성의 창시자'라고 말합니다.

> 나에게는, 워홀은 현대성의 창시자로 남아있습니다(이는 오히려 역설적입니다. 그의 작업이 한층 더 파괴적인 것으로 간주되기 때문입니다. 하지만 거기에는 자멸적이지도 우울하지도 않은, 환희에 찬 유희가 있습니다. 결국 그것은 차갑거나 매우 차가우면서도 완전히 멋진 유희이기 때문입니다. 그것은 기계적 스노비즘입니다. 그리고 나는 모든 미적 도덕에 맞서는 이러한 도전을 좋아합니다).[34]

워홀은 자본주의의 논리에 자신의 예술을 일치시킴으로써 예술이라는 것이 오늘날 더이상 가능하지 않다는 사태를 노골적으로 보여줍니다. "그는 세계를, 즉 스타와 폭력의 세계를 있는 그대로 받아들이고 있습니다."[35]

워홀은 이 세계를 훔친 자입니다. 그리고 그는 세계의 의미를 훔침으로써 이를 실현합니다. 이제 예술이니, 독창성이니, 천재니 하는 것은 우리를 기만하려는 술책일 뿐이라는 것이 워홀의 예술작품을 통해서 명확해집니다. 그리고 그를 통해 우리는 전통적인 미학과 예술로부터 해방됩니다.

그러나 이 마지막 장면에서 우리는 다시 한번 회의적으로 묻지 않을 수 없습니다. 이 해방으로 괜찮냐고, 모든 것이 시뮬라크르일 뿐 실재

---

34 『예술의 음모』, 59.
35 『기호의 정치경제학 비판』, 67f.

가 부재하는 세상에서 우리의 삶이란 어떤 의미가 있냐고요. 아마 보드리야르는 그러한 질문 자체가 무의미하다고 말할 것입니다. 아직도 삶에서 의미를 찾는 것은 환상에 불과할 뿐이라고 말입니다. 그러나 오늘날의 자본주의 사회에서 모든 것이 시뮬라크르의 조작이라고 말함으로써 모든 상상적 가능성을 봉쇄해버리는 것. 그것은 비판이라는 이름으로 불가능성만을 이야기하는 것입니다. 앤디 워홀에 대한 그의 열광은 그런 점에서는 어딘지 모르게 위악적이라는 생각을 떨칠 수 없습니다.

참고문헌

01 마르틴 하이데거 — 프리드리히 횔덜린
   세계의 밤에 시인이 짓는 언어의 집

마르틴 하이데거, 『숲길』, 신상희 역, 나남출판, 2008,
──────, 『횔덜린 시의 해명』, 신상희 역, 아카넷, 2009.
──────, 『횔덜린의 송가─게르마니엔과 라인강』(전집 39권), 최상욱 역, 서광사, 2009.
──────, 『회상』(전집 52권), 신상희 · 이강희 역, 나남, 2011.
──────, 『횔덜린의 송가─이스터』(전집 53권), 최상욱 역, 동문선, 2005.
프리드리히 횔덜린, 『횔덜린 시 전집』 2권, 장영태 역, 책세상, 2017.
필립 라쿠─라바르트, 장─뤽 낭시『문학적 절대 ─ 독일 낭만주의 문학 이론』, 홍사현 역, 그
   린비, 2015.
이성복, 『뒹구는 돌은 언제 잠깨는가』, 문학과 지성사, 1980.

02 모리스 메를로퐁티 — 폴 세잔
   모호함으로 드러나는 세계의 깊이

모리스 메를로퐁티, 『간접적인 언어와 침묵의 목소리』, 김화자 역, 책세상, 2003.
──────, 「눈과 마음」(1961), 『현상학과 예술』, 오병남 역, 서광사, 1983.
──────, 「보이는 것과 보이지 않는 것」, 남수인 · 최의영 역, 동문선, 2004.
──────, 「세잔느의 회의」, 『의미와 무의미』(1948), 권혁면 역, 서광사, 1985.
──────, 『지각의 현상학』(1945), 류의근 역, 문학과 지성사, 2002.
이남인, 『후설의 현상학과 현대철학』, 풀빛미디어, 2006.
전영백, 「메를로퐁티의 현상학적 시각과 미술작품의 해석」, 『미술사학보 (25)』, 미술사학 연
   구회, 2005.

332

조광제, 『회화의 눈, 존재의 눈, 메를로퐁티의 눈과 정신 강해』, 이학사, 2016.

Edmund Husserl, *Logische Untersuchungen, Zweiter Band: Untersuchungen zur Phänomenologie und Theorie der Erkenntnis, Erster Teil,* Dordrecht/Boston/London: Kluwer Academic Publishers, 1984.

03 테오도어 아도르노 — 사뮈엘 베케트
거짓된 화해의 부정 속에 숨겨진 유토피아

테오도르 W. 아도르노, 『미학이론』, 홍승용 역, 문학과지성사, 1997.
———, M. 호르크하이머, 『계몽의 변증법』, 김유동, 문학과지성사, 2001.
———, 『부정변증법』, 홍승용 역, 한길사, 1999.
———, 『신음악의 철학』, 문병호 · 김방현 역, 세창출판사, 2012.
사뮈엘 베케트, 『승부의 종말』, 오세곤 역, 연극과 인간, 2020.
———, 『고도를 기다리며』, 오증자 역, 민음사, 2013.
마틴 제이, 『변증법적 상상력』, 황재우 외 역, 돌베개, 1979.
테리 이글턴, 『미학사상』, 방대원 역, 한신문화사, 1999.
김소임, 『베케트 읽기』, 세창미디어, 2014.
Theodor. W. Adorno, "Versuch, das Endspiel zu verstehen" *Noten zur Literatur* Ⅱ, Frankfurt am Main: Suhrkamp Verlag, 1961.

04 장 프랑수아 리오타르 — 바넷 뉴먼
존재하지만 표현 불가능한 숭고

장 프랑수아 리오타르, 『지식인의 종언』, 이현복 편역, 문예출판사, 1993.
———, 『쟁론Le Différend』(1983), 진태원 역, 경성대학교출판부, 2015.
———, 『포스트모던의 조건』, 이삼출 역, 민음사, 1992.
에드먼트 버크, 『숭고와 아름다움의 이념의 기원에 대한 철학적 탐구』, 김동훈 역, 마티, 2006.
임마누엘 칸트, 『판단력비판』, 백종현 역, 아카넷, 2009.
박준수, 「회화의 창조—바넷 뉴먼의 1949년 수평 띠 작품 연구」, 『현대미술사연구』 제34집, 현대미술사학회.

Barnett Newman, "The Sublime Is Now," *The Tiger's Eye 1*, no. 6 (15 December 1948).
————, *Barnett Newman: Selected Writings and Interviews*, ed. John Philip O'Neil, 2012.

05. 모리스 블랑쇼 ─ 스테판 말라르메
진리를 말하는 비인칭의 언어

모리스 블랑쇼, 『도래할 책』, 심세광 역, 그린비, 2011.
————, 『문학의 공간』, 이달승 역, 그린비, 2010.
————, 『카프카에서 카프카로』, 이달승 역, 그린비, 2002.
————, 『죽음의 선고』, 고재정 역, 그린비, 2011.
————, 『카오스의 글쓰기』, 박준상 역, 그린비, 2012.
————, 『기다림, 망각』, 박준상 역, 그린비, 2009.
모리스 블랑쇼, 장 뤽 낭시, 『밝힐 수 없는 공동체, 마주한 공동체』, 박준상 역, 문학과지성사,
　　2005.
스테판 말라르메, 『시집』, 황현산 역, 문학과 지성사, 2005.
————, 『목신의 오후』, 김화영 역, 민음사, 2016.
————, 『말라르메 시집』, 이준오 역, 숭실대학교 출판부, 1999.
후고 프리드리히, 『현대시의 구조: 보들레르에서 20세기 중반까지』, 장희창 역, 지식을 만드
　　는 지식, 2009.
장정아, 「말라르메의 네앙을 위한 디그나가의 아포하론 읽기」, 『프랑스어문교육』 제 41집, 한
　　국프랑스어문교육학회, 2012.
황의조, 「말라르메, 말라르메, '난해한' 말라르메 ─현대성이라는 시적 신화와 말라르메주의
　　의 역사성」, 외국문학 53, 262 ─ 283, 열음사, 1997.

06 미셸 푸코 ─ 르네 마그리트
원본 없는 이미지들의 서로 닮음의 놀이

미셸 푸코, 『이것은 파이프가 아니다, 김현 역, 민음사, 1995.
————, 『말과 사물』, 이규현 역, 민음사, 2012.
————, 『헤테로토피아』, 이상길 역, 문학과지성사, 2014.
기욤 아폴리네르, 『알코올』, 이규현 역, 솔, 1995.

07 자크 랑시에르 — 귀스타브 플로베르
해방된 낱말들이 실현하는 문학의 민주주의

자크 랑시에르, 『문학의 정치』, 유재홍 역, 인간사랑, 2011.
─────. 『정치적인 것의 가장자리에서』, 양창렬 역, 길, 2008.
─────. 『합의의 시대를 평론하다』, 주형일 역, 인간사랑, 2010.
─────. 『감성의 분할』, 오윤성 역, 비(도서출판b), 2008.
귀스타브 플로베르, 『마담보바리』, 김화영 역, 민음사, 2000.
임마누엘 칸트, 『판단력 비판』, 백종현 역, 아카넷, 2009.
장 폴 사르트르, 『문학이란 무엇인가』, 정명환 역, 민음사, 2009
프리드리히 폰 실러, 『미학 편지 – 인간의 미적 교육에 관한 실러의 미학 이론』, 안인희 역,
　　휴먼아트, 2012.
Immanuel Kant, 『반성(Reflexionen)』, Immanuel Kant, 『반성(Reflexionen)』,
　　Gesammelte Schriften(Die Akademie-Ausgabe) Band XIV, XV, Königlich
　　Preußische Akademie der Wissenschaften, Berlin, 1908.
하선규, 「칸트 미학의 형성과정」, 『미학』, vol 26, 한국미학회, 1999.

08 장 보드리야르 — 앤디 워홀
기호의 무한증식이 만들어내는 시뮬라크르의 세계

장 보드리야르, 『예술의 음모』, 배영달 역, 백의, 2000.
─────. 『시뮬라크르와 시뮬라시옹(Simulacres et Simulation)』(1981), 하태환 역, 민음사,
　　2001.
─────. 유진 리처즈, 『아메리카』, 주은우 역, 산책자, 2009.
─────. 『소비의 사회』, 이상률 역, 문예출판사, 1992.
─────. 『기호의 정치경제학 비판』, 이규현 역, 문학과지성사, 1998.
루이스 보르헤스, 「과학에 대한 열정」, 『칼잡이들의 이야기: 보르헤스 전집 4』, 황병하 역, 민
　　음사, 1997.
질 들뢰즈, 『의미의 논리』, 이정우 역, 한길사, 1999.
플라톤, 『국가 · 正體』, 박종현, 서광사, 1997.